CONGRÈS INTERNATIONAL D'ORIENTATION PROFESSIONNELLE FÉMININE

CONGRÈS INTERNATIONAL

d'ORIENTATION PROFESSIONNELLE FÉMININE

TENU A BORDEAUX
les 23, 24, 25, 26 Septembre 1926

VŒUX

VOTÉS AU COURS DE LA
— SEANCE PLÉNIÈRE —
DU 26 SEPTEMBRE 1926

CONGRÈS INTERNATIONAL

d'ORIENTATION PROFESSIONNELLE FÉMININE

TENU A BORDEAUX

les 23, 24, 25, 26 Septembre 1926

VŒUX

VOTÉS AU COURS DE LA
— SÉANCE PLÉNIÈRE —
DU 26 SEPTEMBRE 1926

CONGRÈS INTERNATIONAL
d'Orientation Professionnelle Féminine

tenu à BORDEAUX

les 23, 24, 25 et 26 Septembre 1926

Un Congrès International d'Orientation professionnelle féminine vient d'avoir lieu à Bordeaux les 23, 24, 25 et 26 septembre 1926.

Toutes les questions à l'ordre du jour ont été rapportées par des dames.

De nombreux groupements français et étrangers avaient envoyé leur adhésion. Un grand nombre de personnalités françaises et étrangères ont assisté aux séances. Tous les rapports, par leur documentation, leur clarté, la compétence de leurs auteurs et les solutions proposées ont fait l'admiration des auditeurs. Les femmes françaises et étrangères qui ont pris part aux diverses discussions, ont fourni à cette occasion une éclatante preuve de leurs capacités.

Nous donnons ci-après le texte des vœux votés en séance plénière. Les personnes qui désireraient recevoir les Actes du Congrès comprenant les divers rapports et les discussions qui y ont fait suite, sont invitées à envoyer leur souscription au Secrétariat du Congrès, 57 rue des Trois-Conils. Le prix de ce compte rendu est de 20 francs qui devront être versés au plus tard le 1er novembre prochain, dernier délai.

Le montant devra être envoyé par mandat-poste au nom de la Chambre de Métiers de la Gironde, ou versé au compte postal de celle-ci, 1383 Bordeaux.

L'expédition des Actes du Congrès aux personnes ayant déjà souscrit aura lieu du 15 au 20 octobre.

VŒU

concernant la suppression du travail professionnel
de la Mère de Famille

*Considérant que la prospérité d'un pays dépend en majeure partie
de la quantité et de la qualité physique et morale de sa population;*

*Considérant que les problèmes de la continuation et de la conser-
vation de la race, de la protection et de l'éducation de l'enfance, jouent
dans les destinées des pays, des rôles de premier plan;*

*Considérant que la mission sociale d'une mère de famille est de
soigner et d'élever convenablement ses enfants et qu'une société civilisée doit lui permettre de remplir cette tâche;*

*Considérant que la travailleuse mère de famille est astreinte à
cumuler son travail ménager et son travail professionnel;*

**Le Congrès International d'Orientation professionnelle féminine
demande :**

1º Que les programmes d'éducation et d'instruction des jeunes
filles prévoient à la base une formation ménagère sérieuse et une
formation morale solide, afin que les jeunes filles puissent comprendre la noblesse de leur mission future, et se trouver à même,
lorsqu'elles deviendront épouses et mères, de la remplir convenablement.

2º Que le gain du père soit suffisant pour faire vivre sa famille
et que, dans les pays où les salaires ne sont pas très élevés, l'appoint
soit fait par les Caisses de Compensation pour allocations familiales.

3º Que les femmes sans enfants, et davantage encore les hommes,
acceptent de faire l'effort de production nécessaire pour permettre
la suppression progressive du travail salarié des mères de famille.

4º Qu'une protection et des secours efficaces soient assurés aux
enfants des veuves pauvres, soit par des lois d'assurances sociales,
soit par des lois de pensions nationales.

5º Enfin que, dans les divers pays, les groupements religieux,
sociaux, civiques, familiaux et professionnels, et tous ceux qui
peuvent avoir une influence sur l'opinion publique, entreprennent
une campagne active de propagande par la plume et par la parole
pour faire pénétrer ces idées dans l'esprit de la masse et arriver
ainsi à la suppression progressive du travail salarié des mères de
famille.

6º Qu'un premier acheminement vers cette réalisation soit recherché par l'emploi du travail de mi-temps et que, dans ce but, des organismes bénévoles et libres se créent pour en étudier les modalités.

VŒU

concernant l'Orientation Professionnelle Féminine
en général

Considérant qu'il est désirable pour l'intérêt général et pour leur intérêt particulier, que les jeunes filles jusqu'à leur mariage, les célibataires d'âge mûr, et même les femmes mariées sans enfants, se livrent à un travail productif et rémunéré, à condition toutefois que ce travail ne risque pas de compromettre leur santé;

Considérant qu'il est indispensable que toute jeune fille soit mise en situation d'assurer ses moyens d'existence;

Considérant que l'Orientation professionnelle est à la base d'une vie heureuse et largement productrice;

Considérant que l'Orientation professionnelle doit viser toutes les professions;

Considérant que la richesse d'un pays dépend surtout de l'abondance des produits, et qu'en conséquence, il est désirable d'orienter la jeunesse plutôt vers les métiers de production réelle que vers les emplois d'intermédiaires;

Considérant que l'enfant qui n'a pas pour l'étude des dispositions spéciales et que l'on maintient à l'école jusqu'à 14 ou 15 ans, ne veut plus envisager de s'orienter que vers les emplois du commerce ou du bureau, et cela, parce que, d'une part, un métier manuel lui paraît méprisable et que, d'autre part, l'usage du porte-plume et la station assise n'ont pas assez développé ses muscles;

Considérant qu'un déchet social énorme est la résultante de la non-utilisation des qualités personnelles des individus, et que tous ceux qui, non seulement collaborent à la production, mais même en tirent simplement profit, ont intérêt à ce que les énergies humaines soient orientées de façon à produire leur rendement maximum;

Considérant qu'il est du devoir des parents ou tuteurs de mettre leurs enfants ou pupilles à même de gagner leur vie et que, pour cette raison, ils doivent les aider de leurs conseils dans le choix d'une carrière;

Considérant que la majorité des parents, mal renseignés sur les aptitudes de leurs enfants, sur les activités qui s'ouvrent à ceux-ci, sur l'état du marché du travail, « placent » leurs enfants mais ne les « orientent » pas, alors qu'ils devraient s'efforcer de les guider vers des activités pouvant réellement leur convenir et leur plaire ;

Considérant que l'aide nécessaire doit être apportée à la famille par ceux qui en sont les auxiliaires normaux : médecin de la famille, éducateurs de toutes sortes, membres de l'enseignement, ministres du culte, directeurs et directrices de patronages, travailleuses sociales etc...

Le Congrès International d'Orientation professionnelle féminine demande :

1º Que l'Orientation professionnelle ne soit pas considérée comme un problème de placement intelligent au moment où l'enfant quitte l'école, mais comme une œuvre profonde d'éducation devant s'étendre sur toute la scolarité et au cours de laquelle les enfants apprendront surtout à mieux se connaître physiquement et moralement.

2º Qu'une campagne de propagande soit entreprise pour faire comprendre aux masses que n'importe qui n'est pas apte à faire convenablement n'importe quoi, et qu'une orientation raisonnée des enfants est une nécessité aussi bien au point de vue individuel qu'au point de vue général.

3º Que l'attention des pères et mères de famille de toutes conditions soit attirée sur l'intérêt que présente pour leur enfant une orientation professionnelle logique et que, dans ce but, les groupements familiaux : associations de pères et mères de famille, associations de parents d'élèves, fassent le nécessaire pour en diffuser les principes essentiels.

4º Que la propagande soit faite particulièrement auprès des maîtresses de l'enseignement public et privé, primaire et secondaire, et de toute personne s'occupant d'œuvres de protection de l'enfance, d'œuvres de jeunesse, et d'œuvres familiales. Ces maîtresses de l'enseignement et ces travailleuses sociales connaissent en effet très bien les enfants, et peuvent, avec une préparation spéciale relativement facile, devenir des guides éclairés des parents en ce qui concerne l'orientation de leurs enfants. En conséquence, il est désirable que la question « Orientation Professionnelle » soit étudiée dans les écoles normales et les écoles sociales.

5º Que des visites médicales scolaires périodiques dès l'école maternelle soient organisées. Le Congrès estime que ces visites devront l'être à assez brève échéance ; mais il demande instamment qu'on organise immédiatement l'examen scolaire de la vue des écoliers qui peut se faire partout à très peu de frais.

6º Que dès le jeune âge de l'enfant, les intéressés étudient ses aptitudes et ses faiblesses afin de pouvoir, aussitôt que possible, connaître les prédispositions qui lui interdiront plus tard, de façon formelle, certaines professions.

7º Que les intéressés, parents et enfants, soient renseignés sur les activités qui s'ouvrent à ces derniers, sur les exigences qu'elles requièrent, sur leur avenir, et sur leurs débouchés; que cette documentation soit donnée à l'école même, ainsi que cela se pratique aux Etats-Unis, au moyen de rédactions, dictées, lectures, conférences, appropriées au niveau intellectuel des enfants, enseignement ménager largement développé, et travaux divers de préapprentissage se rapportant surtout à l'activité locale, afin de n'éloigner l'enfant du domicile paternel que dans les cas exceptionnels.

8º Qu'en ce qui concerne les méthodes d'orientation professionnelle, on sorte de plus en plus du champ doctrinaire et abstrait pour entrer résolument dans des réalisations pratiques, quitte à perfectionner sans cesse les méthodes ayant déjà donné des résultats tangibles et certains.

VŒU

sur l'Orientation vers les Carrières agricoles

Considérant d'une part, qu'une agriculture florissante est, dans presque tous les pays, une nécessité vitale, et que la prospérité de cette agriculture est gravement menacée par la désaffection de la femme et de la jeune fille pour la vie rurale;

Considérant d'autre part, qu'à la campagne, l'orientation de l'enfant se fait pour ainsi dire naturellement vers les métiers ruraux et n'a besoin que d'être encouragée et renforcée par l'école et les diverses influences qui agissent sur l'enfant;

Le Congrès International d'Orientation professionnelle féminine demande :

1º Que l'esprit et les méthodes de l'école rurale soient conçus de façon à orienter la jeunesse féminine vers les occupations ménagères et agricoles.

2º Qu'entre 16 et 18 ans, un enseignement ménager post-scolaire soit donné autant que possible à toutes les jeunes filles de la campagne. Cet enseignement sera nettement agricole. Il visera à donner les connaissances théoriques et pratiques qui feront d'elles de bonnes femmes d'agriculteurs. Il s'inspirera des tendances familiales et s'efforcera de lutter contre l'exode vers la ville. Tous les types d'écoles ménagères agricoles post-scolaires sont recommandables; cependant, partout où cela sera possible, on donnera la préférence aux écoles fixes, à enseignement continu, disposant d'une exploitation agricole.

3° Que soient fondées et développées des associations de fermières qui, par des conférences, des concours d'habileté professionnelle, et autres moyens de vulgarisation et d'émulation à leur portée, contribueront à l'amélioration de l'éducation et aux progrès professionnels des ménagères agricoles.

VŒUX

concernant les Carrières Ménagères

Ier vœu

Considérant que les travaux ménagers d'exécution et de direction, demandent des compétences multiples, des connaissances techniques définies, de nombreuses heures d'activité quotidienne;

Le Congrès International d'Orientation professionnelle féminine demande

Que ces travaux soient considérés comme faisant l'objet d'une profession nécessitant un apprentissage effectif et un enseignement spécialisé. Il insiste sur la nécessité d'introduire dans le programme des écoles ménagères des cours d'organisation du travail et d'administration.

2e vœu

Considérant les difficultés actuelles touchant le recrutement du personnel domestique;

Le Congrès International d'Orientation professionnelle féminine demande

Que d'une part, un enseignement professionnel soit donné aux jeunes filles se destinant à devenir employées de maison, et que d'autre part, soient réalisées des améliorations dans les conditions de vie, de travail, d'embauchage et de rémunération de ces employées. Par exemple : détermination des tâches à accomplir, limitation du temps de travail, adoption d'un salaire au rendement avec primes à la production et aux économies, application des méthodes facilitant le travail, respect des meilleures conditions de confort et d'hygiène tant dans le logement du personnel que dans les pièces où il doit travailler.

3e vœu.

Considérant qu'une des lois primordiales de la science du travail est celle de la mécanisation;

Le Congrès International d'Orientation professionnelle féminine demande :

Que se généralise l'emploi d'un outillage ménager moderne, assurant l'exécution parfaite et hâtive des besognes matérielles.

4e vœu.

Considérant qu'il est infiniment désirable pour l'intérêt des jeunes enfants et pour l'intérêt général, que l'emploi de gouvernante éleveuse pour enfants du premier âge, soit considéré comme une véritable profession.

Le Congrès International d'Orientation Professionnelle féminine demande :

Que des écoles d'apprentissage professionnel de la puériculture (soins physiques et formation morale) soient créées et multipliées et qu'une propagande soit faite auprès des œuvres de l'enfance pour qu'elles instituent des stages destinés à la formation des gouvernantes d'enfants.

VŒU

relatif aux Métiers Manuels et Commerciaux

Considérant les échecs et les dangers qui guettent l'enfant dans la préparation ou l'exercice d'un métier qui ne lui convient pas;

Considérant que l'ignorance des exigences exactes et des besoins de la profession multiplie le nombre des médiocres et des chômeurs;

Considérant que par suite de l'inorganisation de l'apprentissage, la fillette ne peut faire que bien rarement l'étude rationnelle, progressive et complète du métier entrepris;

Considérant que les métiers à domicile ne paient pas ;

Le Congrès International d'Orientation professionnelle féminine demande :

1º Que dans tous les ateliers, ouvroirs, écoles professionnelles, un certificat d'aptitudes et un certificat médical soient exigés pour tous les enfants.

(Cet examen médical ne devra pas porter seulement sur la santé générale, mais sur les organes, y compris ceux des sens, qui sont appelés à fournir un effort ou un travail considérable dans le métier entrepris.)

2º Que les associations professionnelles collaborent à l'orientation professionnelle :

en établissant les monographies de métiers.

en prévenant les centres d'Orientation professionnelle de leur région des changements que l'évolution des métiers apporte dans l'utilisation de la main-d'œuvre.

en faisant judicieusement concorder le nombre des apprenties avec les besoins actuels et prévus des métiers.

3º Que le contrat d'apprentissage soit rendu obligatoire après un temps d'essai et qu'il comporte, outre les garanties des droits du patron et de l'apprentie, et les certificats d'aptitudes et médical :

a) la monographie du métier.

b) un programme minimum d'apprentissage établi par les associations professionnelles et déterminant, année par année, ce que l'apprentie devra apprendre à l'atelier et aux cours professionnels. Ce programme sera imposé aux patrons et son application devra être contrôlée par des examens obligatoires.

c) l'engagement du patron et des parents de faire suivre à l'apprentie les cours professionnels chaque fois qu'il en existe à proximité.

4º Que des lois viennent protéger l'ouvrière à domicile, et qu'en France, soient votées rapidement les améliorations de la loi de 1915 sur le salaire minimum ; enfin que les syndicats d'ouvrières fassent tous leurs efforts pour organiser des coopératives de production.

VŒUX
relatifs aux Carrières de l'Enseignement

Ier vœu.

Considérant que chaque métier demande un apprentissage particulier;

Considérant que la bonne éducation des enfants est une œuvre à la fois difficile et importante;

Considérant enfin que si certains postes ne sont accessibles qu'à la suite de concours ou d'examens sévères, d'autres au contraire sont attribués un peu au hasard à des personnes pourvues seulement de grades inégaux;

Le Congrès International d Orientation professionnelle féminine demande :

qu'aucun fonctionnaire ne puisse entrer dans le corps enseignant qu'à la suite d'un concours qui permettra de choisir les meilleurs parmi ceux qui ont les connaissances nécessaires dans la branche choisie.

2e vœu.

Considérant combien il est pénible de déclarer inapte à l'enseignement une jeune fille qui a consacré plusieurs années à s'y préparer;

Le Congrès International d'Orientation professionnelle féminine demande :

qu'avant toute préparation à ces concours, un examen sévère permette d'écarter les candidates n'ayant pas les qualités nécessaires et que, de très bonne heure, elles soient averties de leur inaptitude.

VŒUX
relatifs aux Carrières dérivées du Droit

Ier vœu.

Considérant que les carrières que le Droit ouvre aux femmes sont rares et exigent presque toutes leur présence dans une grande ville; qu'il convient, en conséquence, de leur en ouvrir d'autres leur permettant de gagner honorablement leur vie, sans quitter leur province et leur famille;

Considérant que le Notariat répond à ces exigences ;

Le Congrès International d'Orientation professionnelle féminine demande :

que la proposition de loi déposée par M. Louis Proust, député d'Indre-et-Loire, le 9 décembre 1920, soit promptement mise à l'étude par le Parlement et que, en France comme en d'autres pays, l'accès du Notariat soit ouvert aux femmes.

2e vœu.

Considérant que nombre de pays ont permis aux femmes d'être magistrats et qu'ils n'ont eu qu'à s'en louer ;

Considérant que la présence des femmes serait en particulier bienfaisante dans les tribunaux pour enfants ;

Le Congrès International d'Orientation professionnelle féminine demande :

qu'en France, l'accès aux fonctions de magistrats soit permis aux femmes, dans les mêmes conditions qu'aux hommes.

VŒUX

concernant les Carrières de l'Hygiène, de la Médecine et les Carrières Sociales

Le Congrès International d'Orientation professionnelle féminine demande :

1º Que les éducatrices s'intéressent davantage à toutes les formes d'activité sociale et se préoccupent de préparer des éléments pour les carrières sociales.

2º Qu'une propagande active soit faite autour des carrières sociales féminines par tracts, causeries, cinéma, visites des institutions sociales, et qu'en vue de susciter des vocations sociales et en dehors de l'intérêt familial que cette étude présente pour les élèves, l'enseignement de la puériculture (soins physiques et formation morale) soit institué dans toutes les écoles primaires et du second degré.

3° Que dans la mesure du possible, l'orientation vers les carrières sociales soit réservée de préférence aux jeunes filles qui, au cours de leurs études, se sont distinguées par leur caractère, leurs qualités d'initiative et de dévouement.

4° Que pour les carrières sociales, on effectue l'orientation professionnelle non seulement d'après les aptitudes physiques et intellectuelles des candidates, mais aussi et surtout en tenant compte de la valeur spirituelle, morale et culturale des intéressées.

5° Que seules les jeunes filles ayant une vocation sociale, soient orientées vers les carrières de médecin praticien, sage-femme, infirmière, travailleuse sociale, qui demandent une abnégation totale et le célibat, et que les recrues indésirables sans vocation ferme soient écartées de ces carrières.

6° Que des mesures soient rapidement prises pour l'utilisation et l'orientation des jeunes filles entre l'âge de sortie des écoles d'enseignement général et celui d'admission dans les écoles sociales spécialisées.

7° Que des situations morales, sociales et matérielles, en équivalence avec les services rendus à la société, soient faites à toutes celles qui donnent le meilleur d'elles-mêmes pour la guérison des malades, la prévention des misères physiques et sociales, la conservation de la paix, de la sécurité, du bien-être des familles des travailleurs.

Mme la déléguée de l'Unione Femminile Nazionale et de l'Assistenza Sociale al Lavoratore, de Milan, émet le vœu suivant concernant le travail social en Italie :

Le Congrès International d'Orientation professionnelle féminine demande : qu'en Italie, on reconnaisse et apprécie la fonction sociale de la femme, et que les carrières sociales prennent en Italie l'importance des carrières militaires, des carrières de la magistrature et de l'enseignement ; enfin, qu'on institue au plus tôt en Italie des écoles de service social pour l'instruction technique et pratique des travailleuses sociales et que les idées d'improvisation et d'empirisme qui déforment la conception sociale du travail féminin, soient abandonnées au plus tôt.

VŒU

concernant l'attribution aux Offices d'Orientation Professionnelle publics et privés d'une partie importante des sommes produites par la taxe d'apprentissage.

Le Congrès International d'Orientation professionnelle féminine demande :

Que les subventions accordées aux œuvres d'Orientation professionnelle, par les assujettis à la taxe d'apprentissage, obtiennent exonération pour la totalité des sommes versées, que ces œuvres soient existantes ou en voie de formation.

BORDEAUX. — Imprimerie J. BIÈRE
18, 20, 22, Rue du Peugue. — 1926.

CONGRÈS INTERNATIONAL

d'Orientation Professionnelle Féminine

BORDEAUX (France)

23-26 Septembre 1926

Secrétariat, 57, rue des Trois-Conils, BORDEAUX

Congrès International
d'Orientation Professionnelle Féminine

à Bordeaux les 23, 24, 25 et 26 septembre 1926

Ouverture du Congrès.

par **M. Philippart**, Président de la Caisse de compensation pour Allocations Familiales.

Présidente des débats :

Mme Henri Gounouilhou, Chevalier de la Légion d'honneur, Présidente de la Section girondine du Conseil National des Femmes Françaises.

Secrétaires générales :

Mlle Mauvezin, Secrétaire bénévole du Conseil d'Enseignement ménager de la Chambre de Métiers de la Gironde.

Mlle Labadie, Conseillère des Syndicats Féminins « La Ruche », Directrice du Centre féminin d'orientation professionnelle de Bordeaux.

Secrétaire adjointe :

Mlle Puel, Secrétaire générale des Syndicats Féminins « La Gerbe »

Trésorière :

Mlle G. Pradeau (de la Chambre de Métiers de la Gironde).

Questions à rapporter et Dames rapporteurs :

Jeudi matin

L'Orientation professionnelle au point de vue familial, social et économique, par Mlle Mauvezin, Secrétaire bénévole du Conseil d'Enseignement ménager de la Chambre de Métiers de la Gironde. — Discussion des vœux.

L'Orientation Professionnelle, exposé des méthodes pour l'examen des aptitudes, par Mme Deysson, Secrétaire des Permanences d'Entr'aide Sociale à Paris. — Discussion des vœux.

Jeudi après-midi :

Les Carrières agricoles, L'Orientation de l'activité des jeunes filles de la campagne, par Mme de Kéranflech-Kernezne, ex-présidente de la Section des Dames de la Société des Agriculteurs de France. — Discussion des vœux.

Les Carrières ménagères, par Mlle Paulette Bernège, Présidente-fondatrice de la Ligue d'organisation ménagère et de la Revue « Mon chez moi », Paris. — Discussion des vœux.

Les Carrières hôtelières, par Mme Marthe Bray, Directrice de l'Hôtel Avenida, Paris. — Discussion des vœux.

Vendredi matin :

Les Métiers manuels, de bureaux, commerciaux, d'art appliqué par Mlle Labadie, Conseillère des syndicats « La Ruche », Directrice du Centre féminin d'orientation professionnelle de Bordeaux. — Discussion des vœux.

Les Carrières de l'Hygiène et de la Médecine, par Mme le Dr Houdré, Médecin-chef du Sanatorium de Kerpape-en-Ploemeur (Morbihan). — Discussion des vœux.

L'Hygiène des Métiers féminins, par Mlle Despaux, Docteur ès éducation physique de l'Université de Gand. — Discussion des vœux.

Vendredi après-midi :

Les Carrières de l'Enseignement, par Mme Baudeuf, Chevalier de la Légion d'honneur, Agrégée de l'Université, Docteur ès sciences, Professeur au Lycée de Jeunes filles de Bordeaux. — Discussion des vœux.

Les Carrières dérivées du Droit, par Mlle Manon Cormier, avocate à la Cour de Bordeaux. — Discussion des vœux.

Les Carrières littéraires, par Mlle Jeanne Cappe, rédactrice littéraire en chef, au *XXe Siècle* de Bruxelles. — Discussion des vœux.

Samedi matin :

Les Carrières sociales, par Mlle de Roo, Secrétaire des Œuvres sociales féminines chrétiennes de l'arrondissement de Bruxelles. — Discussion des vœux.

Une communication sur les Moyens pratiques d'organiser l'Orientation professionnelle.

Samedi après-midi :

Visite de quelques œuvres sociales. — Thé dans les jardins de Bagatelle, et visite de l'Ecole Florence-Nightingale.

Dimanche matin :

Séance de clôture. — Lecture et vote des vœux.

Dimanche après-midi :

Excursion dans le Médoc; visite de quelques crus renommés.

LISTE DES GROUPEMENTS ET PERSONNALITÉS AYANT ADHÉRÉ AU CONGRÈS

Groupements français.

Conseil général de la Gironde (M. Miqueau).
Conseil municipal de Paris (M. Contenot).
Ville de Lille.
Ville de Montpellier.
Bureau diocésain des Œuvres de l'Archevêché de Paris (Mlle Kirsch).
Bureau diocésain des Œuvres de l'Evêché de Meaux (Chanoine Vendeuil).
Chambre de Commerce de Paris (M. Soury).
Chambre de Commerce de Lyon (M. Soulier).
Chambre de Commerce de Bordeaux (M. Fernand-Belliard).
Chambre de Commerce de Marseille.
Chambre de Commerce de Strasbourg.
Chambre de Commerce de Tours.
Chambre de Commerce de Tarbes.
Chambre de Métiers de Marseille (Mlle Debray).
Chambre de Métiers de la Gironde.
Chambre de Métiers de l'Anjou.
Chambre de Métiers de Tours.
Office de Placement du département de la Seine (M. Touzaa).
Office Municipal de Placement de Bordeaux (M. Blanché).
Office Municipal de Placement de Nantes (M. Schlœssinger).
Office d'Orientation professionnelle de Lyon (M. Perret).
— — — Bordeaux (M. Duffieux).
— — — Nantes (M. Théry).
— — — Tours.
— — — la Banlieue parisienne (M. Ménessier).
Université catholique de l'Ouest à Angers (M. l'abbé Le Helleco).
Ligue française de l'Enseignement (M. Ferdinand Buisson).
Section girondine du Conseil national des Femmes françaises.
Ligue française pour le Droit des Femmes (Mme Maria Vérone).
Comité des Amitiés françaises à l'étranger.
Le Redressement français.
Union des industries métallurgiques et minières, Paris (M. Pluyette).
Chambre syndicale des Industries métallurgiques et connexes, Lyon (M. Pasquier).
Comité Central Interprofessionnel de l'Apprentissage, Paris (M. Kempf).
Association française pour le développement de l'Enseignement technique, Paris (M. Zwobada).
Union générale des syndicats girondins (M. Brouillard).
Syndicat patronal des Imprimeurs typographes de Paris.
Chambre syndicale des patrons imprimeurs de Bordeaux (M. Gabriel Delmas).

Confédération Française des Travailleurs Chrétiens (M. Bouchet).
Union des Syndicats professionnels du Sud-Ouest (M. Pérès).
Union centrale des Syndicats professionnels féminins de l'Abbaye, Paris (Mlle Graff).
Fédération française des Unions de Syndicats professionnels féminins, Paris (Mlle Lafeuille).
Syndicats professionnels féminins de Marseille (Mlle Debray).
Syndicats professionnels féminins « la Ruche », Bordeaux.
Syndicats professionnels féminins « la Gerbe », Bordeaux.
Syndicats professsionnels « la Ruche », le Mans (Mlle Boutet).
Syndicats professionnels féminins « la Ruche » de Rochefort.
Syndicats professionnels des Dames employées du Commerce et de l'Industrie de Nantes.
Syndicats professionnels féminins « la Ruche », Limoges (Mlle Charrex).
Section syndicale féminine de Puteaux, C. F. T. C. (Mlle Grosstéfau).
Chambre syndicale des Employés de Commerce de la Gironde (M. Duffo).
Association générale syndicale des Dentistes de France (Mlle Délarbre).
Fédération Sténographique française (M. Tauzin).
Association professionnelle des Sténotypistes de France (Mme Grandjean).
Œuvre des ateliers professionnels catholiques de Jeunes filles (M. le Baron de Nervo).
Association féminine pour l'Étude et l'Action sociales (Mlle Bonnier).
Action sociale de Seine-et-Oise (M. le chanoine Lebaut).
Bureau d'études et d'informations féminines de l'Action populaire (Mlle de Valette).
Office national d'Hygiène sociale de France (Mlle J. Delagrange).
Comité central des Caisses de compensation, Paris.
Caisse de compensation pour allocations familiales, Limoges.
Caisse de compensation pour allocations familiales, Grenoble.
Comité commun pour l'Hygiène de l'Enfance, Lyon.
Association française des Surintendantes d'usines (Mlles Malan et Chapuis).
Association des Surintendantes de la Cie du P. O. (Commandant Huc).
Groupement des Assistantes scolaires de Paris (Mme Gamble).
Fédération des œuvres girondines de Protection de l'Enfance (Dr Rocaz, Mlle Fritsch).
Fédération des Œuvres girondines antituberculeuses (M. Vovard, Mlle Durand).
Fédération des Œuvres du travail à domicile, Paris (Mlle La Ferté).
Société de Saint-Vincent-de-Paul, (MM. d'Humières et Fort).
Comité français de Secours aux Enfants (Mme Roland-Jaïs).
Ligue fraternelle des Enfants de France (Mlle Laurent).
Ecole Florence-Nightingale de Bordeaux (Mlle le Dr Hamilton, Mlle Mignot).
Ecole de Gardes-Malades hospitalières du Tondu, Bordeaux.
Ecole d'Infirmières de la Croix-Rouge de Bordeaux : S. S. B. M. et A. D. F. (Mme Vieillard).
Ecole d'Infirmières de l'U. F. F. de Bordeaux (Mme E. Cadenaule).
Ecole pratique de Service social de Paris (Mlle Oberkampf).
Nouvelle Etoile des Petits Enfants de France, Paris (Mme Gonse-Boas).
Œuvre nouvelle des Crèches parisiennes et Jardins d'enfants (Mme Baschet).
Ecole de Puériculture de Bordeaux (Dr E. Cadenaule).
Maison maternelle de Cholet, Bordeaux (Mlle Pruvot).
Comité d'éducation féminine de la Société Française de Prophylaxie Sanitaire et Morale (Mlle le Dr Blanchier).
Fédération des Pères et Mères de familles nombreuses du Sud-Ouest (M. Chérel).

Association des Parents d'élèves des lycées (M. Sébilleau).
Comité d'études familiales de Roubaix (M. Glorieux).
Association générale des Etudiantes de Bordeaux (Mlle Barraud).
Association catholique des Etudiantes de Bordeaux (abbé Moura).
Association catholique des Etudiants de Bordeaux (abbé Martin).
Association des anciennes élèves du lycée de jeunes filles de Bordeaux (Mme Roquebert).
Association des anciennes élèves de la Légion d'Honneur (Mme Saint-Supéry).
Société générale d'Education et d'Enseignement (M. Josselin).
Ecole de Haut Enseignement Commercial pour les jeunes filles, Paris (Mlle Sanua).
Ecole des bibliothécaires, Paris (Mlle Famin).
Ecole primaire supérieure de Talence (Mlle Parant).
Ecole pratique de Commerce, d'Industrie et d'Enseignement ménager pour jeunes filles, de Bordeaux (Mlle Guérin).
Ecole pratique de Commerce et d'Industrie pour les jeunes filles, Cherbourg (Mme Doresse).
Ecole féminine d'apprentissage, Bordeaux (Mlle Lurton).
Institut normal familial ménager, Paris (Mlle de Velna).
La « Gaie Science du Foyer », Paris (Sœur Delaage).
Ecole ménagère de Brive (Mlles Bahuet et Lhéritier).
Office de renseignements pour les carrières féminines, Paris.
Comité de patronage des apprentis du 3ᵉ arrondissement de Paris (M. Chaintreau).
Comité d'apprentissage de la rue de Tocqueville, Paris (abbé Séjalon).
Comité de patronage des apprenties de la ville de Bordeaux (Mme Léon).
Groupe amical des professeurs de l'Enseignement libre de Bordeaux (Mlle Roche).
Groupe féministe de l'enseignement de la Gironde (Mlle Nérac).
Association catholique de la Jeunesse française, Bordeaux.
Œuvres sociales et philanthropiques, maisons industrielles et commerciales.

Groupements étrangers.

Gouvernatorat de Rome (Mme le Dr Maria Diez Gasca).
Conseil national des femmes italiennes (Mme la comtesse Spaletti-Rasponi).
La Croix-Rouge italienne (Marq. Centurione Scotto).
Assistance sociale du travail à Milan (Mme le Dr Paolina Tarugi).
Union féminine nationale à Milan (Marquise Carla Lavelli).
Ville d'Anvers.
Œuvres sociales féminines chrétiennes de Belgique.
Fédération générale des syndicats de la province de Liège.
Office d'Orientation professionnelle de Bruxelles-Schaerbeck.
Ecole sociale catholique de Bruxelles (Mlle Stilmant).
Institut supérieur d'économie ménagère agricole de Laeken, Belgique (Mlle M. Geerinckx).
Bureau international d'Education à Genève.
Institut Jean-Jacques Rousseau à Genève (Mlle Bieneman).
Association suisse des Comités d'apprentissage et de protection des apprentis.
Office central suisse pour les professions féminines, Berne.
Inspection de l'apprentissage en Suisse.
Office d'Orientation professionnelle de Saint-Gall (Suisse) (Mlle Schaeffer).

Office d'Orientation professionnelle de Madrid-Sabadell.
Institut de culture et Bibliothèque populaire pour la femme, Barcelone.
Institut pour l'instruction de la mère, Barcelone.
Institut de Rééducation des invalides du travail, Madrid (Mme Mercédès Rodrigo).
Direction d'Orientation professionnelle à la Nouvelle-Orléans (Etats-Unis) (Miss Emma Pritchard Cooley).

Personnalités françaises et étrangères

En dehors de la Présidente et des Rapporteurs dont les noms figurent sur le programme, et des représentants des groupements ci-dessus,
Mme Wallerstein.
Mme Raba Deutsch de la Meurthe.
Mme de la Seiglière, agricultrice.
Mme Pauline Florent, d'Avignon.
Mme le Dr Forget-Urion, professeur à l'Ecole de Médecine de Poitiers.
M. le Dr Pierre-Nadal, médecin-conseil de la Chambre de Métiers de la Gironde.
M. le Profr Pachon, de l'Université de Bordeaux.
M. le Profr Mathieu, de l'Université de Nancy.
M. le Profr Danel, de l'Université catholique de Lille.
M. le vicomte de Pelleport-Burète, de Bordeaux.
M. P. de Vuyst, directeur général du Ministère de l'Agriculture de Belgique.
Mlle Rose Delrue, docteur ès lettres et philosophie de l'Université de Louvain.
Mlle Maria de Echarri, conseillère municipale de Madrid.
Mlle Elisa de Calonje, conseillère municipale de Madrid.
Mme Francisca Bonnemaison-Verdaguer, de Barcelone.
Mme Rose Sensat de Ferrer, de Barcelone.
Mme Maria Domeneda de Canellos, de Barcelone.
M. Manrique, Inspecteur primaire en Espagne.
M. le Profr Da Costa Sacadura, Lisbonne.
Mme le Dr Baumgarten, de Soleure (Suisse).
Mme Agnès Heineken, de Brême (Allemagne).
Mme Konnonski, de Brême (Allemagne).
Sœur Amélie Elek, de Budapest (Hongrie).
Miss Edith King Donald, de New-York.
M. Gorge Serié, de Buenos-Ayres.
Mme A. Perestrello da Camara, de Sao Paulo (Brésil).
Mme Paulina de Souza Quewiz, de Sao Paulo (Brésil).
Mme D. Elmira Luz, de Sao Paulo (Brésil).
Mme D. Maria Ottilia de Lacerda, de Sao Paulo (Brésil).
Mme E. de Silveira Cintra, de Sao Paulo (Brésil).
Mlle Noémi Silveira, de Sao Paulo (Brésil).

(De nombreuses femmes d'œuvres, membres de communautés religieuses, travailleuses sociales; de nombreux médecins, prêtres, professeurs, directeurs et directrices d'écoles publiques et privées, instituteurs et institutrices; directrices de cours professionnels, journalistes français et étrangers).

SÉANCE D'OUVERTURE

ALLOCUTION DE M. PHILIPPART
Président de la Caisse pour Allocations familiales de Bordeaux

Puisque les organisatrices de ce Congrès ont bien voulu se contenter, pour présider cette séance d'ouverture, d'un ancien maire de Bordeaux, qu'il me soit permis, tout d'abord, de louer la modestie de leurs désirs et de les remercier de l'honneur qu'elles m'ont fait.

Je n'ai plus qualité pour saluer, au nom de la grande et noble cité girondine, celles et ceux qui sont venus, quelques-uns de très loin, participer aux travaux de ce Congrès; mais au nom du Groupe des Patrons Sociaux de Bordeaux, je leur adresse d'affectueux souhaits de bienvenue.

Affectueux, penseront peut-être certains congressistes : voilà un adjectif qui sent son Midi d'une lieue — ce Midi où l'on passe pour exagérer, sinon les sentiments, du moins l'expression qu'on leur donne.

Eh bien, non ! L'homme qui parle est né sur les bords brumeux de l'Escaut, et le fleuve qui baigne sa ville adoptive roule, ici, des flots apaisés et majestueux. C'est sur ses bords que Montaigne et Montesquieu ont écrit ces livres admirables de pénétration, de bon sens et de mesure qui ont placé leurs auteurs au premier rang des penseurs de l'humanité.

Si j'ai employé le qualificatif que je défends, c'est parce qu'il règne, entre tous ceux qui se sont voués à l'étude des questions sociales, des sentiments d'affectueuse estime qui les rapprochent, en dépit des distances, et qui les unissent d'un lien presque familial.

Dans l'impossibilité où je suis de nommer toutes celles et tous ceux qui mériteraient de l'être, je demande à chacune de vous, Mesdames, à chacun de vous, Messieurs, de se sentir touché par mon salut respectueux et fraternel.

Madame la Présidente,

Vous excellez à faire le bien d'une manière si discrète que, pendant les cinq années de ma magistrature municipale, je n'ai pas trouvé une seule fois l'occasion de vous adresser publiquement l'hommage

de la reconnaissance et du respect de vos concitoyens. Permettez aujourd'hui, pour l'honneur de Bordeaux, que j'écarte d'une main
délicate les voiles de modestie dans lesquels vous vous plaisez à vous
envelopper.

Vous portez, Madame, un nom qui est célèbre dans la politique.
Vous avez voulu y ajouter une illustration nouvelle en lui faisant
une auréole de bonté.

Les nombreux enfants qui passent à l'Aérium du Moutchic vous
devront leur santé, et la France, les services de tous ordres qu'ils seront,
grâce à vous, capables de lui rendre plus tard. Les jeunes filles qui
trouvent un abri contre les difficultés et les dangers de la vie, dans
votre maison de la rue Margaux, bénissent votre nom. A la Fédération
des Œuvres anti-tuberculeuses, je sais, par expérience, quelle est la
sagesse de vos conseils et la générosité de vos gestes.

Je n'en finirais pas, Madame, si je voulais tracer de vous un por-
trait à peu près fidèle; en cherchant à l'achever, je craindrais de vous
mettre trop longtemps à la torture. Permettez-moi seulement de dire
encore que ce Congrès ne pouvait avoir, à Bordeaux, qu'une présidente : Vous.

Pour être juste et pour remplir mon rôle jusqu'au bout, je suis
condamné à toucher une seconde fois, d'une main que je voudrais
plus adroite, à la tendre et délicate fleur de modestie.

Ce Congrès, je viens de le dire, a la présidente qu'il devait avoir.
Il a eu aussi l'organisatrice la mieux préparée, la plus active, la plus
compétente, dans la personne de Mlle Mauvezin.

Vous connaissez toutes et tous, Mesdames, Messieurs, les remarquables travaux de M. Mauvezin, directeur de notre Chambre de
Métiers. Ils font autorité en France et à l'étranger. M. Mauvezin
éprouve la satisfaction la plus douce qui puisse être donnée à un père
(il la mérite et je l'en félicite), celle d'avoir été compris et d'être continué
par son enfant. Vous ne tarderez pas, Mesdames, Messieurs, à être
émerveillés par la documentation et par le zèle de cette jeune fille à
laquelle iront, avant la fin de ce Congrès, tous vos respects et toute
votre reconnaissance.

De ces sentiments, vous ferez la part qu'elle mérite à Mlle Labadie,
Directrice du Centre Féminin d'Orientation Professionnelle; elle a
été, pour Mlle Mauvezin, une précieuse collaboratrice.

Le discours d'un président de séance d'ouverture est, pour un Congrès, ce que les hors-d'œuvre sont pour un repas.

On vous a promis des mets plus substantiels. Je n'aurais garde de
prolonger votre attente.

Cependant, parce qu'il me déplaît de passer à côté d'une grave question sans exprimer les pensées qu'elle m'inspire, je vous demande la
permission d'ajouter quelques mots. Ce n'est pas que, manquant de
la modestie qui sied à ceux qui, comme moi, mènent une vie où l'action
a plus de part que la pensée, ce n'est pas, dis-je, que j'attache à mes
opinions une valeur exagérée; mais tous ceux que préoccupent les

problèmes sociaux, plus graves encore, à l'heure présente, que les problèmes politiques, ont, à mon avis, le devoir de jeter, dans l'immense et troublant débat, les renseignements qu'ils possèdent et les solutions qu'ils ont envisagées.

Eh bien, Mesdames, au moment où vous allez, avec bonne volonté, dévouement et compétence, décider des meilleures méthodes d'orientation professionnelle féminine, je pose, moi, une sorte de question préalable, et je demande :

La femme, en dehors de son ménage et des travaux domestiques pour lesquels elle est faite, la femme doit-elle travailler comme ouvrière d'atelier et d'usine et même comme employée de bureau ?

En thèse générale, réserve faite des célibataires, des stériles et des veuves, réserve faite aussi de certains travaux à la campagne, je n'hésite pas à répondre par la négative.

La femme est mère avant tout. Son être entier porte le sceau de la maternité. Même en dehors des moments où s'accomplit, dans son sein, le mystère de la Vie, la Nature lui rappelle que sa fonction est de procréer ; et elle l'y invite par plusieurs moyens.

Être mère, Mesdames, ce n'est pas seulement mettre au monde des enfants ; c'est encore, vous le savez mieux que moi, c'est même surtout faire à ses enfants un corps solide pour les rudes besognes de la vie, et une âme haute et forte pour que le devoir en soit la règle — le devoir qui, lorsqu'on s'élève à une certaine hauteur, paraît se confondre et se confond effectivement avec l'intérêt bien compris.

La femme, gardienne de la vie, se doit tout entière à cette haute mission. J'associe encore les deux grands mots que je viens de prononcer ; c'est son devoir, c'est son intérêt, c'est aussi le nôtre, et c'est la condition même de la santé physique et morale de la race humaine.

Or, il est de toute évidence que l'atelier, l'usine et même le bureau détournent la femme de sa mission.

Physiologiquement, la femme n'est pas en état de fournir l'effort continu que les conditions de la vie actuelle imposent à un trop grand nombre. Quand elle dépasse la limite de ses forces, ce n'est pas seulement à sa santé qu'elle nuit : c'est souvent à son bonheur domestique et c'est toujours à sa progéniture.

Sentimentalement, la femme qui se livre à des travaux trop pénibles d'où elle sort déformée et diminuée de plusieurs manières, perd, aux yeux de l'homme, le prestige qu'elle doit garder. Là où le mari n'aime pas et n'honore pas sa femme, là où les enfants n'aiment pas et ne respectent pas leurs parents, il n'y a pas de foyer. Puisque nous sentons l'impérieux besoin de reconstituer la famille, ne nous contentons pas d'en vanter la douceur et la nécessité : prenons les mesures les plus propres à réaliser cette fin essentielle.

Mais il faut vivre, direz-vous ? Et, dans bien des cas, le travail de l'homme ne suffit pas aux besoins du ménage.

Voilà, Mesdames, Messieurs, voilà le point sensible du débat ; voilà le nœud de la question.

Rappelons-nous que nous sommes ici pour établir des principes, pour chercher la vérité et la justice, et pour en préparer les voies.

Affirmons donc que le travail de l'homme devrait être suffisamment productif et suffisamment rémunéré pour dispenser la femme qui est mère, qui peut et doit l'être encore, de tous les travaux qui l'éloignent de la maison où est sa place.

Ce n'est qu'un rêve; mais ce rêve deviendra une réalité, si une élite, celle à laquelle vous appartenez, j'entends l'élite de l'esprit et du cœur, sait le vouloir avec force et ténacité.

A la condition que les peuples balaient les hommes néfastes qui les trompent en leur faisant prendre la viande creuse de la politique pour une nourriture saine et substantielle; à la condition que les chefs d'État comprennent que leur rôle principal est de favoriser la production et d'assurer, dans le respect de la liberté et de la propriété individuelles, une équitable répartition des profits et des charges; à la condition que l'Économique prenne définitivement le pas sur la Politique; à la condition que les chefs d'entreprises se rendent compte que ce n'est pas seulement une profession qu'ils exercent, mais une fonction sociale, haute et difficile, et à la condition qu'ils se préparent à la remplir par un effort soutenu, je n'hésite pas à déclarer qu'il est possible, d'une part, de demander à l'homme un effort équivalent aux besoins du monde, et, d'autre part, de donner au travailleur le salaire suffisant, juste et complet, que je réclame depuis longtemps pour lui. Un tel salaire libérerait la femme des besognes lourdes, grossières et épuisantes auxquelles l'astreint trop souvent le besoin de manger.

Salaire suffisant, cela veut dire salaire qui réponde aux besoins du couple humain et qui lui donne, dans le lieu et dans le temps où il vit, les moyens de se procurer l'alimentation, le vêtement, le logement et les soins auxquels ont droit des hommes qui travaillent et qui mènent une vie régulière.

Salaire juste, cela veut dire salaire proportionné au travail fourni, au service rendu, de telle manière que le travailleur reçoive au moins autant qu'il donne.

Salaire complet, cela veut dire salaire qui réponde non pas seulement aux besoins d'aujourd'hui, mais à ceux de demain; c'est le salaire suffisant et juste auquel il faut ajouter :

1º L'allocation familiale pour tenir compte du surcroît de charges qu'apportent les enfants;

2º L'assurance contre la maladie afin que le travailleur soit protégé contre les conséquences de la maladie comme il l'est déjà contre les conséquences de l'accident, afin qu'il puisse se soigner et, pendant la période d'invalidité, nourrir sa femme et ses enfants;

3º La retraite pour la vieillesse, afin que le travailleur qui a rempli son devoir et contribué à la prospérité publique, puisse finir ses jours dans le calme et à l'abri du besoin.

Aidé par la machine qui, chaque jour, devient plus ingénieuse et plus puissante, dirigé par des chefs d'entreprise à qui l'on deman-

dera, désormais, d'être autre chose que des fils de famille, l'homme doit pouvoir suffire aux besoins du monde, besoins qui imposent et mesurent son effort; ce faisant, il doit gagner assez pour préserver sa compagne des fatigues et des promiscuités de l'atelier et de l'usine, et pour lui permettre de se consacrer tout entière à sa double mission d'épouse et de mère.

Nous sommes ici quelques-uns seulement et nos voix, même si nous les unissons dans un accord parfait, risquent de se perdre dans le tumulte du vaste monde. Parlons quand même, Mesdames, Messieurs; disons, crions la vérité et la justice, dès que nous les aurons reconnues. Quand une voix a le bonheur de les exprimer, fût-ce celle d'un enfant, comme au Temple de Jérusalem, ou celle de pauvres pêcheurs sur les bords des lacs de la Judée, cette voix retentit jusqu'aux extrémités du monde et jusqu'à la fin des temps.

RÈGLEMENT DU CONGRÈS

lu par **Mme H. Gounouilhou**, Présidente.

Mesdames, Messieurs,

Je vais vous donner lecture de quelques indications d'ordre pratique destinées à permettre le déroulement normal des séances. Il est infiniment désirable que, dans l'intérêt général, nous nous conformions tous à ces indications.

Notre ordre du jour est assez chargé. Le temps prévu pour le travail de chaque section : lecture du rapport général, communications et discussions, est de une heure au maximum.

Les rapporteurs généraux se sont efforcés d'être brefs. Nous demandons instamment aux congressistes qui désirent présenter des communications ou des objections, de le faire dans un style concis. Le temps mis à la disposition de chacun ne doit pas, en principe, dépasser 10 minutes, mais si les personnes qui demandent la parole sont nombreuses, le temps accordé à chacune d'elles pourra tre réduit à 5 et même à 3 minutes.

Nous prions les congressistes qui désirent prendre la parole de donner leur nom à Mlle Puel, secrétaire adjointe et de venir à l'estrade, afin d'être mieux compris par les auditeurs présents.

Les rapporteurs généraux qui désirent soumettre des vœux au vote du Congrès, en donneront lecture à la suite de leur rapport; mais ces vœux ne seront votés que dans la séance plénière de dimanche, car il est possible que nous soyons amenés à fondre ensemble plusieurs vœux, afin d'éviter les répétitions.

Au cas où des Congressistes désireraient présenter des vœux supplémentaires ou modifier les vœux des rapporteurs généraux, nous les prions d'en rédiger le texte et de le remettre, avec leur signature, à Mlle Puel.

Les vœux anonymes seront considérés comme nuls et il ne sera pas davantage tenu compte des vœux exprimés verbalement et non accompagnés d'un texte écrit et signé.

Les copies des rapports généraux ne nous sont pas parvenus assez tôt pour que nous ayons pu faire imprimer les vœux émis par les rapporteurs.

Cependant, si quelques congressistes désiraient examiner le texte des vœux présentés, nous nous ferions un plaisir de leur en faire faire des copies.

L'ORIENTATION PROFESSIONNELLE AU POINT DE VUE FAMILIAL, SOCIAL ET ÉCONOMIQUE

Rapporteur Général : **Mlle Louise Mauvezin,**
Secrétaire bénévole du Conseil d'Enseignement Ménager de la Chambre
de Métiers de la Gironde.

Mesdames, Messieurs,

Il y a une vingtaine d'années, dans la ville de Boston, aux Etats-Unis, le professeur Frank Parsons invitait à une réception sur la terrasse de la Civic Service House, une soixantaine de jeunes gens, élèves d'écoles secondaires, et s'entretenait avec eux de leurs plans d'avenir. Une douzaine de ces jeunes gens déclaraient vouloir aller à l'Université. Parmi les autres, 1/3 désiraient être hommes de loi, 1/3 médecins, 3 ou 4 voulaient embrasser une carrière commerciale ; les autres n'avaient aucune idée. Le choix de ceux qui avaient une opinion ne semblait pas toujours très justifié.

Cette petite expérience révéla au Professeur Parsons la nécessité de guider la jeunesse dans le choix d'une carrière, et l'amena à créer un bureau de vocation, où bientôt une foule de personnes de tout âge et de toutes conditions vinrent lui demander conseil.

Ce fut sans doute là l'origine du mouvement d'Orientation ou de Direction professionnelle, connu en Amérique sous le nom de « Vocational Guidance ».

L'Orientation professionnelle s'est rapidement développée dans tous les pays, y naissant parfois spontanément. Chaque peuple a essayé d'établir des méthodes en harmonie avec sa mentalité.

Il semble que la plupart des organismes européens s'occupant de ces questions se soient surtout cantonnés, jusqu'à présent, dans l'Orientation professionnelle des enfants devant apprendre un métier manuel ou commercial.

Aux Etats-Unis, par contre, on s'occupe également de l'Orientation vers les professions libérales ; les Américains ont organisé ce qu'ils appellent l'Orientation de l'Instruction « Educational Guidance », c'est-à-dire l'aide apportée aux adolescents pour prendre une décision quant au choix de leurs études.

Malgré des différences souvent sensibles dans les méthodes, tous les peuples reconnaissent aujourd'hui la nécessité de l'Orientation professionnelle.

L'erreur grave dans le choix d'une carrière constitue en effet un vrai désastre au point de vue individuel et familial, au point de vue social et économique.

L'inaptitude physique conduit au surmenage, à l'usure physiologique précoce, fréquemment à la tuberculose; elle est également la cause d'un grand nombre d'accidents du travail et d'infirmités prématurées.

Le mal est aussi profond et peut-être plus grave encore lorsque l'inaptitude est causée par un manque de capacités intellectuelles ou artistiques, ou par un manque de qualités morales.

La foule des « ratés » est formée de ceux qui ont choisi une profession qui ne leur convenait pas.

Le mauvais rendement économique, les salaires insuffisants, le chômage, sont fréquemment la conséquence de l'inaptitude professionnelle du travailleur manuel ou intellectuel. La misère entre à son foyer, sa famille tombe parfois à la charge de la société. Un découragement profond saisit ces infortunés dont l'esprit est bientôt dans un état propice à l'éclosion des idées d'anarchie, de haine et de lutte des classes.

Nous sommes aujourd'hui réunis en Congrès International pour étudier le problème de l'O. P. de la jeunesse féminine.

Chargée de rapporter cette question au point de vue social, familial et économique, j'ai essayé de dégager quelques principes essentiels, vrais dans tous les pays, nous permettant d'établir la ligne de conduite que nous devons suivre, si nous voulons réellement faire œuvre utile.

Certains de ces principes doivent présider à l'O. P. des adolescents des deux sexes, d'autres visent particulièrement l'O. P. des jeunes filles et le travail féminin.

Tout d'abord, qui doit choisir la carrière? Les Anglo-Saxons disent que c'est l'individu; les Latins admettraient plutôt que c'est la famille. Nous autres, Français, estimons que, puisque le père de famille ou celui qui tient sa place, mère veuve ou tuteur légal, a le devoir de mettre son enfant en état de gagner sa vie, c'est lui qui doit prendre la responsabilité de la carrière à faire embrasser par son enfant. Bien entendu, il est très désirable que l'enfant soit consentant.

Cependant, que l'initiative du choix vienne de l'adolescent conseillé par ses parents, ou vienne des parents d'accord avec leur enfant, c'est de la cellule familiale que doit venir la décision. Aucun peuple civilisé ne saurait admettre une ingérence des pouvoirs publics dans ce domaine. Les mœurs de l'antique Sparte ne peuvent convenir aux peuples modernes, et unanimement nous devons réprouver toute tendance d'accaparement des enfants par l'État.

et tout essai de monopolisation de l'Orientation professionnelle.

L'O. P. doit viser toutes les carrières. En effet, l'expérience nous apprend que les adolescents qui continuent leurs études jusqu'à 18 ou 20 ans commettent au moins autant d'erreurs d'Orientation que les enfants qui entrent dans la vie active à la fin de l'âge scolaire obligatoire.

Nous pouvons nous demander quelles sont les causes de tant d'erreurs.

En premier lieu, l'ignorance. Parents et enfants ne possèdent pas en général les éléments pour faire un choix logique. D'où la nécessité de renseigner les intéressés, de les documenter, afin de leur permettre de faire, suivant la définition de la Chambre de Métiers de la Gironde, un choix libre, mais éclairé.

La National Vocational Guidance Association des Etats-Unis qui est la Fédération des organismes d'Orientation professionnelle existant dans les divers Etats, estime que les conseils d'Orientation doivent être fournis à l'enfant dans les moments critiques de son existence, et notamment une année avant d'atteindre la fin de l'âge scolaire obligatoire, au moment du passage d'une classe dans une autre, au moment du passage d'une école dans une autre, enfin à l'achèvement des études.

Une autre cause d'erreur, qui est peut-être la conséquence de la première, c'est-à-dire de l'ignorance, se trouve dans une opinion trop favorable des intéressés sur leurs possibilités. Les erreurs graves d'Orientation ont presque toutes pour cause cette tendance des adolescents et des familles de viser trop haut. Dans les emplois réputés faciles, on manque de personnel alors qu'un grand nombre de candidats, souvent insuffisants, briguent les carrières difficiles. Une fausse compréhension des réalités pousse la jeunesse vers les sommets, créant ainsi un déséquilibre à tous les étages.

Nous voyons fréquemment des êtres malingres et délicats s'engager dans une carrière nécessitant des muscles robustes et une grande résistance physique, des médiocres peu doués et sans énergie végéter dans des emplois nécessitant des facultés brillantes et des qualités morales de premier plan, enfin souvent aussi des adolescents issus de famille modeste et sans fortune, s'orienter vers une profession pour le début de laquelle une mise de fonds importante est nécessaire.

Tous ces cas constituent des erreurs graves d'Orientation.

On ne doit jamais donner à un enfant un métier ou une profession risquant de compromettre sa santé ou d'aggraver ses faiblesses physiques.

On ne doit enlever un enfant à son milieu social qu'avec la plus extrême prudence, la moindre erreur sur ses possibilités risquant d'en faire un déclassé et un malheureux.

On ne doit jamais enfin aiguiller un enfant vers une activité dans laquelle il risque de se révéler inférieur.

L'expérience a prouvé qu'il n'y a abondance qu'en celui qui est trop intelligent pour le métier que l'on exerce. Les aptitudes physiques et intellectuelles les plus brillantes peuvent trouver leur emploi même dans des métiers dits faciles, car toutes les branches d'activité ont besoin d'une élite.

Enfin n'oublions pas que le but immédiat du travail professionnel est de procurer à celui qui l'exerce les ressources nécessaires à la vie. L'agrément ne vient qu'en second lieu. Si la carrière exercée ne remplit pas cette condition, on peut affirmer que le choix a été malheureux.

Pour remplir son but, l'Orientation professionnelle doit satisfaire à la fois l'intérêt de l'individu et l'intérêt général. Les Américains estiment même que l'intérêt général doit primer l'intérêt particulier et la National Vocational Guidance Association des Etats-Unis fait de cette opinion un de ses principes essentiels.

De ce principe, nous pouvons dégager deux règles : l'une visant la production, l'autre visant l'avenir de la race.

Un peuple, pensons-nous, devrait d'abord s'assurer les produits nécessaires à son existence et ne s'occuper, qu'ensuite, de la satisfaction de ses désirs de luxe. Nous savons tous que ce qui crée la richesse véritable d'un pays, c'est l'abondance des produits. Or, il y a tendance actuellement chez nous à négliger les travaux de production réelle. L'agriculture et l'industrie sont délaissées au profit du commerce et du fonctionnarisme. Une statistique récente nous apprend qu'il y avait en France, avant la guerre, environ 900.000 commerçants, et qu'il y en a aujourd'hui 4 millions. Le nombre des producteurs diminue, tandis que le nombre des intermédiaires augmente : il n'est pas étonnant de voir, dans de telles conditions, le prix de la vie croître sans cesse.

Nous mangeons un pain de qualité médiocre, mais, dans nos villes françaises, nous avons la satisfaction de trouver un magasin de bas de soie ou un salon de coiffure pour dames à presque tous les coins de rue.

L'Orientation du travail semble véritablement faussée.

Dans un programme d'ensemble d'Orientation professionnelle, nous devons donc admettre la nécessité d'aiguiller le plus possible la jeunesse vers des métiers de production réelle.

La 2ᵉ règle vise, ainsi que je le disais il y a un instant, l'avenir de la race.

Pour que la vie d'un pays soit normale, il est indispensable que sa population soit suffisamment nombreuse, saine physiquement et moralement. La question de la continuation et de la conservation de la race, la question de la protection et de l'éducation de l'enfance doivent donc, à notre avis, primer les considérations économiques immédiates.

Il est impossible d'aborder le problème de l'O. P. féminine sans parler de ces questions brûlantes du travail professionnel de la femme mariée, et de la répercussion que ce travail peut avoir sur la natalité et la vie familiale, et, par extension, sur la vie même du pays.

De ce fait, le problème de l'O. P. des jeunes filles est très délicat et beaucoup plus difficile à résoudre que celui de l'Orientation des garçons.

Lorsqu'il est question de l'O. P. d'une jeune fille, nous ignorons quelle sera la destinée de l'intéressée. Se mariera-t-elle un jour? Vieillira-t-elle dans le célibat? L'avenir seul pourra nous l'apprendre.

Une prudence élémentaire commande à sa famille d'envisager l'éventualité du célibat et de mettre la jeune fille en situation de se procurer, par son effort, les ressources nécessaires à la vie.

Même une jeune fille de famille aisée, possédant personnellement ou en espérance une fortune suffisante pour lui permettre de vivre de ses rentes, doit envisager l'éventualité du célibat, et choisir une activité professionnelle ou bénévole à laquelle elle pourra consacrer sa vie si elle ne se marie pas. Elle pourra ainsi vivre une vie utile et heureuse. Les jeunes filles de la classe aisée et leurs parents ne devraient pas perdre de vue que l'oisiveté constitue un danger réel pour la santé physique et l'équilibre moral d'une femme bien portante, et que les ouvrages de dames chers à nos grand'mères ne sauraient, de nos jours, suffire au besoin d'activité d'une célibataire intelligente.

Cependant, la destinée de la majorité des femmes est de devenir des épouses et des mères, et le rôle social d'une mère de famille diffère grandement du rôle social d'un père de famille.

L'homme peut parfaitement concilier ses devoirs de producteur et ses devoirs de père; dans bien des cas même, la naissance d'un enfant a comme résultat de stimuler l'ambition professionnelle de l'homme.

Pour la femme, au contraire, il y a presque toujours incompatibilité entre ses devoirs de mère de famille et ses devoirs professionnels.

La mère de famille se doit à ses enfants et à son foyer.

Enlever la mère au foyer, c'est détruire l'esprit de famille, c'est commettre une faute sociale, une action néfaste et désastreuse, au point de vue de la natalité, de la mortalité infantile et de l'éducation des enfants.

Malheureusement, de nos jours, la femme, entrée jeune dans la lutte économique, a tendance à y demeurer, même après son mariage et la naissance des enfants. Ce mal social se répand de plus en plus dans tous les pays et dans le nôtre en particulier. Il semble qu'aux États-Unis, dans les Iles Britanniques, en Hollande, en Danemark, en Suède, ainsi que dans l'Italie méridionale, le mal soit beaucoup moins grave que chez nous.

Les conséquences du travail rémunéré de la mère de famille sont funestes.

Si la femme est indifférente, son ménage est mal tenu, l'alimentation de la famille défectueuse, les enfants ne reçoivent ni soins, ni éducation, le mari déserte le foyer et va à ses plaisirs.

Si la femme est consciencieuse, et le cas est fréquent chez nous, elle veut, après sa journée de travail, accomplir sa tâche ménagère et elle s'épuise à un labeur écrasant.

Sa bonne volonté et son énergie n'arrivent pas à donner à son foyer ce qui lui manque. Où la mère est absente, il n'y a pas de vie de famille.

La grande victime de ce terrible fléau social, c'est l'enfant. Je ne parle pas seulement des nourrissons, dont la mortalité est grande lorsqu'ils sont privés des soins de leur mère, mais aussi des enfants plus grands. Entre l'heure de la sortie de l'école et l'heure à laquelle leur mère rentre de son travail, les petits écoliers sont souvent livrés à eux-mêmes, et font parfois de mauvaises connaissances. Il y a un an, à la Conférence Internationale des Syndicats chrétiens à Lucerne, Mlle Maria Baers, Secrétaire générale des Ligues Ouvrières Féminines de Belgique, prononçait les paroles suivantes : « J'ai demandé l'avis de MM. les Juges des tribunaux d'enfants. Tous ceux qui ont bien voulu me le donner sont unanimes à reconnaître dans l'absence de la mère ouvrière ou employée une des causes très fréquentes des délits infantiles ».

De bons esprits ont cherché un remède à ce triste état de choses et ont cru le trouver en donnant aux jeunes filles des métiers et professions pouvant s'exercer à domicile, et soi-disant compatibles avec le mariage et la maternité.

Le travail à domicile peut représenter un certain palliatif au mal que constitue le travail rémunéré de la mère de famille, mais nous ne voyons là qu'une solution très insuffisante.

Lorsque nous parlons du travail à domicile, nous ne visons pas celui de la femme établie dans le commerce avec son mari ou de la ménagère agricole, reine et maîtresse dans son domaine, mais celui de l'ouvrière.

Il est évident que si l'ouvrière mère de famille travaille chez elle, ses enfants sont mieux soignés et surveillés que si elle en était absente ; mais n'oublions pas que le nombre des métiers s'exerçant à domicile est limité, et qu'en orientant un trop grand nombre de jeunes filles vers ces branches d'activité, on arriverait vite à l'encombrement et au chômage.

Enfin, même si la mère de famille travaille à domicile, elle doit toujours cumuler son travail ménager et son travail professionnel, d'où surmenage inévitable.

Lorsqu'elle est fatiguée ou que l'ouvrage presse, l'ouvrière à domicile néglige son ménage et sa cuisine, tout comme l'ouvrière qui travaille à l'extérieur.

Si cette dernière vit trop hors de chez elle, l'excès contraire est à craindre pour l'ouvrière à domicile, qui mène une vie très sédentaire et ne peut, faute de temps, sortir pour prendre l'air et le faire prendre à ses enfants.

Certains philanthropes ont préconisé pour les femmes mariées le travail de mi-temps. Ce système est employé avec succès aux États-Unis, pour quelques travaux d'usines, et pour certaines professions particulières telles que : comptabilité, emploi de secrétaire, garde d'enfants, soins aux malades des classes moyennes, travail social, emploi dans les restaurants, travail ménager, etc., etc... Un grand nombre de femmes, femmes mariées, étudiantes, personnes de santé délicate, se livrent là-bas pendant quelques heures par jour à un travail rémunéré; à New-York et à Philadelphie, il existe d'importants organismes pour le placement de ces travailleuses de mi-temps.

Il n'existe, à ma connaissance, aucun système similaire en Europe; c'est dommage, car toute organisation ayant pour but de réduire le travail professionnel de la mère de famille devrait retenir notre attention et être mise en pratique jusqu'au jour où ce travail pourra être enfin tout à fait supprimé.

Il ne saurait naturellement être question d'interdire légalement le travail des mères de famille, le remède serait peut-être encore pire que le mal. Je compte plutôt sur les effets d'une propagande intelligente et efficace et sur un de ces courants d'opinions irrésistibles comme il s'en produit quelquefois.

Les mères de famille qui se livrent à un travail salarié le font généralement pour une des trois raisons suivantes :

1º Un certain nombre d'entre elles travaillent parce que la vie professionnelle leur plaît mieux que la vie ménagère, parce qu'elles désirent se payer des fantaisies avec leur gain personnel et enfin parce que, ignorant les travaux du ménage, elles ne sauraient à quoi employer leur temps chez elles.

Cet état d'esprit déplorable est la conséquence d'un manque de qualités morales et d'un manque de formation ménagère. L'éducation de la jeune fille doit pouvoir en grande partie remédier à ce mal. La jeune femme, sérieuse et de goûts simples, ménagère adroite, qui comprend combien la tâche de mère de famille est grande et belle, comprend aussi très aisément que son devoir et son bonheur se trouvent au foyer.

2º La grande majorité des mères de famille qui se livrent à un travail salarié le font par nécessité, parce que le gain de leur mari ne suffit pas à faire vivre la famille.

Ne devrions-nous pas cependant admettre qu'un travailleur consciencieux devrait recevoir, pour une journée bien remplie, de quoi vivre et faire vivre les siens. Si les conditions économiques ne le permettent pas, il faut que des allocations familiales, payées par des Caisses de Compensation, viennent combler l'insuffisance du salaire du père. La preuve est faite que dans certaines régions où fonctionnent des Caisses de Compensation, l'appoint apporté par celles-ci a permis à nombre de mères de famille de quitter leur occupation de travailleuses salariées pour se consacrer entièrement aux soins de leurs enfants. Il faut que de tels exemples se généralisent.

3° Enfin, un petit nombre de mères de famille, en France particulièrement, où l'esprit de prévoyance est quelquefois poussé à l'excès, travaillent par crainte de se trouver sans situation et dans un cruel embarras si elles devenaient veuves.

Ceux qui ont pu se rendre compte de la misère dans laquelle sont plongées chez nous certaines veuves chargées de famille, s'expliqueront aisément cet état d'esprit.

Quelques caisses d'Allocations familiales, entre autres celle de la Région Parisienne, celle de Fourmies, celle de Valenciennes, celle des Etablissements Michelin, continuent à verser les allocations pour les enfants de leurs ouvriers décédés, jusqu'à ce qu'ils soient en âge de travailler.

Mais à part ces cas, dus à l'initiative privée, il n'existe rien chez nous pour remédier à cette misère imméritée.

Ni la législation française actuelle, ni le projet de loi sur les Assurances sociales, n'ont prévu de secours aux veuves chargées de famille.

C'est profondément regrettable.

Par contre, dans d'autres pays, en Autriche et en Angleterre notamment, les assurances sociales comprennent le paiement d'une pension plus ou moins élevée aux veuves et aux orphelins. La récente loi belge sur les pensions ouvrières prévoit le paiement d'une petite rente aux veuves et à leurs enfants.

Enfin, dans 42 sur les 48 Etats des Etats-Unis, dans certaines Dominions, au Danemark, dans quelques communes de Norvège, fonctionnent des lois de pensions nationales ou communales pour les veuves et orphelins pauvres. Le montant de l'assurance ou de la pension dans certains de ces pays constitue une aide sérieuse et vraiment efficace.

Je vous avoue que lorsque je constate ces belles réalisations sociales qui se produisent dans les divers pays depuis quelques années, je ne suis pas trop pessimiste.

Un souffle de solidarité passe sur le monde. Travaillons, Mesdames, et continuons modestement à poursuivre sans faiblesse ce que d'autres ont si bien commencé.

Mettons nos efforts en commun et nous arriverons avant peu, j'en ai le ferme espoir, à une orientation de l'activité humaine conforme enfin aux besoins de la famille et de la société.

Comme conclusion à ce trop long rapport, je me permets de présenter au Congrès, les deux vœux suivants : le 1er ayant trait au rôle de la famille dans l'Orientation professionnelle de ses enfants, le 2e concernant le travail professionnel des mères de famille.

1er vœu.

Considérant qu'il est désirable, pour l'intérêt général et pour leur intérêt particulier, que les jeunes filles jusqu'à leur mariage, les célibataires d'âge mûr, et même les femmes mariées sans enfants, se livrent à un travail productif et rémunéré, à condition toutefois que ce travail ne risque pas de compromettre leur santé;

Considérant qu'il est du devoir des parents ou tuteurs de mettre leurs enfants ou pupilles à même de gagner leur vie et que, pour cette raison, ils doivent les aider de leurs conseils dans le choix d'une carrière;

Considérant enfin qu'il est indispensable que toute jeune fille soit mise en situation d'assurer ses moyens d'existence;

Le Congrès International d'Orientation professionnelle féminine demande que les pères et mères de toutes conditions s'intéressent à l'Orientation professionnelle de leurs enfants, et que les groupements familiaux, associations de pères et mères de famille, associations de parents d'élèves, fassent le nécessaire pour en diffuser les principes essentiels.

2e vœu.

Considérant que la prospérité d'un pays dépend en majeure partie de la quantité et de la qualité physique et morale de sa population;

Considérant que les problèmes de la continuation et de la conservation de la race, de la protection et de l'éducation de l'enfance jouent, dans les destinées des pays, un rôle de premier plan.

Considérant que la mission sociale d'une mère de famille est de soigner et d'élever convenablement ses enfants, et qu'une société civilisée doit lui permettre de remplir cette tâche.

Considérant que la travailleuse, mère de famille, est astreinte à cumuler son travail ménager et son travail professionnel.

Le Congrès International d'Orientation professionnelle féminine demande :

1º Que les programmes d'éducation et d'instruction des jeunes filles, prévoient à la base une formation ménagère sérieuse et une formation morale solide, afin que les jeunes filles puissent comprendre la noblesse de leur mission future et se trouver à même, lorsqu'elles deviendront épouses et mères, de la remplir convenablement.

2º Que le gain du père soit suffisant pour faire vivre sa famille, et que dans les pays où les salaires ne sont pas très élevés, l'appoint soit fait par les Caisses de Compensation pour Allocations familiales.

3° Que les femmes sans enfants et davantage encore les hommes acceptent de faire l'effort de production nécessaire pour permettre la suppression progressive du travail salarié des mères de famille.

4° Qu'une protection et des secours efficaces soient assurés aux enfants des veuves pauvres, soit par des lois d'assurances sociales, soit par des lois de pensions nationales.

5° Enfin que, dans les divers pays, les groupements religieux, sociaux, civiques, familiaux et professionnels, et tous ceux qui peuvent avoir une influence sur l'opinion publique, entreprennent une campagne active de propagande par la plume et par la parole pour faire pénétrer ces idées dans l'esprit de la masse, et arriver ainsi à la suppression progressive du travail salarié des mères de famille.

Communications et Discussions

M. Charles Soulier, délégué de la Chambre de commerce de Lyon, retient l'idée intéressante de Mlle Mauvezin relative au travail de 1/2 temps pour les femmes mariées et envisage de constituer, dès son retour à Lyon, un Comité dans le but d'étudier et d'organiser le travail du demi-temps. M. Soulier propose d'ajouter au rapport de Mlle Mauvezin le vœu supplémentaire suivant :

« Le Congrès I. d'O. P. F. demande de voir procurer aux mères de famille des occupations payées ne prenant qu'une demi-journée de travail, pour leur laisser plus de temps pour leur ménage et leurs enfants; le Congrès demande, en conséquence, de voir créer des organismes bénévoles et libres pour procurer ces emplois de demi temps. »

M. le Chanoine Vendeuil, délégué des œuvres diocésaines de Meaux, attire l'attention des Congressistes sur les quatre points suivants :

1° L'Orientation professionnelle négative vient trop souvent contrecarrer celle qui est active et directe. Il est en effet déplorable que l'influence de la famille s'exerce, dans bien des cas, au détriment de la profession paternelle. Fréquemment, les parents font ressortir devant leurs enfants les inconvénients de leur métier; ce qui entraîne trop souvent la désertion par les enfants du fonds de commerce ou de l'entreprise agricole ou industrielle des parents. Les pères et mères de famille, s'ils font connaître à leurs enfants les inconvénients de leur profession, ne doivent pas leur en cacher les avantages, ni les satisfactions qu'elle leur a procurées.

2° Mlle Mauvezin a cité dans son rapport une phrase de Mlle Baers, relative aux délits des enfants. M. Henri Rollet, juge des enfants au Tribunal de la Seine, a signalé que le nombre des jeunes filles et fillettes condamnées par les tribunaux, est à l'heure actuelle deux fois plus grand que le nombre des garçons. La présence de la mère au foyer familial semble manquer davantage aux fillettes qu'aux garçons. La mère doit être libérée du travail professionnel et rendue apte à sa tâche d'éducatrice.

3° Le rapporteur a exalté la maternité, c'est parfait; mais il ne faudrait pas que, dans nos conversations, surtout devant les jeunes filles et les jeunes femmes, nous allions prêcher contre la maternité. Il est fréquent d'entendre dire

par des personnes honorables : «Mme X. va encore avoir un bébé; oh ! la pauvre
femme ! ». De telles phrases sont malheureuses et l'interprétation qu'on leur
donne risque d'aller à l'encontre du but que nous devons poursuivre. Au contraire, à l'annonce d'une nouvelle maternité, réjouissons-nous et disons : «Tant
mieux, nous tâcherons d'aider les heureux parents de tout notre pouvoir pour
faciliter leur grande et belle tâche. »

4° Au sujet du triste sort des veuves chargées d'enfants, il est en effet regrettable que l'Etat ne fasse rien. Comptons donc surtout sur l'initiative privée :
organisons des œuvres et demandons à l'Etat de les encourager.

L'ORIENTATION PROFESSIONNELLE :
EXPOSÉ DES MÉTHODES POUR L'EXAMEN DES APTITUDES

Rapporteur Général : **Mme Deysson**
Secrétaire des Permanences d'Entr'aide Sociale de Paris

Mesdames, Messieurs,

Ayant travaillé sous les ordres de M. Mauvezin, Directeur de la Chambre de Métiers de la Gironde, de 1920 à 1923, j'ai pu chaque jour étudier la question « Orientation professionnelle », me pénétrer de sa doctrine, en apprécier les méthodes, en constater les heureux résultats. Aussi, suis-je fière de participer à un Congrès qui traite un sujet aussi passionnant et qui me tient tant à cœur.

L'Orientation professionnelle est basée sur cette double constatation que, d'une part, les individus diffèrent entre eux ; que, d'autre part, les professions ont des exigences différentes.

L'Orientation professionnelle consiste à diriger l'enfant vers la carrière pour laquelle il est le mieux qualifié, en tenant compte de ses aptitudes personnelles et des exigences des professions.

De nombreux facteurs entrent en ligne de compte, notamment les goûts de l'enfant, les désirs de ses parents, la situation sociale et pécuniaire de la famille, la région habitée par l'enfant, l'état du marché du travail, la possibilité matérielle d'apprendre le métier choisi.

Mais en dehors de ces facteurs importants, l'essentiel du travail d'Orientation consiste à établir le profil physiologique, intellectuel et moral de l'enfant à orienter, pour essayer de l'adapter à une profession au profil correspondant.

Un double travail est donc nécessaire : 1° connaître les activités, métiers, emplois et professions, et les qualités que chacune d'elles requiert ; 2° connaître les aptitudes du sujet qui cherche son orientation.

La première partie de ce travail a été étudiée dans des monographies professionnelles ; elle va être traitée dans toute son ampleur par les rapporteurs du Congrès. Il semble possible d'établir un code des exigences des professions. Pour chaque enfant, au contraire, il faut recommencer le travail de recherche des aptitudes.

Chaque être humain a un tempérament propre, des aptitudes, des tendances, des prédispositions personnelles.

Ces caractéristiques sont visibles dès le jeune âge et une mère attentive peut faire des remarques fort intéressantes qui aideront plus tard à solutionner le problème de l'Orientation professionnelle. Un papa et une maman savent si leur enfant est fort ou faible, bien portant ou maladif, s'il a eu des maladies et lesquelles, s'il a eu des accidents et lesquels, s'il a quelque prédisposition maladive ou quelque faiblesse chronique; les parents savent aussi si leur enfant est remuant ou apathique, bruyant ou tranquille, réfléchi ou étourdi, actif ou nonchalant, s'il aime le mouvement ou les occupations sédentaires, s'il est équilibré ou très nerveux, s'il a des cauchemars, des peurs irraisonnées.

Certaines facultés physiques dont on ne s'occupe pas assez en général, comme, par exemple, la qualité des organes de la vue et de l'ouïe, pourraient cependant être mieux connues, si l'attention des parents et des maîtres de l'enseignement était attirée sur ce point.

Le Dr André Collin estime que le profil physiologique et psychologique d'un enfant est déjà ébauché à l'âge de 3 ans.

On peut admettre que l'hygiène et les soins physiques, l'éducation et les exemples moraux peuvent beaucoup. Cependant, les soins et l'éducation ne peuvent que cultiver ce qui existe et ne peuvent pas créer de toutes pièces des aptitudes qui n'existent pas.

La vie scolaire est, pour la recherche des aptitudes, un champ d'expériences très intéressant, parce qu'à l'école on peut comparer entre eux des enfants du même âge, et se faire une opinion sur leurs dispositions intellectuelles et leurs aptitudes manuelles.

Le caractère et les qualités morales de chaque enfant se révèlent dans les manifestations libres à l'école et dans la famille.

Il est évident qu'un enfant n'est pas né pour faire un seul métier à l'exclusion de tous les autres.

L'O. P. consiste à rechercher les professions susceptibles d'être exercées par un individu déterminé. Pour les individus bien doués, le choix est facile; pour les individus n'ayant que peu de qualités, le choix est beaucoup plus limité. L'O. P. consiste à établir une corrélation entre les aptitudes de l'individu et les exigences d'une ou de plusieurs professions.

En O. P., il n'y a pas plus de solutions idéales qu'il n'y en a dans les autres problèmes de la vie. Il faut savoir se contenter de solutions honorables. Si on évite les erreurs graves, on peut se déclarer satisfait.

Pour éviter les erreurs graves, s'il est nécessaire de tenir compte des aptitudes, il est encore beaucoup plus nécessaire de tenir compte des contre-indications.

En effet, il est assez rare qu'à l'âge où il est nécessaire de prendre une décision, l'enfant ressente un attrait puissant, une vocation impérieuse vers telle ou telle carrière; et dans le cas où l'enfant exprime le désir d'embrasser telle ou telle profession, ce désir n'est pas toujours justifié; l'imagination joue souvent un rôle beaucoup plus grand que la raison dans ces vocations précoces.

Par contre, il est possible, dès le jeune âge, de connaître les contre-indications.

En résumé, le but à atteindre dans une bonne orientation, c'est que chaque individu soit placé dans une situation où il ne sera pas inférieur à sa tâche, dans laquelle il pourra fournir un rendement aussi élevé que possible et se procurer au moins un gagne-pain honorable.

Il semble que tous les organismes d'O. P. soient d'accord sur la nécessité de connaître les exigences des professions et les aptitudes de l'enfant.

Mais les opinions diffèrent sur les points suivants :

Qui doit rechercher les aptitudes?

Quand doivent-elles être recherchées?

Si nous passons en revue les divers organismes d'O. P. existant en Europe, nous nous trouvons en présence de deux tendances très différentes : d'une part, la méthode dite scientifique; d'autre part, la méthode de la Chambre de Métiers de la Gironde. Je vais vous expliquer ces deux méthodes, mais j'ajoute que beaucoup d'organismes d'O. P. n'ont pas délibérément opté pour l'une ou pour l'autre, mais ont emprunté un peu à l'une et un peu à l'autre.

Avant d'entrer dans les détails, nous tenons à dire qu'il s'agit bien ici d'O. P. et non de sélection.

Les tendances de ces deux écoles, si elles visent le même but, diffèrent sensiblement dans leur esprit et dans leur application.

La méthode dite scientifique estime que l'O. P. est un travail de laboratoire basé sur une science, la psychotechnique, et qu'elle n'est accessible qu'à des spécialistes soigneusement et longuement initiés. D'après la méthode dite scientifique, le problème de l'O. P. d'un enfant doit se résoudre au cours d'une ou de plusieurs consultations.

La Chambre de Métiers de la Gironde estime au contraire que l'O. P. est un travail social basé sur la logique et accessible à toute personne de bon sens.

Dans l'esprit de la Chambre de Métiers de la Gironde, l'Orientation professionnelle est comparable à l'hygiène : l'une et l'autre sont des œuvres prophylactiques, celle-ci permettant d'éviter au corps humain les troubles physiologiques, celle-là permettant à la société d'éviter en grande partie les troubles économiques générateurs de désordres. Il est infiniment désirable que les principes de l'Orientation professionnelle tout comme les principes de l'Hygiène pénètrent dans l'esprit de la masse; leur vulgarisation constitue une œuvre d'éducation.

La méthode dite scientifique, tient à peine compte, pour la recherche des aptitudes, de la vie passée de l'enfant. Ce dernier, pour s'orienter, va consulter un spécialiste psychotechnicien qui, en quelques séances, va l'examiner à l'aide d'appareils compliqués et d'une série de petites épreuves désignées sous l'appellation de tests (le mot anglais *test* est la traduction du mot français *épreuve*).

On désigne sous le nom de « psychologie expérimentale » cette méthode de recherche des aptitudes au moyen des tests. Il y a des tests d'attention externe, des tests d'attention interne, des tests pour mesurer des sensations visuelles, auditives, olfactives, gustatives, des tests de mémoire, des tests d'observation, des tests de jugement : jugement concret, jugement abstrait, jugement pratique ; des tests de logique, des tests d'adresse manuelle, de sensibilité des doigts. Il y a également des tests pour mesurer les réflexes nerveux et les temps de réaction.

Pour certaines de ces épreuves, des appareils compliqués sont nécessaires comme, par exemple, pour juger la délicatesse du toucher, la logique, la vue en profondeur, etc...

Le spécialiste, d'après les résultats chronométrés de ces tests, porte un jugement sur les aptitudes de l'enfant, et lui indique la carrière qui, à son avis, peut le mieux lui convenir.

Cette recherche des aptitudes en vue du choix d'une carrière se fait, en général, après la terminaison des études, lorsque l'adolescent doit entrer dans la vie active.

Cette méthode coûte cher parce qu'elle nécessite des appareils compliqués et qu'elle ne peut être appliquée que par des spécialistes. Il est donc impossible de la vulgariser.

La méthode dite scientifique est employée dans les Offices d'O. P. de Bruxelles, dans celui de Barcelone, et également dans les Offices suisses qui suivent les directives de l'Institut Jean-Jacques Rousseau de Genève.

La méthode de Bordeaux semble convenir beaucoup mieux à la mentalité française ; elle pose en principe que le choix de la carrière doit être fait par les parents et qu'il faut l'adhésion volontaire de l'enfant. Elle rejette donc l'emploi des appareils et des tests peu compréhensibles pour les intéressés. L'enfant français aime à raisonner et veut comprendre. La méthode de la Chambre de Métiers est très simple et peut être comprise par les enfants et par les parents, même les plus humbles.

La Chambre de Métiers de la Gironde met à la disposition des intéressés une méthode complète, permettant la recherche des aptitudes et le choix conscient de la carrière, sans l'intervention obligatoire d'un spécialiste, si ce n'est pour renseigner sur l'état du marché du travail. Les fondateurs de la Chambre de Métiers se considèrent beaucoup moins comme des conseillers de vocation que comme des animateurs. Leur méthode peut être appliquée sans leur concours.

Cette méthode fait intervenir dans la recherche des aptitudes les parents qui connaissent leur enfant, l'instituteur ou l'institutrice qui connaît son élève, l'enfant lui-même qui, s'il est bien guidé, peut arriver à se connaître; enfin, dans tous les cas où il y a un doute sur une possibilité physique, le médecin, de préférence le médecin de la famille qui a déjà soigné l'enfant. Les personnes qui ont eu l'habitude de s'occuper de l'enfant : l'infirmière scolaire, le directeur ou la directrice du patronage fréquenté par l'enfant, éventuellement une infirmière-visiteuse ou une surintendante ou travailleuse sociale qui est en relation avec la famille, pourraient aider celle-ci de leurs conseils.

La méthode de la Chambre de Métiers fournit aux intéressés toute la documentation concernant les carrières féminines sous forme de monographies professionnelles rédigées toutes d'après le même plan. Pour chaque métier, emploi ou profession, on peut ainsi connaître les qualités indispensables, les qualités désirables, les défauts gênants, les défauts rédhibitoires. Chaque monographie donne un profil, peut-être un peu grossièrement tracé, mais cependant exact de la profession.

D'autre part, la Chambre de Métiers fournit à l'enfant un formulaire contenant une série de questions simples. Pour y répondre, il n'est point besoin de tests spéciaux. Les manifestations libres de l'enfant dans la vie familiale et dans la vie scolaire, pendant le jeu et pendant le travail, permettent de trouver toutes les réponses aux questions posées. Celles-ci peuvent être facilement comprises par un enfant de 12 ans normalement doué au point de vue intellectuel. Avec de la réflexion et sans doute un peu d'aide d'une grande personne, l'enfant peut répondre au questionnaire. Cette aide, un père ou une mère ayant une intelligence normale et du bon sens, à plus forte raison une personne plus instruite comme une institutrice ou une travailleuse sociale, peuvent la lui fournir.

Je ne vais pas m'étendre ici sur la manière d'aider l'enfant à discerner ses aptitudes; Mlle Labadie, Directrice du Centre d'Orientation professionnelle féminine de la Ruche à Bordeaux, vous donnera, samedi matin, des renseignements précis à ce sujet.

Les questions de ce questionnaire pour débutants sont établies en concordance avec les rubriques des monographies professionnelles.

Un questionnaire bien rempli donne le profil de l'enfant d'après le plan sur lequel sont établies les monographies professionnelles.

Possédant ainsi les deux éléments essentiels du problème, les intéressés peuvent faire un choix conscient.

L'emploi du questionnaire a été l'objet de quelques critiques, cependant les créateurs de la méthode, après plusieurs années d'expérience, estiment que l'emploi du questionnaire est le seul moyen permettant aux intéressés de faire eux-mêmes un choix conscient.

L'emploi du questionnaire offre l'immense avantage de faire réfléchir l'enfant et ses parents, de leur faire toucher du doigt l'ampleur du problème de l'O. P. Tous les actes importants de la vie doivent être précédés d'une période de méditation, d'une sorte d'inventaire ou d'examen de conscience. Pour cet examen de conscience d'un genre particulier qui précède le choix d'une carrière, le questionnaire constitue un véritable guide.

De nombreuses maîtresses de l'Enseignement, dans toutes les régions de la France, s'intéressent à cette méthode et sont désireuses d'aider à l'O. P. de leurs élèves. C'est une chose excellente, à notre avis, les institutrices connaissent les enfants et ont, dans la vie scolaire même, un champ d'expériences intéressant pour établir des comparaisons entre enfants de même âge. Il est donc désirable qu'elles puissent documenter et aider de leurs conseils les enfants et les familles.

Je ne veux pas terminer mon rapport sans dire quelques mots sur la méthode d'Orientation ou de Direction professionnelle employée aux Etats-Unis.

D'après les principes formulés et adoptés par l'Association Nationale de Direction professionnelle des Etats-Unis, les conseils d'O. P. doivent être fournis pendant que l'adolescent est encore à l'école. L'étude des problèmes professionnels et des occupations courantes et locales, doit être faite avant la fin de l'âge scolaire obligatoire; elle doit être faite également dans les écoles secondaires et les universités. En Amérique, il est admis que dans les Ecoles et Universités, le service de Direction professionnelle doit être compris dans le rôle du doyen ou du directeur des études, et que ces conseils d'Orientation doivent faire partie des responsabilités habituelles des établissements d'enseignement.

L'Association Nationale de Direction professionnelle des Etats-Unis dit encore : les maîtres de l'enseignement des écoles et universités doivent toujours s'efforcer de montrer le rapport qui existe entre leur enseignement et la vie professionnelle. L'Association ajoute que les diverses expériences de travail de la vie scolaire devraient être faites dans le but d'aider l'élève à découvrir ses aptitudes et goûts professionnels; on doit, dans les écoles, faire faire aux élèves des expériences variées en travail intellectuel et artistique, en jardinage, en emploi simple des outils usuels, ainsi que quelques problèmes commerciaux élémentaires.

Dans de nombreux établissements d'enseignement des divers degrés, aux Etats-Unis, ont été organisées ce que les Américains nomment des « classes d'occupations », c'est-à-dire des cours dans lesquel les élèves étudient rapidement les diverses carrières qui s'offrent à eux, le but, les exigences et l'avenir de chacune d'elles. Pour le choix de la carrière, on procède ensuite par éliminations successives.

Les Américains font grand usage de fiches individuelles, sur lesquelles sont inscrits les renseignements concernant les aptitudes physiques et intellectuelles, les connaissances scolaires et les conditions sociales.

L'Association Nationale de Direction professionnelle des Etats-Unis pose enfin en principe que, non seulement il doit y avoir des conseillers de vocation spécialement formés, mais qu'il est aussi indispensable que la formation de tous les maîtres de l'enseignement et de toutes les personnes s'occupant d'œuvres de jeunesse, comprenne l'étude des problèmes de l'Orientation professionnelle.

Mesdames, Messieurs, j'ai l'honneur de soumettre à votre approbation les vœux suivants :

Considérant qu'une Orientation rationnelle est, chez tous les individus, la base d'une vie heureuse et largement productrice ;

Considérant que la majorité des parents, mal renseignés sur les aptitudes de leurs enfants, sur les activités qui s'ouvrent à ceux-ci, sur l'état du marché du travail, « placent » leurs enfants, mais ne les orientent pas ;

Le Congrès International d'Orientation professionnelle féminine demande :

1º Qu'une propagande active soit faite pour faire comprendre aux masses que n'importe qui n'est pas apte à faire convenablement n'importe quoi, et qu'une Orientation raisonnée des enfants est une nécessité aussi bien au point de vue individuel qu'au point de vue général.

2º Que cette propagande soit faite particulièrement auprès des maîtresses de l'Enseignement public et privé, primaire et secondaire, et de toute personne s'occupant des enfants, des œuvres de jeunesse et familiales. Ces maîtresses de l'enseignement et ces travailleuses sociales, connaissant très bien les enfants, peuvent en effet, avec une préparation spéciale relativement facile, devenir des guides éclairés des parents en ce qui concerne l'Orientation de leurs enfants.

3º Que l'Orientation professionnelle ne soit plus considérée comme un problème de placement intelligent au moment où l'enfant quitte l'école, mais comme une œuvre profonde d'éducation

UNE RÉALISATION PRATIQUE
EN ORIENTATION PROFESSIONNELLE

par Mme le Dr Maria Diez Gasca

Directrice du Service d'Orientation Professionnelle du Gouvernatorat de Rome et Directrice du Bureau d'Orientation professionnelle de l'Institut professionnel de Rome.

———

Les études et les principes scientifiques ne coïncident pas toujours avec la pratique. Quelquefois, il faut chercher aux grands problèmes une résolution très simple.

Cela a été tenté avec succès depuis quelques années à Rome, grâce au Gouvernatorat.

Des études commencées en 1919 par le Bureau Municipal du Travail avaient été poursuivies dans les années suivantes, lentement, mais avec constance, jusqu'à donner vie au service actuel d'Orientation professionnelle. Aujourd'hui, il a un large développement dans les écoles primaires du Gouvernatorat de Rome, et depuis 3 ans aussi dans une école particulièrement adaptée à ce genre de recherches, c'est-à-dire « l'Institut Royal d'Instruction professionnelle », le mot professionnelle explique la finalité de cette école secondaire. Ce développement a été rendu obligatoire tout à fait comme l'instruction primaire, c'est-à-dire qu'on exerce l'O. P. dans l'école de la même façon comme les enfants sont obligés à la gymnastique, aux jeux, à l'hygiène scolaires.

Les examens et les recherches furent faits en même temps sur les élèves régulièrement inscrits aux cours de l'Institut professionnel et sur les enfants des classes élémentaires qui fréquentent les ateliers du même Institut pour les cours professionnels, en conséquence d'un Concordat avec le Gouvernatorat. Toutes ces recherches donnèrent de bons résultats. On peut les relever en parcourant les publications de M. l'Ingénieur Andreoni sur « l'Organisation scientifique de l'école » et de la Doctoresse Diez : « Rilievi antropometrici e clinici sugli alunni del l'Istituto Professionale », ainsi que par la constatation du concours des parents au Bureau de Consultation pour l'O. P. Ce sont surtout les parents qui réclament les examens des enfants qui ont fini la 5e élémentaire et qui sont dans la nécessité de choisir entre les professions intellectuelles et les occupations plus spécialement manuelles; surtout dans les cas où les parents ne parviennent pas à voir dans leurs enfants les qualités spécifiques pour une profession donnée, ou encore lorsque leurs enfants se trouvent dans des conditions d'infé-

riorité physique ou psychique par rapport aux exigences des nouvelles études ou du travail déjà commencé ou qu'ils vont commencer.

C'est ainsi qu'à Rome le public en général a commencé à apprécier l'O. P. et à s'intéresser à son développement.

Par l'entremise du Gouvernatorat et du Ministère de l'Economie
nationale, une vive impulsion a été donnée aux nouvelles études
et en même temps les moyens se sont multipliés pour rendre possible leur utilisation pratique.

Depuis le 14 juillet 1925, nous avons le préapprentissage dans
les dernières quatre classes primaires, selon les dispositions légis-
latives de l'organisation des cours de préapprentissage. Le Gouvernatorat a institué au service de l'Instruction un Bureau d'Orientation professionnelle. Si pauvres que soient les enfants, ils vont
maintenant à l'école jusqu'à 14 ans, puisqu'ils y apprennent un
métier; le choix d'un métier peut ainsi être fait dans le même temps
sur la base de l'analyse des professions et sur le diagnostic des
aptitudes de façon scientifique contrôlée par la pratique de l'atelier.

Ce Bureau a le but de faire connaître les sens des principaux
métiers pour rendre aussi aisé que possible le choix de la professions, par des photographies, des feuillets explicatifs ou mieux encore illustrés, des conférences, des conversations, des visions ciné-
matographiques, des visites aux laboratoires, aux ateliers, etc...
Tout cela est à la portée des enfants, selon les différents âges, de
tous les enfants des écoles de la Municipalité.

On étudie en même temps dans chaque enfant les éléments
physiques et psychiques qui peuvent en déterminer les meilleures
activités productrices. La base physique a une très grande valeur;
mais on ne doit pas négliger les examens de l'intelligence, du caractère et de la moralité.

L'examen de l'enfant qui a été commencé à l'école primaire est
continué à l'Institut professionnel dans les ateliers de tous les
métiers.

La direction des deux bureaux m'a été confiée. Le personnel
des deux bureaux est féminin pour les garçons et les filles; il est
constitué par des infirmières diplômées qui se sont consacrées
particulièrement à l'assistance sociale.

La parfaite entente entre les deux bureaux a permis l'examen
de grand nombre d'élèves de la ville de Rome, presque trois mille
dans une année. Maintenant, on va multiplier les centres d'observation et tous les enfants des écoles municipales de Rome seront
examinés en vue de l'O. P. Dans ces bureaux-là, on pratiquera
l'examen anthropométrique, physiologique et clinique de l'élève,
son examen psycho-physique pour la détermination de son niveau
mental et de ses aptitudes. On fait aussi œuvre de consultation
médico-scolaire et de consultation d'O. P. pour les élèves atteints
de malformations ou infirmités quelconques venant de n'importe

quelle école. Le Bureau est ouvert aussi à tous ceux qui se présentent, adultes ou élèves, en dehors des élèves des écoles municipales, dans le but d'avoir des conseils. On y poursuit aussi des études expérimentales à l'usage de la direction des œuvres et ateliers qui en font la demande.

Le Bureau se propose encore d'autres buts dans l'Institut professionnel qui est riche des laboratoires les meilleurs, les plus fréquentés et les mieux outillés qui aient été organisés jusqu'à aujourd'hui par les écoles italiennes ou étrangères, celui d'approfondir les recherches déjà commencées sur les métiers exercés dans les différents ateliers, d'examiner à nouveau le système Taylor en rapport avec l'organisation de l'école, d'étudier à nouveau sur les élèves, l'entraînement, la fatigue, etc...

Le Bureau d'O. P. du Gouvernatorat qu'on nomme aussi « Gabinetto di psicotecnica » est à Via Tevere, dans un bâtiment moderne. Les élèves de 4e, 5e, 6e, 7e et 8e y vont, guidés par leurs maîtres, pour subir les examens que nous avons cités plus haut. Une fiche que je vous prie d'examiner réunit les données morphologiques, fonctionnelles, cliniques : les caractéristiques des fonctions endocrines; les évaluations neuro-psychiques, les aptitudes mentales, intellectuelles, culturales et morales de chaque élève, en mettant ces notes en rapport avec les notes scolaires et avec celles des cours d'apprentissage.

Voici une donnée tout à fait nouvelle : Le cabinet de psychotechnique s'occupe aussi de recherches sur les enfants, en étudiant leurs activités dans les jeux. Cette tâche lui est facilitée surtout par le « Ritrovo del Fanciullo »; c'est un club pour enfants, œuvre éducative et récréative, qu'on vient d'ouvrir dans le Parc de « Villa Umberto Ier », dans un merveilleux pavillon meublé par un artiste, et qui contient tous les jeux et les jouets qui existent. On y étudie dans ce milieu extraordinaire les enfants selon leurs aptitudes, en les suivant dans les différents jeux et dans le choix de leurs lectures, car il y a aussi une bibliothèque en plein air, dans leur vie réelle, en liberté.

Il est inutile de dire que les enfants viennent avec beaucoup de joie se faire examiner au club où ils s'amusent.

Le Cabinet a aussi des rapports de consultation avec les maîtres et surtout avec ceux de préapprentissage, avec les parents des élèves et aussi avec toutes les écoles professionnelles d'arts et métiers.

Enfin, il y a en préparation plusieurs monographies professionnelles qui vont paraître.

CONCLUSION

En Italie, nous avons harmonisé la tendance psychotechnique pure et la tendance sociale.

Les deux Bureaux d'O. P. à Rome qui ont été les premiers créés en Italie ont une tâche très complexe qui vise à la perfection avec des moyens très simples. Le champ des recherches préliminaires est parvenu à une application pratique bien définie appuyée sur des bases scientifiques, qu'il faut maintenant poursuivre et perfectionner sans cesse.

Nous avons le devoir de constater que le gouvernement actuel de l'Italie a le mérite d'avoir compris l'utilité et le vaste champ d'action de l'O. P., et qu'il aide de tout son pouvoir à sa marche en avant et à sa large diffusion.

Nous ne suivons pourtant en Orientation professionnelle, ni la Belgique, où j'ai bien appris chez M. Christiaens, ni l'Allemagne, ni les Etats-Unis. Nous avons fait une orientation professionnelle qui doit servir aux mentalités et nécessités italiennes.

Nous sommes sortis du champ doctrinaire et abstrait. On peut se tromper, mais on marche.

Ainsi nous avons résolu en Italie aussi le problème de l'Orientation professionnelle comme d'autres problèmes bien difficiles avec de la volonté et de la force. Quant à la collaboration, nous l'avons, puisque tous y ont de l'intérêt : les savants des laboratoires, les industriels, les parents des élèves, les maîtres des écoles, même les œuvres privées de quelque opinion qu'elles soient, en premier rang, l'œuvre du Cardinal Ferrari qui arrive jusqu'au Saint-Père.

Pour l'organisation de l'Orientation professionnelle des filles, nous avons également accompli un grand pas. Il n'y a pas d'Orientation professionnelle féminine ou masculine : il y a l'Orientation professionnelle; mais il y a des métiers et des professions qui ne sont pas adaptés à la femme pour des raisons physiques, sociales et morales. Nous avons, après la guerre, fait marche en arrière, c'est-à-dire que nous avons fait rentrer la femme dans la maison tant qu'on a pu. Ainsi, nous avons dans les écoles primaires et secondaires l'enseignement ménager. Nulle femme ne peut s'y refuser riche ou pauvre : c'est un devoir humain et national. L'homme accomplit le service militaire pour la défense de la patrie, la femme sert sa patrie et l'humanité en remplissant ses devoirs d'épouse, de mère, de maîtresse de maison avec sagesse, épargne et savoir. La civilisation a donné ce but à la femme; Dieu le veut.

Il y a encore dans le programme et dans la pratique des erreurs et des pléonasmes; « mais il n'est jamais tard pour aller plus loin», a dit le poète Gabriel d'Annunzio. Ça ira, comme vous dites, frères latins, nous irons bien, puisque nous avons, comme vous avez, de l'intelligence et de la volonté.

Communications et Discussions

Mlle Juliette Delagrange, surintendante, déléguée de l'Office National d'Hygiène Sociale de France, insiste sur deux points :

1º L'Orientation professionnelle appelle la collaboration des éducateurs et de la travailleuse sociale. Cette dernière qui visite les foyers ouvriers peut aider beaucoup dans le choix du métier de l'enfant.

2º Le choix d'une carrière à notre époque est chose grave et sérieuse, et il est effrayant de songer que ce choix doit être fait pour un enfant de 12 à 13 ans. A cet âge, l'enfant est faible au point de vue physique, intellectuel et moral. C'est lui faire courir un grand danger que de le lancer si jeune dans la grande mêlée qu'est le travail humain. Il serait désirable que la limite de l'âge scolaire obligatoire soit reculée jusqu'à 15 ans, et que l'enfant, entre 13 et 15 ans, reçoive à l'école un enseignement professionnel.

M. Contenot, délégué du Conseil municipal de Paris et membre de la Chambre de Commerce, trouve que le rapport de Mme Deysson est trop doctrinal. A côté des deux méthodes exposées dans ce rapport : méthode dite scientifique et méthode de bon sens, existe une méthode pratique qui a toute sa faveur.

Il serait sans doute difficile actuellement de faire reculer l'obligation scolaire jusqu'à 15 ans; mais on peut, par des œuvres post-scolaires, suppléer à cette insuffisance. A l'école primaire même, l'enfant peut être initié professionnellement au moyen d'outils simples ou même de papier.

Puis, dans la dernière année de scolarité, l'instituteur pourra grouper ses élèves en 3 lots :

1º les intellectuels.

2º ceux qui ont des dispositions commerciales (qualités d'échange).

3º les manuels.

(Cela ne veut pas dire que l'instituteur devra diriger tous les enfants intelligents vers le groupe des intellectuels).

Après cette première orientation, l'enfant se trouvera dirigé vers une branche d'activité; il peut alors continuer ses études, mais adaptées au genre d'activité qu'on a reconnu lui convenir.

M. Contenot explique alors les réalisations de la Chambre de Commerce de Paris en ce qui concerne cette seconde orientation (préapprentissage). La Chambre de Commerce a organisé des ateliers-écoles : il en existe un pour chaque branche d'industrie : métiers du bâtiment, métiers du livre, métiers du commerce, métiers de l'habillement.

Chaque école est composée de plusieurs ateliers dont chacun s'attache à l'étude d'une spécialisation. L'enfant passe exactement 6 semaines dans chaque atelier; durant ce stage, il doit exécuter un certain nombre de travaux. Quand il a passé dans tous les ateliers de son école, on lui fait comparer les travaux qu'il a exécutés dans chacun d'eux et, d'après les résultats obtenus, il voit le métier qui lui convient le mieux dans cette branche d'activité.

Après cette 2e orientation, l'enfant se spécialise. Il reste dans l'atelier choisi tout le temps nécessaire pour apprendre convenablement les travaux de son métier et est placé ensuite dans un atelier industriel ou une maison de commerce de la ville.

Ce placement présente des inconvénients : l'industriel est tenté de profiter de ces petites mains et de s'en servir pour la production. Trop souvent, le patron ne permet pas à son jeune ouvrier de terminer l'apprentissage complet du métier. Il serait bien préférable que l'atelier-école confiât les enfants à des associations pour l'apprentissage (associations corporatives formées de patrons, de contremaîtres et d'ouvriers). Ces associations auraient la charge de placer les enfants dans les seuls ateliers où ils pourraient terminer l'apprentissage de leur profession. Un programme serait donné aux patrons leur indiquant les connaissances qu'ils doivent enseigner au jeune ouvrier; ce programme serait sanctionné par des examens périodiques. Certaines de ces associations existent déjà.

Dans les ateliers pour les jeunes filles, il faudrait que le programme comprît l'étude de l'enseignement ménager et familial. Il serait également désirable que l'on préparât les garçons à leur rôle familial et civique.

M. Soury, délégué de la Chambre de commerce de Paris, s'est occupé particulièrement de l'atelier-école des jeunes filles, 72, rue de Babylone, Paris, fondé par Mme Viviani, et qui comprend actuellement 140 élèves.

Ces jeunes filles passent elles aussi par divers ateliers : couture, mode, confection, coupe de vêtements, lingerie, broderie, repassage, fourrure.

Une école du foyer est en préparation où seront admises non seulement les élèves des ateliers-écoles, mais aussi les jeunes filles du dehors.

Madame Deysson demande que l'on ne sorte pas du sujet. L'Orientation professionnelle, en effet, ne se limite pas à quelques métiers manuels, mais doit viser toute l'activité. Or, ce n'est pas dans un atelier-école qu'il est possible de discerner quels sont les enfants qui doivent continuer leurs études; les élèves des ateliers-écoles ayant d'ailleurs dépassé l'âge auquel il est désirable de commencer les études classiques. D'autre part, sans vouloir empiéter sur le sujet que doit traiter Mme de Kéranflech, il est à remarquer qu'il n'a pas été question dans la division des enfants, telle que l'établit M. Contenot, de ceux qui doivent être dirigés vers l'agriculture. Le préapprentissage pratiqué dans les ateliers-écoles de la Ville de Paris peut être considéré comme une orientation au 2e degré, mais non comme une Orientation professionnelle en général, telle que nous la comprenons.

Mme Deysson connaît et apprécie les méthodes employées dans les ateliers-écoles de la Chambre de commerce de Paris, mais estime que ces institutions ne peuvent donner leur plein rendement que si l'admission des enfants est précédée d'une visite médicale sérieuse, portant non seulement sur la santé générale, mais aussi sur l'état de l'organe qui doit surtout travailler et fatiguer dans le métier envisagé : les yeux dans les métiers de la couture, les poumons dans le travail de la fourreuse, l'appareil circulatoire dans le repassage, etc..

Mme Deysson est tout à fait d'accord avec Mlle Delagrange sur la nécessité de prolonger la scolarité obligatoire jusqu'à 15 ans; mais à son avis, cette prolongation doit surtout être envisagée au point de vue physique, les efforts demandés par un travail soutenu excédant souvent les forces d'un enfant de 13 ans, et risquant de compromettre son développement physique et sa croissance.

M. le chanoine Vendeuil déplore la disparition des coiffes et coiffures régionales, disparition causée peut-être par la rareté du métier de repasseuse, et félicite les organismes de préapprentissage d'essayer de remettre ce métier en honneur.

M. Vendeuil estime qu'il ne faut pas perdre de vue le rôle de la famille dans l'Orientation professionnelle. Les organismes ne peuvent être que les auxi-

liaires des parents et des enfants. Il faut établir une collaboration parfaite entre
tous les auxiliaires de la famille, afin qu'ils fassent comprendre aux parents la
nécessité de l'Orientation professionnelle.

Après avoir cité des cas d'orientation défectueuse, M. le Chanoine Vendeuil
demande que le présent Congrès scelle l'entente entre les parents, l'enfant et
les auxiliaires de la famille.

Mlle Graff, Secrétaire générale de l'Union Centrale des Syndicats Professionnels Féminins de l'Abbaye (120, rue du Cherche-Midi, Paris) déplore le
manque de collaboration de la famille qui veut que son enfant gagne de suite,
et signale la nécessité de faire des conférences dans les patronages, aux parents et
enfants, pour attirer leur attention sur l'importance du choix du métier.

Mlle Graff signale l'initiative prise à Paris dans les Cours ménagers de préapprentissage des Filles de la Charité où les fillettes sont reçues à partir de 12
ans; elles y passent une année, suivent l'enseignement ménager, sont initiées
aux divers travaux de lingerie, de broderie, de repassage, de coupe, de modes,
et reçoivent en outre de bonnes notions de morale.

Mlle Graff signale que tous les ans, avant la sortie des classes, dans une section des Syndicats de l'Abbaye située dans le 13e arrondissement de Paris,
fonctionne un Bureau d'Orientation professionnelle qui donne de bons résultats.
Les directrices de patronages et les sœurs de St-Vincent-de-Paul qui visitent les
familles engagent celles-ci à venir avec leurs enfants à la séance d'O. P. et à
répondre préalablement à un questionnaire très simple où la fillette est con-
sultée sur le métier qu'elle désire choisir. A la séance collaborent : 1° le médecin
qui examine les aptitudes physiques; 2° une dirigeante du syndicat qui interroge
l'enfant au sujet de son choix et des connaissances qu'elle possède et signale aux
parents les avantages et les inconvénients du métier choisi; 3° une ou deux pa-
tronnes du quartier qui font connaître les possibilités de placement dans le
quartier. Des séances du même genre sont organisées rue du Cherche-Midi
au siège des Syndicats.

Mlle Graff est chargée par Mlle Kirsch, directrice de la Section d'Orientation
professionnelle du Bureau diocésain des œuvres de Paris, de faire connaître
au Congrès l'activité de ce Bureau qui est composé de personnalités actives des
œuvres parisiennes d'instruction et de formation de la jeunesse.

Le but de ce Bureau est moins d'encourager un système que de soutenir et de
coordonner les initiatives et de chercher une réalisation pratique. Ce Bureau
a une permanence pour les garçons et une pour les filles, dans lesquels les
intéressés trouvent les monographies des métiers et professions, des fiches médicales d'Orientation professionnelle, des questionnaires, et tous les renseignements sur les carrières et sur les établissements qui y préparent dans la région
parisienne.

Un bureau spécial se charge de former les conférenciers pour les patronages
et les œuvres post-scolaires, de rédiger les articles à insérer dans les revues et
les journaux.

Des concours sont organisés entre écoles et ateliers, et l'Exposition des travaux sert non seulement à l'encouragement des jeunes concurrents, mais aussi
à donner aux futurs apprentis des idées, des leçons de goût, et l'amour du travail.

D'une façon générale, l'activité du Bureau diocésain a permis l'union plus
efficace entre les œuvres, a intensifié l'action des syndicats et permettra, dans
un avenir très proche, l'utilisation pratique des recherches faites dans les laboratoires de psychologie de nos Universités.

Mlle Lafeuille, secrétaire générale de la Fédération Française des Unions des

Syndicats Professionnels [...] d'avis que l'Orientation professionnelle [...] appelle des solutions d'ordre [...] des ouvrières et des personnes spécialisées dans les questions [...]

C'est ainsi que l'Association Féminine pour l'Étude et l'Action [...] (56, rue du Dr-Blanche, Paris) en union avec les Syndicats, a ouvert des Bureaux d'Orientation, 38, rue Vercingétorix, 5, rue Émile [...] 112, rue de Lourmel. L'Association Féminine estime que la jeune fille doit [être] orientée au sortir de l'école. Quand elle se présente avec sa mère au Bureau d'Orientation professionnelle, elle peut être renseignée sur les conditions [des] différents métiers, grâce à des monographies établies par l'Association. [Au] préalable, l'Orientatrice, dans le but de connaître les aptitudes de la jeune [fille] lui fait remplir séance tenante un questionnaire, puis examine les qualités [intellec]tuelles de la candidate, grâce à des tableaux appropriés, enfin lui fait subir un petit examen à l'aide de quelques épreuves et tests pour découvrir les qualités du sens auditif, l'adresse manuelle, la rapidité d'esprit, l'attention, la possession de soi-même, etc...

Bien entendu, ces constatations servent seulement à attirer l'attention de l'Orientatrice sur tel ou tel point, qui sera contrôlé soit par le médecin et [par] par le Bureau d'O. P. s'il s'agit d'une infirmité physique, soit par la jeune fille elle-même, les parents, l'institutrice, s'il s'agit de qualités ou de défauts [d'ordre] intellectuel ou moral.

Les dossiers du Bureau d'O. P. comprennent, en dehors des monographies de métiers et des listes d'écoles ou d'ateliers professionnels :

1° des cartes individuelles sur lesquelles sont reportées les indications concernant les jeunes filles à orienter. Ces cartes restent entre les mains de l'Orientatrice et ne sont jamais divulguées au dehors ;

2° des cartes de métiers qui indiquent pour chaque profession les noms des patrons à qui le Bureau peut envoyer des apprenties ;

3° des cartes de maisons indiquant les conditions de travail dans chacune d'elles et les noms des apprentis envoyés par le Bureau.

Le Bureau d'O. P. n'est pas un tribunal destiné à juger plus ou moins arbitrairement d'après les tests donnés que telle ou telle jeune fille doit faire telle profession. C'est l'enfant qui indique le plus souvent la profession désirée. Les expériences du Bureau d'O. P. servent surtout pour les indications. Mais comme son nom l'indique, le Bureau a pour rôle [...] les métiers contre-indiqués étant écartés.

Pour cette Orientation, il tient compte :

1° des goûts et des aptitudes de l'enfant ;

2° des remarques des parents ;

3° de l'expérience des institutrices et des directrices d'œuvres qui [connaissent] la jeune fille et la connaissent bien.

L'Orientation professionnelle fonctionne peu en cours d'année. Son [rôle] trouve plutôt à s'exercer, et c'est normal, à la fin de l'année scolaire lorsque [les] mères songent à chercher un métier pour leur fille. Elles viennent [au] Bureau à l'occasion du placement, puisque, dans les bureaux de l'Association féminine, orientation et placement vont de pair.

Il est à regretter que seul un petit nombre de parents comprennent vraiment le rôle de conseiller, de guide, que peut jouer pour eux le Bureau d'Orientation professionnelle. Il semble que toute une éducation des parents et des institutrices doit se faire dans ce sens. Un des moyens employés avec le plus de succès [...]

siste dans des causeries sur l'Orientation professionnelle faites aux enfants et à leurs parents quelque temps avant la fin de l'année scolaire. Il est bon d'illustrer ces causeries en montrant, par exemple, chacun des vêtements ou sous-vêtements d'une poupée habillée avec soin par des professionnelles; ce qui permet de rendre vivants aux yeux des fillettes quelques métiers qui peuvent les attirer. Les caractéristiques de chacun d'eux, leurs conditions d'exercice, leurs avantages et leurs inconvénients sont exposés. Des horizons nouveaux sont ouverts aux enfants et à leurs parents par ces causeries simples et pratiques où l'on s'applique à leur démontrer l'utilité que peut avoir pour la vie tout entière une bonne orientation.

Mlle Labadie, Conseillère des Syndicats professionnels féminins de la Ruche de Bordeaux, et directrice du Centre Féminin d'Orientation professionnelle, 34, rue de Grassi, signale qu'elle n'est pas d'accord sur plusieurs points des communications de Mlle Graff et de Mlle Lafeuille, mais qu'afin de ne pas prolonger la discussion, elle remet son explication à ce sujet à la séance de samedi matin.

Mme Deysson répète que les diverses institutions de préapprentissage dont il a été parlé ne peuvent toucher qu'une catégorie limitée d'enfants, mais non la masse. Non seulement ces organismes ne peuvent viser ni les futurs agriculteurs, ni les futurs intellectuels, mais ils ne peuvent s'occuper que d'un nombre restreint de manuels. Il est évident que ces institutions parisiennes sont dans l'impossibilité de faire faire du préapprentissage ou de l'enseignement ménager à tous les enfants de Paris. Ceux qui profitent de cet enseignement sont déjà des privilégiés qui deviendront des ouvrières ou des ouvriers qualifiés. Mais il faut s'occuper aussi des autres enfants, et il est absolument nécessaire de les orienter.

M. P. de Vuyst, directeur général au Ministère de l'Agriculture de Belgique, délégué du Gouvernement belge à l'Institut International d'Agriculture de Rome :

« Je suis venu à votre Congrès, comme représentant de la Ligue belge d'Education Familiale. Un orateur précédent a dit que fréquemment les parents donnaient à leurs enfants une Orientation professionnelle négative. A mon avis, ce cas est plutôt exceptionnel; mais lorsque les Offices d'Orientation professionnelle seront bien organisés et lorsqu'ils publieront de bons conseils aux parents comme le fait M. Mauvezin, les parents mieux éclairés se tromperont moins à cet égard. Nous ferons connaître ces conseils dans la Revue que publie notre Ligue[1].

La famille exerce sur l'enfant une influence primordiale qui, d'après les estimations de notre Association, pourrait être de 300 à 500 fois plus forte que celle des autres facteurs réunis, si la famille était mieux préparée à sa mission d'éducation[2].

C'est principalement l'école, dans tous les pays du monde, qui fausse les esprits au point de vue des professions. N'est-il pas vrai qu'instituteurs et professeurs, dans l'enseignement primaire et secondaire, poussent la jeunesse vers les situations d'employés, d'intermédiaires, de commerçants ? Aussi, elle est

---

1. Ligue belge d'Education Familiale, 14, rue Victor-Lefèvre, Bruxelles.
2. *La Reconstitution Sociale par la Famille*, par M. Leconsior, Librairie commerciale, 79, Chaussée de Haecht, Bruxelles.

la cause que le nombre de producteurs diminue et le nombre d'intermédiaires et de consommateurs augmente. Cette tendance erronée se manifeste dans tous les pays, et il importe de réagir.

En orientant trop la jeunesse vers les carrières parasites, on crée des déclassés, des mécontents, des rêveurs et des utopistes.

Les méthodes de l'école en général ne sont pas assez actives. On ne devrait pas y inspirer le dédain des travaux manuels, ceux-ci demandant autant d'intelligence et de volonté que les exercices exclusifs de l'esprit.

L'école se paie trop de mots; elle dit qu'elle prépare la jeunesse aux réalités de la vie, mais en fait, elle les en éloigne. Il n'y a pas assez de leçons à pied d'œuvre, d'excursions et d'exercices pratiques. Même la gymnastique est trop théorique, trop artificielle; il faudrait donner la préférence aux mouvements productifs et ainsi initier la jeunesse à l'activité professionnelle.

La pédagogie théorique dit bien qu'il faut développer la personnalité de l'enfant. Mais on commence à l'Ecole normale par faire disparaître la personnalité du futur instituteur en coulant tous les élèves dans le même moule, puis en accablant l'instituteur de tant de règlements, de programmes si rigides qu'il lui devient impossible de conserver sa personnalité. Dans ces conditions, comment pourrait-il développer convenablement la personnalité de ses élèves ?

L'école dit bien qu'elle équilibre toutes les facultés des enfants, mais partout encore, les examens et les concours s'adressent avant tout à la mémoire. Jusqu'ici, il n'y a pas d'épreuve pour l'initiative, pour le bon sens, pour les qualités morales, si nécessaires pour réussir dans la vie[1].

Signaler ces inconvénients, c'est indiquer les remèdes. Ce ne sont pas tant les programmes qui sont en défaut, mais plutôt les méthodes qui devraient être plus pratiques et veiller davantage à préparer la jeunesse à apprécier et à préférer les métiers et les professions tendant directement à augmenter la richesse nationale.

L'école doit encore regarder plus haut et doit préparer la jeunesse à sa mission éducatrice. Rien n'est plus aisé. Il importe de mettre en relief que gagner de l'argent n'est pas une profession, n'est pas davantage le but de la vie; ce n'est qu'un « moyen » de se procurer les ressources nécessaires pour bien élever nos familles. A l'Université, on donne aux étudiants, les connaissances nécessaires pour exercer la profession de médecin, d'avocat, d'ingénieur; mais les Universitaires sont-ils mieux préparés que les autres à remplir leur mission de parents?

Mon temps étant limité, je dois me borner à prier les Congressistes d'étudier le bien fondé de mes arguments dans les brochures que je viens de citer et dont je distribuerai quelques exemplaires après la séance.

Je ne formulerai pas de vœux, persuadé que les rapporteurs généraux vous proposeront des conclusions qui répondront à mes observations.

M. Chaintreau, délégué du Comité d'Apprentissage du IIIe arrondissement de Paris, surveillant général de l'Ecole Turgot, déclare que l'Université s'occupe aussi d'Orientation professionnelle. D'ailleurs, l'Université a surtout pour but de former l'esprit, lequel s'adapte ensuite. L'Ecole Turgot a créé un centre de renseignements et de propagande pour l'Orientation professionnelle, afin de

---

1. a) *L'Enseignement et l'Equilibre social*; b) *Comment développer le bon sens*, par M. Lecensier, Librairie commerciale, 79, Chausssée de Haecht, Bruxelles.

dirigir la jeunesse vers les œuvres et écoles existantes. M. Chaintreau demande que les Offices d'Orientation professionnelle, les œuvres de préapprentissage et d'apprentissage collaborent.

Mme de la Seiglière, propriétaire agricultrice, estime qu'il est profondément regrettable que trop souvent les jeunes intellectuels soient éloignés des carrières agricoles par les paroles et les exemples de l'instituteur et de l'institutrice qui semblent dédaigner la vie rurale. Or, si un peu de culture intellectuelle éloigne de la campagne, beaucoup de culture intellectuelle y ramène. La campagne a besoin elle aussi d'une élite, pour donner aux agriculteurs des idées plus générales et les aider à s'élever intellectuellement.

M. l'abbé Bousquet, curé de Notre-Dame-des-Anges à Bordeaux, indique la nécessité d'une collaboration entre la famille et les ministres du culte dans le but de rechercher les aptitudes morales qui, en Orientation professionnelle, jouent un rôle de premier plan. Certaines professions exigent une honnêteté scrupuleuse, une grande fermeté de caractère, et il faut en éloigner les enfants faibles et indécis; dans bien des cas, telle passion peut constituer pour certaines professions un vice rédhibitoire. Les ministres du culte qui connaissent les enfants souvent mieux que ne peuvent le faire les parents, peuvent donner un conseil utile au sujet des prédispositions morales.

LES CARRIÈRES AGRICOLES,
L'ORIENTATION DE L'ACTIVITÉ DES JEUNES FILLES DE LA CAMPAGNE

Rapporteur Général : **Mme la Comtesse de Kéranflech-Kernezne**
Ex-présidente de la Section des Dames de la Société des Agriculteurs
de France

Mesdames, Messieurs,

Un Congrès comme le vôtre, qui a pour objet d'étudier l'orientation de la jeune fille en vue d'une meilleure utilisation de ses
facultés, de ses aptitudes, devait nécessairement faire une place
dans ses travaux à la profession agricole.

Nous ne pouvons oublier en effet que, dans la plupart des pays,
l'agriculture occupe encore une large part de l'activité nationale;
la France, en dépit d'un exode rural inquiétant, compte une population agricole de 53 % de l'ensemble. La Belgique, si fortement
industrialisée cependant, l'Italie, la Hollande, les pays du centre
de l'Europe sont en majorité agricoles. Voilà donc, par la force des
choses, une quantité considérable de femmes habitant la campagne
et dont la culture et les industries annexes absorbent l'activité.
Or, il est très important pour la prospérité de leur pays qu'elles
y restent, non seulement de corps et à contre-cœur, mais en pensée
et en imagination; il est très important, alors que l'avenir de la
terre inspire, un peu partout, de sérieuses inquiétudes, que l'agriculture ne rencontre pas, au foyer même de ceux qui la professent,
l'ennemi le plus dangereux, le plus subtil et le plus difficile à combattre.

La terre d'ailleurs a besoin de la femme, « épouse, mère, maîtresse
de maison, âme de la vie paysanne »[1]. « On ne conçoit guère une
entreprise agricole dirigée par un homme seul », dit M. Grimal,

---

1. J. Vialatoux. Recherches sur les causes de la désertion des campagnes
S. S. de Rennes, p. 83.

directeur de l'Ecole pratique d'agriculture de Blanquefort (Gironde) [1].
« La femme collaboratrice de l'homme dans une exploitation agricole, voilà le cas normal et l'idéal à réaliser le plus possible », ajoute
un autre correspondant, M. Guittet, directeur de l'Ecole d'agriculture d'Angers, « la femme faisant ce que son mari n'a ni le temps,
ni le goût de faire et où elle excelle : laiterie, beurrerie, aviculture,
floriculture, jardinage, etc ». En quelques mots, M. Guittet définit
là ce qui devrait être en réalité la part propre de la femme dans
l'activité rurale.

Dans aucune autre profession en effet, la fusion des deux activités de l'homme et de la femme n'apparaît aussi naturelle, aussi
bienfaisante. C'est cette association, dans laquelle l'enfant lui-même
va entrer très rapidement, qui donne à la profession son caractère
éminemment familial. Sans doute, au premier examen, le rôle
de la femme peut paraître complémentaire; il n'en est pas moins
indispensable. Ajoutons encore — et nos correspondants ne manquent pas de le remarquer — que le ménage de la ferme appelle
l'emploi de qualités bien féminines : activité, ordre, vigilance,
esprit d'organisation, souci des détails, sage économie, bonté,
dévouement, etc.

Si la femme est nécessaire à l'agriculture, peut-elle, par un juste
retour, lui demander la rémunération de son travail, le prix de son
labeur ? Ce prix est-il en proportion de l'effort demandé ? Peut-on
parler raisonnablement de carrières agricoles, et le principe de
celles-ci étant admis, y a-t-il lieu d'orienter les jeunes filles dans
cette voie et comment préparer les jeunes rurales à leurs devoirs
futurs ? Telles étaient les questions posées par le Comité d'organisation du Congrès à diverses œuvres et personnalités agricoles :
les réponses, peu nombreuses, mais très précises et généralement
concordantes, peuvent se résumer ainsi :

1° La femme, envisagée comme collaboratrice de l'homme, est
incomparable; le plus large avenir lui est ouvert, pourvu qu'une
préparation soigneuse l'ait mise à même de remplir convenablement sa tâche. Sur ce point, nos correspondants, qu'ils viennent
de France ou de l'étranger, sont unanimes.

Sur une deuxième question : « La femme peut-elle diriger seule
une exploitation agricole », l'accord est déjà moins unanime. On
ne peut nier le fait; la guerre en a donné de nombreux exemples.
D'ailleurs nous connaissons tous des femmes, veuves chargées
d'enfants, restées seules à la tête de leur ferme et la faisant marcher
admirablement. Mlle Thome, fondatrice de l'Ecole d'Agriculture
de Belleville [2], a, parmi ses anciennes élèves, Mlle G., une femme remarquable qui cultive seule dans le Limousin 200 hectares, en vignes,
bois et cultures diverses; une autre a commencé à 19 ans à mener

---

1. M. Grimal. Réponse au questionnaire du Congrès.
2. Ecole supérieure d'Agriculture, Château de Belleville, à Gometz-le-Châ-
tel (Seine-et-Oise).

une ferme de petit élevage (canards, volailles, etc.) à 2 kilomètres de ses parents et s'y maintient avec succès ; mais ce sont là des exceptions. Deux réponses très justes résumeront, nous semble-t-il, toutes les difficultés, celles de M. Grimal, de Blanquefort, et du Directeur du *Journal d'Agriculture pratique*.

« Il faut bien dire, écrit M. Grimal, que la direction d'un domaine rural est une tâche un peu lourde pour une femme, étant donnée surtout la mentalité actuelle du personnel domestique et ouvrier. Bien des hommes seraient d'ailleurs incapables d'une telle direction ; nous connaissons des agronomes distingués qui font merveille dans des travaux de recherches de laboratoire, et qui échoueraient dans la gérance d'une entreprise agricole, tout simplement parce qu'ils seraient incapables de diriger le personnel. Cependant les qualités d'un chef se rencontrent plus rarement chez la femme que chez l'homme. La direction d'une entreprise agricole peut être comparée à la direction d'une entreprise industrielle ou commerciale ; les qualités exigées sont à peu près les mêmes : fermeté, autorité, faculté de se faire obéir, ordre et précision dans les idées, largeur de vues. Une faiblesse des plus fréquentes, c'est de s'imaginer être seul capable et vouloir tout faire par soi-même ; il faut au contraire tout prévoir, tout diriger, tout surveiller jusque dans les détails, mais ne pas exécuter. Et cependant, il faut avoir la compétence professionnelle nécessaire pour ne donner des ordres qu'à bon escient, et exceptionnellement, pouvoir mettre la main à la pâte, ne fût-ce que pour prouver au personnel que l'on possède la technique du métier [1] ».

L'autre réponse complète celle-ci et résume fort bien les conditions indispensables au succès. « La gérance d'un domaine agricole nécessitant l'emploi de personnel sera toujours très lourde pour une femme seule. Elle devra être suffisamment forte physiquement pour suivre la marche de l'exploitation, soigner les animaux et visiter les cultures à peu près quotidiennement. Mais ce sont surtout les qualités de caractère qu'il faut mettre au premier plan. La ferme ne marchera que si la femme jouit d'une grande autorité pour imposer sa volonté de chef, notamment au chef de culture qu'elle sera la plupart du temps dans l'obligation de s'adjoindre. J'insiste sur la nécessité pour la femme de posséder de l'autorité. Or celle-ci ne s'acquiert et ne se conserve que si les qualités de la fermière peuvent se manifester à toutes les occasions. Il n'y a rien de plus dangereux que de donner des ordres à contre-temps, surtout lorsque ces ordres s'adressent à du personnel au courant du métier [2] ».

Même note chez Mlle Geerinckx dont le très intéressant rapport,

---

1. Rapport présenté au Congrès par M. Grimal, directeur de l'École d'agriculture de Blanquefort.
2. Rapport présenté au Congrès par M. Jean Ponsard, directeur du *Journal d'Agriculture Pratique*.

après avoir insisté sur la nécessité de savoir commander, donné cette intéressante suggestion : « Une chose très importante pour l'agricultrice célibataire serait d'avoir de bonnes notions de tenue des livres et d'être elle-même sa propre comptable. ».

La Directrice de l'Ecole provinciale de Flobecq (Hainaut), Mlle Victoire Muls, un peu plus optimiste, estime qu'une femme énergique, entreprenante, ayant de l'esprit de décision, pourrait exercer seule la profession d'agriculteur, après un stage dans une Ecole de culture et d'élevage, et à condition d'être secondée par une personne qui exercerait les fonctions de fermière pour le ménage, la surveillance de la laiterie, basse-cour, etc. Encore faut-il qu'elle y soit préparée par une éducation antérieure. Quant à la possibilité d'attirer à la terre la jeune citadine, toutes les réponses manifestent peu d'enthousiasme. Mme Aurélie Josz, directrice de l'Ecole d'Agriculture Féminine de Niguarda, près de Milan (Italie), dit catégoriquement : « Jamais la jeune fille élevée en ville ne renoncera à la ville, la veuve non plus. Tout emploi d'argent pour acquérir des possessions campagnardes est à déconseiller pour l'une et pour l'autre ». Le Directeur du *Journal pratique d'agriculture* lui fait écho : « L'expérience des choses de la terre sera longue et difficile à acquérir... L'emploi d'une grosse partie de sa fortune à l'achat d'une propriété est nettement à déconseiller. En agissant ainsi, une grosse somme se trouve immobilisée alors que les capitaux d'exploitation et le fonds de roulement deviennent de jour en jour plus importants ». Même note chez M. Hitier, le dévoué secrétaire de l'Académie d'Agriculture.

Et vous me permettrez d'ajouter que ma modeste expérience concorde absolument avec celle de ces spécialistes. Sans doute, il y a des exceptions... Une femme supérieure contrainte par les circonstances se fait sa place partout. Lacordaire l'a dit en termes magnifiques : « C'est le privilège de la volonté libre d'étendre ses horizons comme elle le veut et de vouloir au-delà même de ce que l'entendement conçoit clairement ». Je pourrais vous citer des exemples... Une jeune fille artiste, obligée de renoncer à la peinture pour raison de santé, se fixe à la campagne, où d'ailleurs, elle a été élevée. Elle monte à grands frais une fromagerie et une porcherie qui après des années d'efforts et de tâtonnements donnent de beaux bénéfices. C'est une réussite, un emploi intelligent de capitaux, mais les débuts de l'affaire ont été trop difficiles, les chances de succès trop aléatoires pour qu'on puisse la conseiller à tout le monde. De même la jeune fille qui dirige dans le Limousin la ferme dont je vous ai parlé, est un sujet remarquable qui, pendant son année de Belleville, passait comme en se jouant son examen de philosophie. Elle avoue cependant, qu'au point de vue moral surtout, l'entreprise est terriblement dure.

Ceci est et restera toujours l'exception et c'est surtout de la moyenne, moyenne comme intelligence, talents et ressources, que nous avons à nous occuper.

A la dernière question : La femme peut-elle trouver dans les industries de l'agriculture, laiterie, beurrerie, fromagerie, stations avicoles, une carrière rémunératrice ? les réponses diffèrent suivant les pays. Si elle le fait pour son compte, assurément ; comme salariée, ces postes semblent plus nombreux et mieux considérés en dehors de la France. Mlle Thome cependant, nous cite parmi les anciennes élèves de Belleville des directrices d'écoles de laiterie, de fermes avicoles, des stagiaires dans de grandes exploitations. Remarquons cependant que ces postes, qui datent d'hier et exigent une sérieuse formation préalable, sont relativement peu nombreux et mal payés. Souvent, il s'y ajoute des conditions de logement inacceptables... On ne peut donc les conseiller aux jeunes filles qu'après une enquête approfondie.

II

En résumé, ce que l'agriculture demande, c'est de garder la femme née et élevée à la campagne, et qui, de ce fait, est mieux adaptée que toute autre à la vie rurale ; ce qu'elle attend d'elle, c'est un travail de collaboration, une association d'efforts qui en temps de crise seulement, qu'il s'agisse de guerre, de maladie ou de veuvage, fera peser sur ses épaules la lourde direction de l'entreprise.

Malheureusement, tous les rapports expriment avec une unanimité impressionnante leurs regrets, leur angoisse de voir la femme et surtout la jeune fille se détacher rapidement de la terre, la fuir avec une inquiétante et folle légèreté.

L'exode rural est un phénomène trop connu, trop souvent signalé aux méditations des sociologues, Mesdames et Messieurs, pour que j'insiste devant un auditoire averti comme le vôtre. En ce qui concerne la part qu'y prend la femme, je vous renverrai simplement au rapport si documenté de M. Vialatoux [1] à la Semaine Sociale de Rennes, à celui plus récent encore de Mlle Diémer au Congrès de l'Union Féminine Civique et Sociale, au livre de M. F. Gibon sur la Désertion des Campagnes, aux publications de la Société des Agriculteurs de France.

De tous ces documents se dégage cette conclusion : pour orienter la jeune fille vers la vie agricole, il faut d'abord lui faire aimer la terre ; or tout concourt à l'en détacher. La famille « sur laquelle devrait s'appuyer les essais de restauration de l'ancienne vitalité paysanne [1], la famille qui, dans une large mesure, peut préparer l'enfant pour la terre puisqu'elle le façonne à son image, est souvent la première cause de sa désaffection. Et cependant pour enraciner l'enfant au sol, elle trouverait, si elle savait s'en servir,

---

1. J. Vialatoux, op. cit.

de secrètes complicités jusque dans sa nature même. Le tout petit sympathise avec les animaux, les plantes dont le rapproche sa vie encore à demi végétative ». Il y a des dispositions que l'on peut favoriser à une époque où il n'est encore possible d'en combattre aucune, dit fort justement Mme Necker de Saussure. C'est alors qu'il faut commencer à attacher l'enfant à la terre, à lui donner les goûts qui la lui feront aimer plus tard ; goût de la nature, des fleurs, des animaux. Ces premières impressions reçues à quatre ans, à cinq ans, tout devrait ensuite les fortifier, les renforcer. En réalité que fait-on ? L'âge de l'école arrive, ou l'âge du pensionnat s'il s'agit de fillettes d'un milieu un peu plus élevé. Hélas ! école et pensionnat sont bien rarement adaptés à la vie future de l'enfant, et par leurs programmes surchargés et incomplets, et par le monde livresque dans lequel ils transportent ces petites intelligences.

L'école rurale a — reconnaissons-le — une tâche extrêmement difficile ; elle reçoit l'enfant tard et irrégulièrement, « de la première neige à la première alouette » dit poétiquement M. de Las Cases, entendez par là, cinq, six mois par an au plus. Quelquefois, par suite de l'éloignement des villages, l'enfant y entre fatigué par une longue course, dans de mauvaises conditions pour le travail intellectuel ; et cependant pendant ces années si courtes, hachées par mille imprévus, mille contre-temps, il faut le munir d'un bagage de connaissances variées et superficielles, sur lequel il vivra peut-être toute sa vie.

Sans le vouloir d'ailleurs, famille et école rivalisent lorsqu'il s'agit de déraciner l'enfant. La petite fille a-t-elle quelques succès ? « Elle est bien trop intelligente pour rester à la queue de ses vaches », vous dit fièrement la mère, devant la petite écolière attentive et qui apprend ainsi que la profession de cultivatrice est quelque chose de médiocre et d'inférieur dont sa mère s'accommode sans l'aimer. Reprocherez-vous après cela à l'institutrice libre ou publique, qui est du même milieu, qui juge les choses de la même façon, d'offrir à son élève quelque bourse, pour préparer le concours de l'École normale, celui des Postes ? Les parents ne considèrent-ils pas comme une ascension sociale le fait d'avoir une fille institutrice ou postière ?... Pour ne garder aucun doute à cet égard, il suffit de constater l'acharnement avec lequel les mères, veuves de guerre, réclament des Offices Départementaux des subventions d'études, de préférence aux subventions d'apprentissage, même pour des enfants très peu doués, pour se rendre compte de la difficulté de lutter contre le courant. « L'esprit même de l'enseignement contrarie les vocations paysannes, au lieu de favoriser leur éveil et leur fixation » dit fort bien M. Avril, ancien député et directeur de l'École primaire supérieure de Lamballe, bon juge en cette matière [1].

---

1. *Journal des Instituteurs et Institutrices*, 8 avril 1922.

Non, l'école ne peut pas former la future paysanne ; qu'elle ne la déforme pas, c'est déjà beaucoup ! Ainsi que le disait au Dr Labat un cultivateur qui était un sage, la famille rurale pourrait lui dire : « Voici mon fils — ou ma fille — apprends-lui tout ce que tu voudras, et le plus sera sans doute le mieux, mais rends-le moi décidé à labourer [1] ».

Pour garder la femme à la terre, il y a un double problème à résoudre, un problème d'éducation, et nous le verrons tout à l'heure en étudiant la préparation professionnelle, mais aussi un problème de psychologie.

Il faut pouvoir entrer dans l'esprit de la jeune fille qui déserte la maison rurale pour découvrir le secret de l'y ramener. Mlle Mauvezin, qui a su analyser de façon si précise les bons et les mauvais côtés de chaque profession, ne m'en voudra certainement pas d'ajouter au tableau volontiers idyllique que l'on trace parfois de la vie des champs, quelques ombres nécessaires pour en faire une réalité.

Je m'excuse de parler ainsi dans un pays où, me dit-on, la femme travaille peu ou point dans les champs, au risque de provoquer des étonnements, mais je suis obligée de tenir compte d'observations faites dans d'autres régions où, par suite de la pénurie de main-d'œuvre, la tâche de la femme est devenue très lourde.

Le sort des servantes de ferme par exemple, est-il si enviable ?... « A la belle saison, d'avril à novembre, écrit M. Guillaumin, elles sont occupées très souvent aux travaux des champs avec les hommes. Outre la fenaison et les moissons où leur concours doit être constant, on les emploie encore à la semence et au ramassage des pommes de terre, à l'éclaircie des betteraves, même à toucher des bœufs dans les guérets rudes pour les labours et les hersages... Il faut y avoir passé pour se faire une idée de la somme d'efforts et de douleur que représente la manipulation des javelles de paille rêche, douze heures d'affilée sous un soleil implacable. Notons qu'après être restées aux champs comme les hommes jusqu'aux dernières clartés du crépuscule, les filles de ferme doivent procéder encore aux indispensables besognes d'intérieur, et sont ainsi bien souvent tenues en haleine jusqu'à dix heures du soir [2] ». Admettons que le tableau soit légèrement poussé au noir, il reste vrai pour bien des régions. En tous temps, le programme quotidien de la cultivatrice demeure très chargé en raison du soin des volailles, des animaux, de la traite des vaches, des fournées, des lessives, etc.

Et lorsque la petite servante de ferme de plus en plus rare, de plus en plus recherchée, de mieux en mieux payée aussi, s'évade, c'est à la maîtresse de maison qu'incombe tout ce travail auquel

---

1 Dr Labat : l'Ame paysanne.
2. E. Guillaumin : Pages libres.

elle doit joindre souvent les soucis et les fatigues de la maternité.

Mais, dira-t-on, si ce travail est rude, il est sain, il est même le plus sain de tous. Sans doute, et loin de moi la pensée de le déconseiller à une femme solide et bien portante; rien de meilleur lorsque la besogne est normale, ce n'est qu'à l'excès qu'elle devient parfois inhumaine. Osons le dire, ne fût-ce que pour rendre justice aux vaillantes, la paysanne va dans la fatigue et l'oubli de sa peine jusqu'à l'héroïsme. Mais une femme ne peut faire indéfiniment l'ouvrage de trois sans y laisser sa santé. Il faut avoir vu couler les larmes d'une métayère courageuse à l'annonce du départ de sa petite bonne, pour se rendre compte de ce que cette aide en moins représente de fatigue. Telle paysanne des environs de la Ferté-sous-Jouarre mène seule avec son mari une ferme de 25 hectares, elle se tue à la peine. Et cette pénurie de main-d'œuvre menace également les grandes exploitations, témoin cette ancienne élève de Mlle Thome qui cultive une grande ferme dans le Soissonnais et doit tous les jours en été se lever à trois heures du matin.

Ces excès de fatigues, qui représentent en quelque sorte le «sweating system » appliqué à la vie agricole, sont hélas! une des premières conséquences de l'exode rural; chaque famille qui part rend plus lourde et plus pénible la vie de ceux qui restent.

Le constater, ce n'est pas se décourager et dire « la question est insoluble et la femme a raison de s'enfuir », c'est pressentir qu'il y a un remède à trouver, des améliorations à réaliser.

« Pour garder la femme dont elle ne peut se passer, disait M. Vialatoux à la Semaine Sociale de Rennes, il faudrait que la terre pût lui offrir un minimum relatif de douceur et d'attrait... se fît plus aimable et lui donnât quelque chose de ce superflu légitime... nécessaire parce qu'il assure à l'esprit plus d'aisance et partant plus de joie au-dessus de l'animalité... Pour plaire à la femme, dans un monde où se rencontrent tant de prodigues, il faudrait que la terre fût moins intéressée, moins avare. Une installation plus confortable, quelques machines facilitant l'ouvrage attacheraient la femme à son logis ». Il y a beaucoup de vrai dans cette dernière observation. Une jeune rurale, enquêtée sur les causes de la désertion féminine, répondait avec un peu d'humeur : « Je sais bien des ménages où la femme a scène sur scène parce qu'elle ne va pas assez travailler au dehors, et d'autre part parce que son ménage n'est pas assez bien tenu. J'ai souvent vu des maris faire un achat de faucheuse, de moissonneuse pour s'éviter du travail; mais je n'ai jamais ouï dire qu'un mari ait fait mettre l'eau sur l'évier pour éviter de la peine à sa femme »[1].

Notre rurale exagère... Il faut bien compter avec les possibilités matérielles, avec les difficultés d'argent aussi... L'eau, l'électricité...

---

1. Cité par M. Vialatoux. S. S. de Rennes.

A côté des grandes fermes de Belgique, de Danemark, de France même, pourvues du plus moderne outillage, combien d'exploitations petites et grandes, de maisons de campagne, de châteaux enviés et inconfortables n'ont pu et ne pourront de sitôt réaliser ce rêve...

Il n'en reste pas moins vrai qu'il y a un progrès à réaliser dans cette voie. L'ingénieur qui invente une machine susceptible de diminuer l'effort de la femme la rattache à la terre, et devient, par là même, un grand bienfaiteur de l'agriculture.

« La vie rurale dans son ensemble doit entrer dans une phase d'amélioration et de progrès, si l'on tient à conserver à la terre, non seulement des bras, mais des intelligences dit M. Guillaumin ; de cette réforme la femme devra bénéficier dans une large part. Par contre, de même que les hommes seraient astreints à un travail de culture plus fini, les femmes devraient remplir mieux leur rôle diminué, faire de la meilleure cuisine, savoir coudre et repasser, de façon à ce que la plupart des travaux d'entretien se fassent à la maison sans dérangement et sans frais [2] ». J'ajoute qu'elles trouveraient l'emploi normal de leur activité dans ces industries annexes énumérées tout à l'heure par M. Guittet : laiterie, fromagerie, aviculture, fabrication des conserves ménagères, industries domestiques, dans lesquelles l'ancienne ménagère française excellait, toujours assurées de débouchés, et qui lui offriraient avec une occupation parfaitement compatible avec sa tâche familiale, une large rémunération. Comme faucheuse, comme moissonneuse, la femme n'aura jamais qu'un rendement médiocre ; à la basse-cour ou au verger, elle est incomparable pour peu qu'une formation professionnelle complète lui ait été donnée.

Et ici encore nous nous retrouvons d'accord avec tous nos correspondants.

Toutes les jeunes filles de la campagne devraient recevoir cette formation. Sans doute, il y aura des degrés différents. L'enseignement professionnel sera plus ou moins complet, plus ou moins scientifique suivant la capacité, l'instruction première et la persévérance de celles qui le reçoivent. A mesure que l'on s'élève dans la hiérarchie de cet enseignement, il y a tendance à développer, à approfondir la partie agricole qui s'étend alors jusqu'à la gestion d'un domaine et la direction d'une grande culture, tandis que d'une façon générale, elle se restreint aux besognes qui, dans une ferme, sont plus particulièrement du ressort de la femme : laiterie, soins de la basse-cour, du potager, du rucher, etc., pour se borner enfin, en des endroits moins favorisés encore, à l'entretien du ménage et du jardin, ce qui paraît constituer la transition entre l'école ménagère rurale et l'école urbaine.

Les filles du propriétaire aisé, du grand agriculteur se trouve-

1. É. Guillaumin, *Pages libres*, p. 151.

ront bien de suivre pendant deux ans, une année tout au moins, les cours d'une bonne école ménagère agricole, ou même d'une école supérieure d'Agriculture comme Belleville, Laeken, Niguarda-Milan. A la fille de l'ouvrier agricole, à la petite servante de ferme, obligées de bonne heure à gagner leur pain, il sera souvent difficile, de procurer autre chose que les leçons d'une école ambulante, ou si la proximité des habitations permet un groupement facile et régulier, des cours post-scolaires d'enseignement ménager.

Sans doute, l'école introduit déjà dans son programme quelques notions d'économie domestique, auxquelles s'ajoutent, ici et là, quelques exercices pratiques; mais si utiles que soient ces notions, si féconde en résultats bienfaisants que puisse être une méthode qui, dès le jeune âge, oriente les facultés de la fillette vers sa tâche domestique, on ne peut se flatter de devancer la nature. La science ménagère ne donnera tous ses fruits qu'à condition d'être assimilée par un travail de réflexion et de synthèse, que le cerveau d'une enfant trop jeune ne peut encore fournir. De treize à dix-huit ans, au contraire, c'est-à-dire à l'âge où les obligations scolaires cessent pour la plupart, les jeunes filles sont dans d'excellentes conditions pour profiter d'un enseignement ménager rationnel, ayant déjà assez de maturité d'esprit et de jugement pour en comprendre l'utilité, sans être encore absorbées par les soins d'un ménage et d'une famille.

Malheureusement, c'est aussi le moment où la famille rurale commence à bénéficier du travail et du salaire de son enfant; elle n'en fait pas volontiers le sacrifice!

S'ingénier à joindre la jeune fille, lui faciliter l'assistance au cours, est donc la constante préoccupation et la grosse difficulté de nos organisations ménagères rurales. De là la variété de formes sous lesquelles elles se présentent : tantôt écoles fixes et tantôt écoles ambulantes; tantôt journées ménagères annexées à une école, un patronage, une œuvre quelconque, tantôt cours complémentaires établis sous le régime de la loi Astier.

Peu importe la forme choisie, si l'enseignement donné est bon, s'il est adapté aux besoins de celles qui le reçoivent, s'il est suivi avec persévérance. Avant tout, il doit viser à donner à la jeune fille un savoir réel, immédiatement utilisable dans la famille. Les cultivateurs sont de grands réalistes, ils jugent de la valeur d'une chose à son utilité.

Vous exposer dans le détail le fonctionnement de nos Ecoles ménagères agricoles serait allonger inutilement ce rapport; je suis d'ailleurs prête à fournir à ce sujet toutes les explications aux personnes qui voudraient bien me les demander; mais en rendant un juste hommage aux nombreuses et florissantes écoles de Belgique, à l'école italienne de Milan-Niguarda dont le programme paraît très bien compris, vous me permettrez de donner une mention toute spéciale à l'école de Belleville, créée en 1919 par Mlle Thome, et qui réalise le type de l'Ecole supérieure d'Agriculture Féminine demandée dès 1869 au Ministère de l'Instruction Publique par la Baronne de Pages.

Destinés aux jeunes filles de dix-sept ans et plus, les cours de cette école durent dix mois, du 15 février au 15 décembre. Le programme comprend, en outre d'un enseignement ménager très complet, pratique et théorie, des cours d'agriculture, de droit rural, de gestion de ferme. Les élèves divisées en dix services : cuisine, potager, service de table, lingerie et comptabilité, repassage, ménage, poulailler, clapier, lessive, écurie, bergerie, porcherie et vacherie, passent alternativement une semaine dans chaque emploi. Une semaine de culture est de rigueur « semaine très appréciée, bien qu'elle soit assez rude », dit le rapport de l'école. Les élèves arrachent elles-mêmes betteraves et pommes de terre, conduisent les chevaux, apprennent tous les secrets du labour, du hersage, de l'ensemencement ; elles fanent, moissonnent, aident à la batteuse, etc.

Est-ce à dire qu'elles feront cela chez elles ?... Habituellement non ; mais futures directrices d'exploitation, il faut qu'elles connaissent tous les travaux qui s'accompliront sous leurs ordres.

La journée de travail commence à six heures ; les élèves de semaine font elles-mêmes la traite des vaches, fabriquent le beurre et le fromage, tandis que d'autres préparent le repas, s'occupent du poulailler, du jardin ou du ménage. L'après-midi de deux heures à cinq heures est consacrée aux cours théoriques. On s'efforce constamment de développer l'intelligence, l'esprit d'initiative, la responsabilité des élèves. Elles sont conduites par leurs professeurs aux expositions d'agriculture, d'horticulture, aux réunions de Cercles de Fermières, visitent les exploitations qui entourent le domaine, ce qui leur permet d'étudier la grande culture d'une façon complète (Ecoles de Niguarda-Milan, Laeken).

A la sortie de l'Ecole, un examen présidé par un jury désigné par la Société des Agriculteurs de France sanctionne le travail accompli. Des médailles d'or, d'argent et de bronze ont été distribuées aux plus méritantes. L'Ecole a reçu, en outre, le prix Argut, décerné par l'Institut et diverses autres récompenses.

Mais ce qui est plus précieux encore et fait davantage l'éloge de cette création : les jeunes filles sortent de Belleville véritablement conquises par la terre, décidées à y placer le cadre de leur existence, à s'y découvrir des intérêts, des joies et jusqu'à des plaisirs, ce qui est la meilleure façon de s'y plaire. On pourra faire plus grand, on ne fera pas mieux, puisque, non seulement on a forgé l'instrument, mais on a refait, recréé la mentalité.

<h2 style="text-align:center">IV</h2>

Ainsi le double problème psychologique et pédagogique que présente l'éducation de la jeune fille rurale se trouverait résolu.

La rendre à la terre est possible, mais c'est une œuvre de volonté, de patience et de persévérance.

Que la famille et l'école rivalisent d'abord pour l'orienter vers la vie des champs; que l'industrie s'efforce d'alléger sa besogne; que des organisations appropriées mettent à sa disposition l'enseignement et la formation professionnelle spéciale dont elle a besoin, et la femme rurale reviendra volontiers vers la maison paternelle, encadrée de grands arbres ou baignée dans une lumière heureuse. Son rire clair fera s'évanouir le dernier fantôme qui écarte du village la jeunesse insouciante, l'isolement, la solitude, trop dures à vingt ans quand on ne peut la peupler de souvenirs et qu'il est dangereux de l'encombrer de rêves. La terre, plus peuplée, mieux cultivée, la maison plus avenante, grâce à la présence de la femme, retiendront par des liens invisibles et souverains celle qui doit en être à la fois l'âme et la parure.

Nous pourrons alors répéter sans ironie le vers de Virgile :

« *O fortunatos nimium, sua si bona norint* »

La femme rurale connaîtra son bonheur, car il sera son œuvre, et du libre choix de son intelligence, de toute son énergie, de tout son dévouement, elle l'aura mérité !...

Vœu.

Le Congrès,

Considérant qu'une préparation professionnelle et domestique est indispensable à la formation de toutes les femmes à quelque milieu social qu'elles appartiennent; que cette préparation est particulièrement nécessaire à la campagne, où la femme est la grande pourvoyeuse du bien-être domestique;

Emet le vœu :

1º Que l'enseignement ménager agricole pénètre dans le programme de toutes les écoles rurales, au moins dans ses détails élémentaires, et soit accompagné d'exercices pratiques.

2º C'est entre 16 et 18 ans que la jeune fille peut profiter au mieux de l'enseignement ménager. On cherchera donc à instituer partout l'enseignement ménager post-scolaire pour les jeunes filles, réalisé autant que possible par la collaboration entre le professeur et l'élève. Cet enseignement sera nettement agricole. Il doit donner aux jeunes filles les connaissances théoriques et pratiques qui feront d'elles de bonnes femmes d'agriculteurs. Il s'inspirera de tendances familiales et s'efforcera de lutter contre l'exode des jeunes filles vers la ville.

Tous les types d'écoles ménagères agricoles post-scolaires sont recommandables, cependant, partout où cela sera possible, on donnera la préférence aux écoles fixes, à enseignement continu, disposant d'une exploitation agricole.

3º Il est désirable que soient fondées des Associations de Fermières qui, par des conférences, des concours et autres moyens de vulgarisation et d'émulation à leur portée, contribueront à l'amélioration de l'éducation et aux progrès professionnels des ménagères agricoles.

ORIENTATION VERS LES CARRIÈRES AGRICOLES

par Mlle **Martha Geerinckx**,

Régente Ménagère Agricole, déléguée de l'Institut Supérieur d'Économie
Ménagère Agricole de Laeken (Belgique).

C'est à la suite d'une visite de Mlle Mauvezin et d'intéressantes conférences qu'elle a données à Bruxelles, et après un questionnaire qu'elle a envoyé en Belgique au sujet des professions féminines agricoles, que j'ai eu l'agréable mission de présenter un rapport sur l'Orientation vers les carrières agricoles féminines.

Mme la Comtesse de Kéranflech, qui est connue depuis longtemps parmi nos dirigeantes d'œuvres sociales, a dit tout ce que l'on pourrait dire sur cette question.

Je me borne à faire quelques réflexions pour appuyer ce qui a déjà été dit. En Belgique, après de longs efforts, on commence à apprécier les carrières agricoles féminines, parce que l'on fait une campagne pratique, en faveur de l'enseignement ménager agricole. Il est vrai que ces idées viennent de France et que les initiatrices de notre mouvement ont été prendre des leçons à Coëtlogon [1], à Belleville et ailleurs.

Il est singulier de constater que la plupart des bureaux d'orientation professionnelle conseillent plus rarement les carrières agricoles que les autres, alors que cependant les aptitudes héréditaires de l'homme le prédisposent aux travaux agricoles et ménagers.

Pendant de longs siècles, la vie en plein air et les travaux précités constituaient les conditions naturelles, prédominantes de l'humanité, à tel point que celle-ci dégénère lorsqu'elle s'éloigne de ces conditions normales.

La richesse économique est fondée sur l'agriculture et, dans la plupart des pays, la population qui se livre aux travaux des champs est plus nombreuse, et les intérêts agricoles sont les plus importants. Il devrait s'ensuivre que la proportion des jeunes gens qui s'orientent vers les carrières rurales devrait être prédominante.

Ce qui est incompréhensible, c'est que, dans la plupart des pays, l'école primaire, l'école secondaire, par des méthodes défectueuses,

---

1. Ecole Nationale d'Agriculture pour les jeunes filles à Coëtlogon-Rennes (Ille-et-Vilaine).

par l'enseignement livresque, par une tendance injustifiée du personnel enseignant, éloignent la jeunesse rurale de la profession paternelle.

Les parents malheureusement contribuent à accentuer cette tendance néfaste.

De cette manière, le nombre de personnes qui se livrent à des carrières productrices diminue, et le nombre de celles qui occupent des situations d'intermédiaires, d'employés, de déclassés et de mécontents augmente, au point que le déséquilibre économique, social et moral s'accentue.

Il faudrait donc réagir plus efficacement contre l'abandon des carrières agricoles et cela, par tous les moyens : par l'école, par la presse, par les œuvres sociales.

L'instruction agricole, la diffusion des connaissances professionnelles ne suffisent pas.

Il importe de développer, d'accentuer l'*éducation* professionnelle agricole, c'est-à-dire, la formation de *l'habitude des travaux agricoles* pour les garçons et des *travaux du ménage rural* pour les filles. Grâce aux applications de la science, de la technique et du taylorisme, les occupations agricoles et ménagères deviennent de plus en plus attrayantes. Ces travaux sont extrêmement variés, il y en a pour tous les âges et tous les tempéraments. On peut dire qu'ils constituent le meilleur des sports.

Les concours d'athlétisme agricole en France, et les concours d'habileté professionnelle pour les travaux ménagers agricoles en Belgique (Coupe de la Vaillante Fermière) mettent ces sports en relief.

Une excellente revue française « Mon chez Moi », dirigée par Mlle Bernège, 33, rue Jacob (Paris), a décrit les concours ménagers agricoles de Belgique, et contribue avec une énergie inlassable à rendre des services signalés à la science ménagère.

On ne saurait trop recommander à tous ceux qui ont à cœur le salut de l'agriculture de leur pays, la lecture de la brochure de M. Lecensier « l'Enseignement et l'équilibre social » (Bruxelles, Action Commerciale 79, Chaussée de Haecht) pour se convaincre de ce qui précède et pour se décider à remédier d'urgence aux dangers signalés.

A la récente réunion internationale de l'Embellissement de la vie rurale (voir Bulletin 2 de la Commission, secrétariat général, 40, rue des Joyeuses-Entrées, Louvain), Mlle A. M. De Vuyst a souligné le rôle de la famille dans l'orientation de la jeunesse des campagnes. M. l'Inspecteur Général Renault a caractérisé les tendances que devrait avoir l'école rurale.

Les méthodes de l'école supérieure d'économie ménagère agricole de Laeken, y ont été exposées par M. le Directeur Général De Vuyst. Mme la baronne de Crombrugge de Picquendaele a montré l'action des œuvres féminines agricoles dans ce redressement normal des choses.

Toutes celles qui s'occupent d'orientation professionnelle doivent donc être saisies de ces idées.

A l'examen d'entrée de l'Institut Supérieur, elles ont à subir des épreuves d'aptitudes professionnelles.

L'enseignement ménager agricole. Les méthodes de l'Institut Supérieur ménager agricole de Laeken. Les concours d'aptitude professionnelle pour les travaux ménagers agricoles.

Il importe que la jeune fille qui est jugée prédisposée à la carrière de fermière puisse développer ses aptitudes, et que l'enseignement puisse contribuer à ce développement.

L'instruction professionnelle ne suffit pas. Elle peut même, si elle est trop exclusive, aboutir à un résultat inverse. Supposons un instant que des institutrices, qui, elles-mêmes, n'ont aucune pratique dans la pratique des travaux du ménage et de la laiterie, dictent des cours sur ces matières et les fassent apprendre par cœur à leurs élèves; celles-ci vont acquérir l'habitude de l'étude et de la vie sédentaire, et se déshabitueront des réalités.

L'éducation professionnelle au contraire consiste à créer des habitudes par des exercices gradués nombreux, au point d'en faire une deuxième nature.

Afin d'aboutir aux meilleurs résultats, il faut donc placer les jeunes filles dans un milieu rural, dans une ferme modèle, sous la direction d'un personnel donnant l'exemple de la vie ménagère et agricole.

C'est la méthode normale suivie par la fermière elle-même lorsqu'elle initie ses filles aux travaux du ménage et de l'exploitation rurale. Toutes autres méthodes qui s'éloignent de la vie pratique sont des méthodes artificielles et théoriques qui ne peuvent aboutir.

L'Institut Supérieur d'Economie Ménagère Agricole de Laeken n'a d'autre mérite que de développer les aptitudes des jeunes filles qui se destinent à la campagne, en les exerçant dans un milieu approprié à toutes les occupations auxquelles elles auront à se livrer plus tard.

On y a d'abord une forte formation morale, où le sens de l'initiative, de volonté, de bonne humeur prennent une large place; puis une solide formation intellectuelle où la documentation et de bon sens prédominent, enfin une formation physique bien comprise, résultant des travaux variés du ménage et de la ferme.

L'initiation à la vie familiale se fait par la pratique des consultations de nourrissons et à l'éducation morale, et aussi par toute l'organisation de l'Institut, où les élèves vivent avec le personnel en pavillons séparés, comme en famille.

L'instruction professionnelle est donnée par des cours

compétents, qui doivent surtout veiller à l'éducation professionnelle, c'est-à-dire à la mise en pratique de tous leurs conseils.

L'Institut est administré d'après les principes de M. Fayol,
c'est-à dire d'après un plan d'action bien compris, suivant une
organisation, une exécution, une coordination et un contrôle
donnant le plus grand rendement.

Toutes ces méthodes et les résultats obtenus ont été décrits par
M. Lindemans, directeur de l'Institut.

Des spécialistes nombreux sont venus s'en rendre compte.

Il y aurait lieu de s'inspirer de ces méthodes dans l'enseignement
en général.

Afin de stimuler encore le développement des aptitudes professionnelles, on s'inspire dans une certaine mesure, à Laeken et dans
les autres écoles ménagères agricoles du pays, des méthodes de
Taylor. On tient compte dans tous les exercices, du temps, de la
qualité et des résultats du travail, aussi de l'élégance des mouvements.

Ces exercices ménagers et agricoles, sont considérés comme
le meilleur des sports à tous les points de vue.

Chaque année, les écoles ménagères agricoles envoient chacune
une élève pour prendre part à des épreuves provinciales (départe-
mentales).

Les lauréates provinciales prennent part au Concours National,
pour la Coupe de la Vaillante Fermière.

Ces concours contribuent à mettre en honneur et à perfectionner
les exercices professionnels chez la jeunesse féminine rurale.

Actuellement, les écoles professionnelles de ce genre constituent
l'exception. Nous devrions demander qu'elles se généralisent
toujours en vue de former la jeunesse aux carrières agricoles et
à la vie familiale.

Vœux.

*Considérant l'importance primordiale des travaux agricoles et
ménagers au point de vue économique, familial et social;*

*Considérant les aptitudes héréditaires de l'humanité pour ces
exercices;*

*Considérant que les applications de la science et de la technique
tendent à rendre ces travaux de plus en plus attrayants;*

Le Congrès émet les vœux suivants :

Que l'esprit et les méthodes de l'école rurale soient modifiés
de manière à ne plus éloigner la jeunesse rurale des occupations
agricoles et ménagères.

Que les bureaux d'Orientation professionnelle comprennent des
techniciens de l'agriculture et de l'enseignement ménager agricole
suffisamment avertis des avantages des diverses carrières agricoles.

Il y a lieu de développer davantage les méthodes pratiques d'éducation professionnelle ménagère agricole.

Il importe d'instituer de nombreux concours d'habileté professionnelle pour les travaux du ménage et de la ferme.

Communications et Discussions

M. le Chanoine Vendeuil parle en curé de campagne et estime que lorsqu'on aime son travail et qu'on l'exécute avec la gaieté dans le cœur, le travail n'est plus si pénible; si le travail de la campagne est considéré comme très dur, c'est parce que les personnes qui l'exécutent ne l'aiment pas assez. Peut-être les citadines, par le dédain qu'elles montrent de la vie champêtre, ont-elles une petite responsabilité dans la désertion des campagnes. Il faut que les jeunes filles de la ville se rapprochent des jeunes filles de la campagne, car c'est un crime de dresser les rurales contre les citadines et vice versa. Il faut au contraire les rapprocher pour leur permettre de s'apprécier mutuellement.

Il y a tout un apostolat à entreprendre pour inciter les jeunes filles à rester à la campagne. Déjà les articles de Pierre L'Hermitte sur l'école de Belleville ont suscité des vocations rurales, même chez des citadines qui sont devenues d'excellentes collaboratrices pour leurs maris agriculteurs. Par contre, il est bien regrettable de voir trop souvent les jeunes campagnardes avoir comme seul idéal le mariage avec un fonctionnaire. Enfin, il ne faut pas nier qu'il existe une véritable surenchère dans les salaires très élevés que les citadins offrent aux jeunes filles de la campagne pour en faire des domestiques. Il est indispensable, pour lutter contre ces tendances, de donner à la jeunesse rurale des idées saines.

Il est aussi déplorable de constater la morne et mortelle tristesse du dimanche à la campagne; le père et la mère gardent généralement leurs vêtements de travail comme en semaine, et la conversation roule uniquement sur le travail professionnel et la culture; pour la jeunesse, aucun attrait, aucune gaieté. En rendant le dimanche à la campagne plus agréable, en organisant des causeries, des conférences, des séances récréatives, de temps en temps une représentation d'un cinéma ambulant, on arriverait à retenir la jeunesse au village. Il faudrait former des jeunes filles pour leur permettre de devenir les animatrices du dimanche à la campagne.

Mme de Kéranflech, en réponse aux remarques intéressantes de M. le Chanoine Vendeuil, explique qu'elle habite depuis plus de trente ans la campagne bretonne où la femme travaille jusqu'à l'extinction de ses forces et, en outre, a généralement de très nombreux enfants. Le manque de main-d'œuvre rend la tâche de la ménagère rurale très pénible dans certaines régions, et ce fait peut servir d'excuse aux jeunes filles des campagnes qui désirent venir habiter la ville.

En ce qui concerne l'établissement à la campagne des jeunes filles de la ville, Mme de Kéranflech tient à préciser sa pensée : certes, la citadine mariée avec un agriculteur peut être pour ce dernier une collaboratrice précieuse; mais ce qui paraît difficilement réalisable, c'est qu'une femme originaire de la ville, vivant seule, devienne chef d'une exploitation rurale.

Répondant à une autre remarque, Mme de Kéranflech estime qu'une personne qui habite la campagne en passant peut bien essayer de procurer quelques distractions aux jeunes rurales, mais ne peut guère exercer sur ces dernières une influence sérieuse. Ce sont les personnes qui partagent la vie des paysans qui peuvent avoir une influence profonde et bienfaisante.

Enfin, il ne faudrait pas exagérer et croire que les campagnes soient absolument privées de distractions. Dans beaucoup de régions existent de jolies fêtes traditionalistes. Mme de Kéranflech cite pour mémoire le bal moderne assez peu recommandable, mais insiste sur la valeur éducative et distrayante des semaines rurales.

M. Contenot, en sa qualité de Parisien et d'industriel, ne se trouve pas très qualifié pour parler d'agriculture; mais ayant fait la guerre, il a vécu pendant 4 ans avec les agriculteurs dans les tranchées, et a pu faire de nombreuses observations. Or, il a remarqué que l'agriculteur est souvent routinier et envieux, et ne veut pas industrialiser son exploitation.

D'autre part, il a été parlé des jeunes paysannes qui se mariaient avec des employés ou des fonctionnaires; en revanche, il n'est pas rare de voir le mouvement inverse se produire et des fils de fonctionnaires revenir volontiers vers le travail manuel.

Passant à un autre point de vue, M. Contenot estime, comme M. le chanoine Vendeuil, que le dimanche à la campagne est souvent mortellement ennuyeux. Pourquoi ne pas essayer de le rendre intéressant en donnant aux villageois de saines distractions grâce au cinéma et à la T. S. F. ; déjà, l'électricité a donné à la campagne plus de confort.

Enfin, M. Contenot estime que le dépeuplement des campagnes est surtout causé par la dénatalité. Or, si le paysan a peu d'enfants, c'est parce qu'il veut éviter de démembrer sa terre. La législation française devrait permettre au père de choisir, pour lui succéder comme chef de son domaine rural, celui de ses enfants qui lui paraîtrait le plus capable. Les autres enfants iraient ailleurs faire leur vie, mais conserveraient des intérêts dans l'exploitation paternelle.

Mme de Kéranflech réfute cette opinion et estime que ce ne sont pas les lois qu'il faut modifier, mais les mœurs. La loi sur le bien de famille a déjà fait fiasco. A quoi bon voter des lois qui ne sont pas en rapport avec la mentalité actuelle. En Bretagne, où les familles ont de nombreux enfants, le père, au lieu d'acheter la ferme qu'il exploite, préfère en général diviser son capital liquide entre ses enfants. Chacun de ceux-ci loue une ferme, et sa dot ou son héritage lui sert de fonds de roulement. Les sociétés par actions montées dans les campagnes ont en général abouti à des échecs, et l'association entre frères et sœurs a généralement occasionné entre eux la désunion.

Mlle Sanua, directrice de l'Ecole de Haut Enseignement Commercial pour les jeunes filles (15, rue Mayet, Paris) a été, en 1912, élève d'une école agricole féminine au Danemark. Chaque dimanche, professeurs et élèves partent joyeusement dans de grandes voitures et vont dans des villages voisins faire des causeries, parler de la joie que donne la vie rurale et de l'intérêt du métier agricole, en un mot « prêcher » à la jeunesse les avantages de la vie agricole. « J'ai appris' dit Mlle Sanua, les danses régionales, les chants populaires danois, dans les fermes, avec mes compagnes, les élèves des écoles agricoles, nos professeurs, les fermiers et les jardiniers. Il faudrait entreprendre en France une croisade dans ce sens; je demande qu'une propagande semblable à celle qui se pratique au Danemark soit instituée dans les villages dans des circonstances distrayantes, pour engager les jeunes filles des campagnes à passer par les écoles et à y apprendre l'intérêt du métier agricole.

LES PROFESSIONS MÉNAGÈRES

Rapporteur Général : **Mlle Paulette Bernège**
Fondatrice de la Ligue d'Organisation ménagère, Directrice de la revue
« Mon chez Moi »

I. — Les travaux ménagers sont une profession. — Nous savons gré aux organisateurs du présent Congrès et en particulier à Mlle Mauvezin, d'avoir employé les expressions « métiers ménagers », « carrières ménagères ». Pour aussi surprenant que cela paraisse, les travaux ménagers qui, de tous les travaux, groupent la plus grande quantité d'activité nationale, ne sont pas considérés comme un métier. La profession de domestique ne jouit pas d'un statut fixe, l'apprentissage n'est pas organisé, les écoles ménagères « professionnelles » sont à peu près inexistantes.

Or, ce qui n'est pas considéré comme un métier pour les domestiques appointés l'est encore bien moins pour la ménagère qui accomplit tous ses travaux elle-même. Lorsqu'au mari vous demandez : « Que fait votre femme ? », il répond en général : « Ma femme ne travaille pas, elle n'a pas de métier, elle fait son ménage ». Pour la ménagère, encore plus que pour le personnel domestique, on a donc coutume de penser qu'il n'y a pas véritablement de métier à remplir.

Ce sera là la première erreur contre laquelle nous essaierons de réagir, et nous demandons au présent Congrès, de formuler avec nous un vœu pour que tous les travaux de la femme accomplis dans la maison (que celle-ci soit d'ailleurs maîtresse ou employée) soient considérés comme faisant l'objet d'un métier. Ce métier peut être parfaitement défini, ses fonctions nettement délimitées, sa technique enseignée, son apprentissage réglementé.

Nous irons même encore plus loin, et nous affirmerons en outre que, non seulement le travail d'un personnel domestique constitue un véritable métier, que, non seulement le travail de la ménagère qui exécute dans sa maison et pour les siens les travaux ménagers est encore un métier, mais encore que la maîtresse de maison qui se contente de diriger un personnel et qui n'exécute aucun travail matériel de ses propres mains remplit elle aussi une profession. On n'imagine pas un directeur d'usine qui se dirait sans profession sous prétexte qu'il a sous ses ordres un personnel ouvrier chargé de l'exécution des besognes matérielles. Il doit en être de même pour une maîtresse de maison. Si celle-ci veut bien remplir son rôle, elle a véritablement une profession à apprendre et à exercer.

Ainsi donc, d'un bout à l'autre de l'échelle sociale, dans toutes les conditions de fortune et sous des aspects variés, on retrouve la nécessité d'apprendre à la femme le métier de maîtresse de maison et de ménagère.

Notre deuxième affirmation et notre deuxième vœu au présent Congrès sera le suivant :

Avant tout, il faut fuir l'idée qu'une femme se trouvant à la tête d'une famille peut travailler en amateur. La situation de fortune ne peut jamais dispenser de considérer au sérieux les travaux domestiques. Même la femme qui pourra avoir sous ses ordres un personnel nombreux aura une profession à remplir : celle d'un chef qui dirige. Le trop grand nombre de maîtresses de maison qui ignorent leur profession de maîtresse ou qui ne veulent pas songer avec sérieux à leurs fonctions, comme le trop grand nombre d'exécutants qui ignorent la technique de leur métier, sont la cause principale du discrédit qui est si souvent tombé sur les travaux ménagers.

II. — Les éléments des professions ménagères. — Monographie. — Envisagé sous un tel angle, le problème des professions ménagères dépasse de beaucoup le problème de la domesticité. Il y a, comme nous venons de l'indiquer, le problème de la formation des maîtresses de maison, pour que celles-ci sachent diriger, organiser, commander, coordonner, contrôler. Il y a le problème de la formation de la ménagère qui sait à la fois tout diriger et tout exécuter. Il y a la formation de spécialistes : cuisinière, blanchisseuse, repasseuse, frotteurs de parquets, etc... Il y a le problème de la constitution de certaines œuvres de coopération de travaux ménagers. Mais ceci n'est qu'un aperçu rapide.

Pour voir nettement le problème dans son ensemble, je me permets une fois de plus (toutes les personnes qui me connaisent savent que c'est toujours là que j'en reviens, ou plutôt que c'est par là que je commence) d'insister sur la nécessité d'analyser le contenu de ces termes vagues « travaux ménagers ». Chacune de nous a l'impression que ces travaux sont complexes et variés, mais jusqu'où vont cette complexité et cette variété ? Seule l'analyse nous en révèle la profondeur. Je me permets donc de vous donner un tableau sommaire de ce que l'on a coutume d'entendre par ces termes « travaux ménagers ».

TRAVAUX DE LA MAITRESSE DE MAISON

ORGANIGRAMME

		ALIMENTATION	VÊTEMENT	MAISON	HYGIÈNE	LOISIRS	ACHATS	COMPTABILITÉ	PERSONNEL
DOCUMENTATION	Étab. des plans. Préparation Planning.	Établissement de la Bibliothèque Ménagère : recettes, fiches, catalogues, livres, etc.							
		MENUS	PATRONS	PLAN	PRESCRIPTIONS	PLAN	PLAN	PLAN	
		Menus rationnels d'après les saisons, le mode de travail, le tempérament, le budget, les réceptions, etc.	Modèles d'après les modes, les goûts, les disponibilités, les saisons, etc.	Installation de la maison et des pièces en vue du confort, de la commodité du travail, etc.	D'après l'âge, le sexe, le mode de travail, le tempérament, etc.	Détermination des heures, des lieux des distractions, etc.	Plan d'achats, choix des fournisseurs, des catégories d'achats, des modes d'achat et de paiement, des livraisons, etc.	Plan comptable ; prévisions, budget d'après les disponibilités, situation sociale, etc.	Distribution du travail, choix et recherches du personnel.
SURVEILLANCE COMMANDEMENT COORDINATION		de chacune des catégories ci-dessous aux points de vue de la conservation, la qualité, la quantité, l'exactitude. — Inventaires du personnel, d'après les caractères. harmonisation de tous les actes et de tous les efforts.							
	Exécution proprement dite, fabrication et entretien.	Mets et repas, leur préparation, cuisson, assaisonnements ; différentes catégories de préparations : conserves, confitures, rôtis, bouillis, sauces, etc.	Coupe, confection, couture, broderie, tricot, pour linge, bonneterie, chapeaux, costumes, chaussures, etc. Lavage, repassage, raccommodage, brossage, détachage, teinture, etc., de chacune des catégories de vêtements ci-dessus.	Installation, tapissage, petite menuiserie, décoration des pièces suivantes : cuisine, salle de bains, salle à manger, chambres, etc. Lavages, dépoussiérages, astiquages, détachages, chauffage, éclairage, ventilation de chacune de ces pièces. Vaisselle, argenterie, etc.	Désinfection, toilette, bains.	Promenades, distractions, vacances, voyages, sports.	Courses, marchés, expositions, foires, livraisons et transports.	Tenue des comptes, brouillard, report, ventilation, situation mensuelle.	Formation du personnel domestique.

Ce tableau est une révélation. Il nous permet d'envisager la question ménagère dans toute son amplitude.

Une première remarque qui s'impose concerne la variété des connaissances et des qualités nécessaires à une ménagère. Le premier caractère que nous dégageons de la vue de ce tableau est donc la grande souplesse qui est exigée de la femme. La souplesse, la facilité d'adaptation sont en effet des qualités que l'on s'accorde en général à lui reconnaître. C'est à son métier de ménagère, constamment varié et complexe, qu'elle le doit. Cette complexité va même jusqu'à l'opposition, et ceci nous paraît être une incompatibilité, source de nombreux désordres. Dans les travaux ménagers en effet, il y a deux catégories de besognes, souvent opposées par leur nature et par les qualités qu'elles exigent : celles de direction et celles d'exécution. Les premières mettent en jeu les qualités telles que le goût des vues larges, des besognes intellectuelles, l'esprit d'invention et d'initiative, le goût de la recherche et du nouveau. Les besognes d'exécution au contraire sont presque toujours absorbantes des qualités intellectuelles ; elles entraînent à des automatismes, des habitudes et des routines, au goût du détail, du limité, des travaux patients et monotones. Les premiers prédisposent à la paresse du corps, les autres à la paresse de l'esprit. De ce contraste, il résulte que l'on trouve très rarement réunies dans une même femme les qualités qui font d'elle un vrai chef prévoyant le travail, le préparant, ayant des audaces, des initiatives, tentant des essais et se renouvelant, et la parfaite exécutante qui ne se rebute pas de la monotonie de sa tâche, qui la fait toujours avec le même attrait et la même application. Et nous arrivons rapidement à cette constatation qui paraît décevante au premier abord, c'est qu'il est à peu près impossible d'être une ménagère et une maîtresse de maison parfaite ; il faut opter, et opter d'après son tempérament, soit pour diriger parfaitement sa maison et sacrifier souvent les détails d'exécution, soit pour devenir une excellente « ouvrière ménagère », mais risquer de tomber rapidement dans la routine, et quelquefois aussi l'étroitesse de vues.

Autrefois, c'était plutôt cette dernière conception qui prévalait — bien qu'il y ait eu de tout temps des maîtresses de maison remarquables —. De nos jours, malgré la crise des domestiques, c'est plutôt la première tendance qui a les sympathies des femmes modernes. C'est elle d'ailleurs qui correspond le mieux aux tendances de notre époque et qui répond à notre idéal de progrès. Comment concilier alors cette antinomie, du moins cette antinomie apparente : les travaux ménagers demandent une grande quantité de travaux matériels qu'il est impossible de supprimer ; or, pour les exécuter, d'une part, on trouve de moins en moins de main-d'œuvre, et d'autre part, les femmes modernes, par leur instruction, leur éducation, leurs goûts, les mœurs de l'époque, s'éloignent de plus en plus des besognes mécaniques et perdent le goût des travaux ménagers manuels.

La solution nous paraît double : d'une part, en prenant plus d'attrait aux travaux de direction de son ménage, la femme arrivera à simplifier énormément et à exécuter les besognes matérielles avec beaucoup plus de facilité. Des quantités de travaux qui occupaient des heures et absorbaient toute l'activité de nos grand'mères peuvent, après l'application d'un certain esprit de critique d'abord, d'observation ensuite et de méthode enfin, être réduits dans d'énormes proportions. Ensuite, le second facteur qui permettra à la femme moderne de se libérer des servitudes ménagères, c'est l'introduction dans la maison d'un outillage qui accomplira pour elle et sous ses ordres, automatiquement, la plupart des besognes qui l'ennuient par leur longueur, leur monotonie et leur nature. Le mécanisme des travaux ménagers accompli par une mécanique, tandis que la direction, la prévision, l'organisation, l'invention, accomplies par le cerveau de la femme, telle est, nous paraît-il, la voie de l'avenir dans laquelle nous désirons voir entrer résolument toutes les femmes qui assistent au présent Congrès.

Pour nous résumer, nous dirons que la profession de ménagère exige d'abord toutes les qualités que demande un travail de direction, c'est-à-dire : esprit d'observation, d'initiative, décision, méthode, clarté d'esprit, bon sens, esprit d'invention, vues larges.

Ces qualités ne sont pas d'ailleurs les seules. Pour achever cette rapide monographie de la profession de ménagère, nous devons ajouter, pour la ménagère qui doit en même temps exécuter de nombreuses besognes matérielles, les qualités suivantes : patience, car les travaux ménagers sont souvent longs, endurance morale, car ils sont souvent fastidieux et se renouvellent sans fin et sans repos à des intervalles non seulement réguliers, mais courts. Le goût de l'ouvrage bien fait, de la précision, de la minutie est nécessaire à l'exécutante. Enfin la bonne humeur, la gaieté sont les qualités morales qui feront d'elle la femme de foyer accomplie.

Des qualités d'ordre physiologique seront aussi très utiles, surtout lorsque les travaux ménagers sont exécutés dans l'inconfort de la plupart de nos maisons françaises; ce sont d'abord la résistance physiologique, un tempérament peu nerveux quoique très actif, et une grande habileté manuelle.

Un facteur sur lequel on n'a pas coutume de compter et qui cependant joue un rôle important est la tendance à la neurasthénie. Les travaux ménagers qui s'accomplissent très souvent dans l'isolement ne peuvent être supportés par certaines natures qui ont besoin de travailler en société et de sentir de la vie autour d'elles.

Aux qualités physiologiques et psychologiques individuelles s'ajoutent les connaissances dont le rôle a une énorme importance dans l'exercice de la profession. Une bonne culture générale, « il est bon qu'une femme ait des clartés de tout », disait déjà Molière; des connaissances techniques et pratiques acquises soit dans des écoles professionnelles, soit en apprentissage, soit par l'expérience personnelle. D'une façon générale, dans cette profession comme dans toutes les autres, et plus encore dans celle-ci qui nécessite des compétences variées, plus une personne est instruite et plus elle a des chances de mieux exécuter un travail même simple. Et je me souviens de la boutade d'un général qui disait non sans une grande justesse : « Je vous dis qu'il faut être bachelier pour savoir laver la vaisselle »... et il lavait parfois la vaisselle lui-même dans d'excellentes conditions.

III. — Différents types de professions ménagères. — De ce qui précède, nous pouvons conclure : la grande variété des travaux demande une telle diversité de qualités que toutes seront rarement réunies dans une même femme. Il semble que les travaux ménagers aient jusqu'ici été à l'encontre de la grande loi du travail : la division et la spécialisation d'après les aptitudes. De plus, les conditions de vie de chaque famille sont différentes; les unes sont fortunées, les autres pauvres; les unes ont un personnel nombreux, les autres n'en ont pas du tout. Certaines femmes travaillent dehors tout en s'occupant de leur intérieur, d'autres travaillent uniquement à leur ménage; dans certaines familles, le mari et les enfants aident la femme. Autant de variétés.

De plus, la profession de femme de ménage, de bonne à tout faire, de domestique ayant une spécialité, compliquent extrêmement l'étude des professions ménagères et l'établissement des statuts fixes pour chacune.

Au Congrès de l'Organisation scientifique du travail de Paris de 1924, nous donnions un tableau de répartition des travaux ménagers d'après les différents types « d'entreprises ménagères », c'est-à-dire selon que la femme travaillait seule, aidée d'une femme de ménage, d'une bonne à tout faire, de femmes de journée travaillant périodiquement, d'un personnel domestique spécialisé, de spécialistes de l'extérieur, de machines, de différents membres de la famille, enfin en coopérant avec d'autres familles. Nous nous permettons de vous renvoyer à ce tableau qui vous montrera qu'il peut y avoir même pour une maîtresse de maison plusieurs variétés dans sa profession.

Pour chacun des cas, d'une façon générale, il y aura lieu d'envisager les points suivants :

Formation professionnelle : Enseignement ménager. — Apprentissage de la maîtresse de la maison en tant que chef; de l'exécutante (maîtresse de maison elle-même, employée ménagère, domestique, femme de ménage spécialiste).

Statuts professionnels : Distribution des tâches et des responsabilités, horaires, temps de travail, rémunération et salaires, logement.

Nous ne pouvons aborder l'étude de chacun de ces points qui feraient, à eux seuls, chacun l'objet d'un rapport.

a) *Orientation professionnelle des femmes.* — Nous nous trouvons ici en présence de deux faits qui jusqu'ici ont paru incompatibles :

1º La nécessité d'orienter tous les travailleurs d'après leurs capacités, leurs goûts, leur tempérament, en vue d'accroître leur rendement;

2º La nécessité de faire de toutes les femmes, quelle que soit leur compétence, des ménagères.

Pour la majeure partie de l'humanité, l'existence de la famille s'oppose à l'orientation des femmes vers des professions autres que celle de ménagère. De sorte que l'orientation professionnelle d'après les aptitudes, reconnue juste, reconnue bonne et désirable, ne s'applique pas à une moitié de l'humanité : les femmes. Il nous paraît qu'il peut y avoir là matière à revision.

En réalité, les femmes peuvent être classées en trois catégories au point de vue de leur travail :

Celles qui ont du goût pour les travaux ménagers; pour celles-là il n'existe aucune difficulté;

Celles qui n'ont aucune prédisposition marquée pour un métier quelconque; elles pourront sans inconvénient adopter celui de ménagère.

Celles qui présentent des aptitudes très nettes pour d'autres métiers : commerce, industrie, enseignement, bureau, œuvres sociales, arts, travaux intellectuels, etc... Contraindre ces dernières à abandonner leurs goûts pour exercer des travaux ménagers serait une maladresse, d'autant qu'il est toujours possible, même si ces femmes ont une famille, de combiner un type d'organisation leur permettant de faire marcher leur ménage tout en ne sacrifiant pas leurs goûts. Dans ce dernier cas, la femme ne conservera de son ménage que les besognes de direction (celles-ci sont toujours nécessaires), et elle fera exécuter tous les autres travaux, selon le type qui conviendra le mieux à sa situation (machines, spécialistes, personnel à l'heure, à la journée, au mois, etc...)

b) *Enseignement ménager.* — Cet enseignement s'organise un peu partout et avec des programmes à peu près partout équivalents. Nous voyons à cet enseignement tel qu'il est compris une grosse lacune. Au programme des écoles ménagères formant de futures ménagères, maîtresses de maison, à l'exception d'un peu de comptabilité et d'études de menus rationnels, ne figure aucun cours d'administration de la maison, de direction du ménage, d'organisation du travail. La plupart des écoles vivent sur l'ancienne conception des travaux ménagers; elles forment de bonnes ouvrières ménagères, mais elles ne donneront pas de femmes sachant diriger véritablement leur maison. Or, cependant, ces femmes travaillent chez elles, dans leur famille, sans autre direction que la leur propre.

Nous nous permettons donc de formuler un nouveau vœu pour que des cours d'organisation rationnelle d'administration et de direction soient désormais introduits dans le programme des écoles ménagères en vue de la formation des futures maîtresses de maison.

Nous ne ferons en cela que suivre l'exemple de l'Institut Normal Ménager Agricole de Laeken, en Belgique, dont nous nous permettons de saluer une fois de plus les initiatives heureuses et les méthodes fructueuses.

Introduire des cours d'organisation du travail dans les écoles formant les maîtresses de maison, telle est une des réformes qui s'imposent lorsqu'on pense à l'enseignement ménager.

Une autre question se pose : Comment formera-t-on des ouvrières ménagères? Plusieurs pays ont adopté des solutions diverses : l'Italie, par exemple a ouvert des écoles de domestiques qui réussissent paraît-il très bien. Les Etats-Unis et la Belgique suppriment la question et forment des maîtresses de maison qui peuvent se passer de personnel.

En France, le désir serait grand de faire comme l'Italie et d'ouvrir des écoles de domestiques. Mais ce que l'Italie peut réaliser, à cause de sa population très abondante et souvent très pauvre, est absolument irréalisable en France, où la main-d'œuvre est de plus en plus rare, et où la classe paysanne se trouve suffisamment aisée pour ne plus envoyer ses enfants au service d'autres familles.

La formation d'un personnel domestique, du moins dans les conditions où la domesticité est encore comprise, n'est d'ailleurs, à notre avis, qu'une solution paresseuse, par suite peu solide; elle va également à l'inverse du mouvement social qui tend de plus en plus à réduire la main-d'œuvre et à la remplacer par un outillage, et d'autre part, à faire de chaque homme, le plus qu'il se peut, son propre maître.

La Belgique, énergiquement, va au devant de l'avenir et, bien que la crise des domestiques se fasse là-bas beaucoup moins sentir que chez nous, ce pays nous a devancés et se prépare à avoir d'excellentes maîtresses de maison susceptibles de se passer de personnel.

Les Etats-Unis font de même et, à ce sujet, certaines histoires amusantes, quoique très réelles, nous prouvent combien la mentalité américaine est différente de la nôtre sur ce point. Une étudiante française ayant vécu à l'Université de Michigan nous citait récemment les faits suivants : un banquet officiel devait être servi à X..., on n'avait pas de personnel; immédiatement, un coup de téléphone à l'Université mobilisait les étudiantes et ces jeunes filles en toilettes de soie, en décolleté, pour la plupart millionnaires, remplacèrent les bonnes et firent tout le service du banquet.

Autre exemple : un particulier ayant de jeunes bébés veut-il sortir le soir pour aller au théâtre avec sa femme? Un coup de téléphone à l'Université demandant une étudiante qui veut bien gagner une somme de......... en gardant les enfants pendant leur absence.

Ces cas se produisent tous les jours. La domesticité est presque complètement supprimée, les travaux se font par un outillage très moderne et, dans des cas exceptionnels où l'on a absolument besoin d'une aide, on fait appel à des égaux que l'on paye largement en échange des services rendus. Nous sommes loin de ces mœurs, pensez-vous? Beaucoup moins peut-être que vous ne le supposez. D'ailleurs la nécessité est une grande maîtresse, et déjà cet été on me citait l'exemple de deux étudiantes françaises en Sorbonne qui se sont engagées dans un restaurant de Deauville pendant la saison.

Quel est le sens de ces exemples? A notre avis, quoique très rares, ils sonnent la mort de l'ancienne conception de la domesticité, lancent un appel vers une aide plus instruite, plus sûre, mais par contre beaucoup plus libre et considérée comme une égale.

Etant donné le mouvement des idées, je ne crois pas à la réussite d'une école de domestiques en France. Par contre, je serais plus portée à envisager la formation de spécialistes très compétents : cuisinières, repasseuses à domicile, etc... ou de femmes de ménage à l'heure, indépendantes, ayant des tâches et des heures fixes. A moins cependant que la domesticité ne change absolument de forme, comme nous le verrons ultérieurement à propos de la constitution d'un statut professionnel.

c) *L'apprentissage.* — En ce qui concerne l'apprentissage, on lira le très intéressant chapitre de Mlle Mauvezin sur la question, dans son livre « la Rose des activités féminines »[1]; toutefois j'oppose les mêmes restrictions : il sera difficile, sinon impossible, je dirai même qu'il n'est pas désirable, d'organiser l'apprentissage des jeunes domestiques tant que l'aspect de ce métier n'est pas transformé.

d) *Les réformes à adopter en ce qui concerne la domesticité.* — Mais quelles sont donc à notre avis les réformes qui s'imposent? Le malaise actuel, la difficulté de trouver du personnel, la diffi-

---

1. *Rose des Activités féminimes*, Edition des Roses, 16, 18, 20, rue du Peugue. Bordeaux. — Prix : 30 fr.

culté plus grande de le conserver, les mauvais services rendus, les plaintes des maîtres, les plaintes des serviteurs prouvent qu'il n'y a vraiment pas correspondance entre la façon dont les travaux domestiques sont compris et les besoins du jour.

Un premier détail, bien insignifiant, car il est de pure forme, mais néanmoins d'une importance plus grande qu'on ne le suppose, est l'emploi des termes mêmes de « domestiques », « bonne », « servante ». Je connais des maîtresses de maison d'ailleurs excellentes qui disent en parlant des bonnes avec une légère pointe de mépris « ces filles ». Ce sont là des maladresses qui blessent. Actuellement, personne n'aime se trouver dans une condition inférieure ; il est donc nuisible d'employer des termes qui peuvent blesser des susceptibilités. La profession de domestique, pour de multiples raisons, a été considérée pendant des siècles comme une profession d'ordre inférieur ; si nous voulons la relever, commençons d'abord par lui enlever son ancienne étiquette. Au lieu de domestique, on emploiera plutôt les termes « ouvrière ménagère », ou comme en Amérique, « employée de maison ».

Le seul mot « employée de maison » peut faire énormément pour le relèvement et l'anoblissement du métier.

Nous n'insisterons pas sur la nécessité de traiter le personnel domestique avec certains égards ; à ce point de vue, les mœurs ont beaucoup fait, et il y aurait à l'heure actuelle probablement à se plaindre beaucoup plus des domestiques que des maîtres à ce sujet. Mais il est un point, qui est à notre avis la pierre de touche de la profession d'« employée de maison » et qui n'est pas envisagé en France, ou du moins est repoussé presque sans examen, avec hostilité et même frayeur par les maîtres, c'est celui qui touche à ces questions toutes proche parentes : la liberté du personnel en dehors du travail, la distribution de tâches fixes, la détermination des temps. Il est évidemment très commode pour une maîtresse de maison d'avoir une personne qui, à toute heure, à tout moment, est prête à lui obéir et entièrement à sa disposition. Mais ce qui est commode pour la maîtresse de maison est un asservissement tel pour le personnel que l'on trouve de moins en moins de femmes ayant de la valeur et du caractère voulant supporter une telle sujétion. Il faut en convenir, ici c'est le personnel qui a raison ; une personne humaine ne peut être constamment à la disposition d'une autre personne ; il est juste, il est normal que chacune ait sa vie, sa famille, son temps. Qu'est-ce que demandent l'une à l'autre une maîtresse de maison et une employée de maison ? L'une, l'exécution d'un travail, et l'autre, un salaire en paiement. Les conditions de ce travail et de sa rétribution doivent être nettement déterminées avant l'embauche, afin qu'il y ait le moins de surprises et le moins d'exploitation possible par la suite, et de la part du personnel, et de la part de l'employeur.

La première condition à définir est à notre avis celle des temps de travail. Dans n'importe quelle industrie, dans n'importe quel commerce, les employés ont des heures de travail; en dehors de ces heures, le personnel est libre de lui, de sa vie, de son temps, et si des heures supplémentaires sont nécessaires pour l'accomplissement d'une tâche en période pressée, ces heures sont payées en plus, et facultatives.

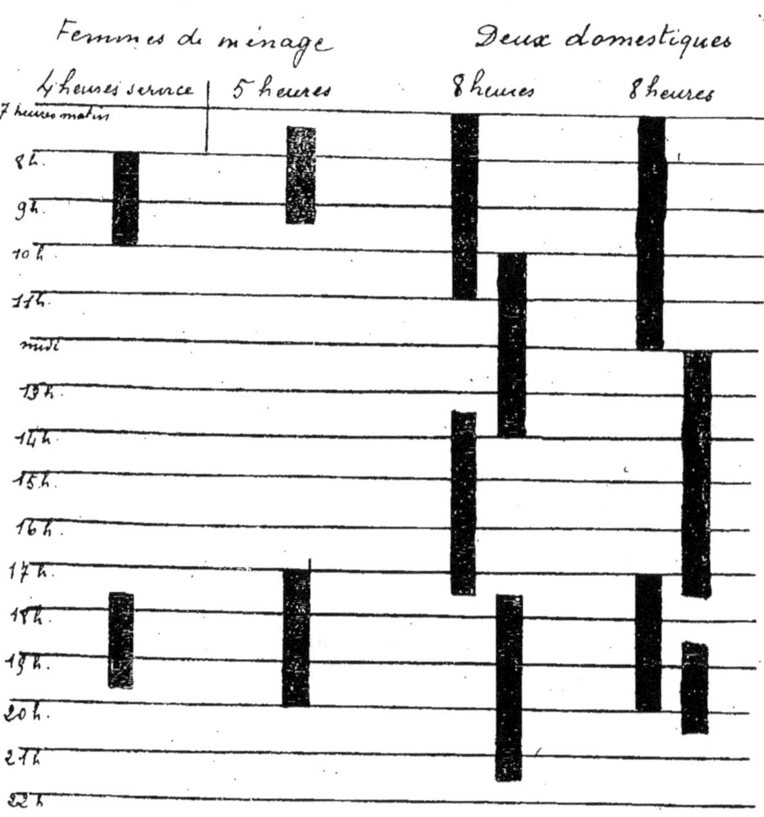

Tableau montrant comment on peut combiner les horaires du personnel ménager (femmes de ménage venant 4 ou 5 heures par jour, — deux domestiques assurant tout le service et travaillant chacune 8 heures par jour.) D'après *Lippincott's Home Manuals*.

Pour le personnel domestique, il n'y a aucune raison pour qu'il n'en soit pas de même. Il doit même en être de même. Je sais bien que de nombreuses maîtresses de maison vont se récrier et dire que dans une maison ce n'est pas comme dans une usine,

qu'il y a toujours du travail à exécuter, qu'il est impossible de
songer à demander par exemple huit heures de travail à une employée de maison, et autres arguments qui ne présentent qu'une
médiocre valeur ; car avec les procédés modernes d'organisation,
une maîtresse de maison doit pouvoir organiser son travail de
maison pour que celui-ci soit facilement accompli dans un délai
plus court que les délais habituels.

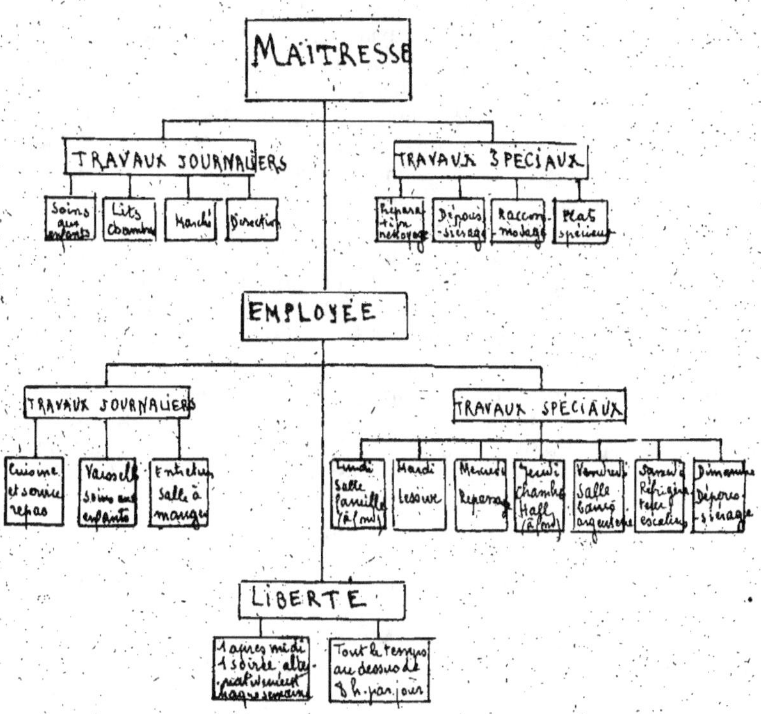

Un exemple de distribution du travail définissant nettement la tache de la maîtresse
de maison et de " l'employée ménagère ", d'après *Lippincott's Home Manuals*.

D'ailleurs ce sera une question de vie ou de mort de la profession. Tant que les heures de travail du personnel de maison ne
seront pas réglementées, le mouvement actuel se continuera
toujours plus ample, et les femmes du peuple préféreront l'usine
ou le bureau au travail domestique qui n'est jamais fini et qui ne
leur laisse pas des heures fixes de liberté.

Une autre condition qui touche de très près à celle des temps et qui doit être déterminée au moment de l'embauche est celle de la distribution des tâches et du travail. Il est bon, il est légitime que l'employée de maison que l'on prend sache exactement, en entrant, les besognes qu'elle aura à remplir. Vous allez me dire qu'elle le sait bien approximativement et que partout, dans toutes les familles, les travaux domestiques sont à peu près les mêmes. A peu près, approximation, sont des termes vagues et dans ce domaine, il ne faut pas de vague, car c'est de là que sont venus tous les maux.

C'est donc à la maîtresse de maison de remplir ici encore son rôle de chef. Si elle connaît sa profession, elle doit avoir prévu tous les travaux à exécuter ; elle doit avoir fixé une fois pour toutes les tâches de son personnel et les siennes propres, les heures de travail de tous et combiné l'ensemble pour que chacun ait ses responsabilités et ses fonctions bien définies. Une maison bien organisée est comme un mouvement d'horlogerie où tout est prévu, où tous les mouvements s'harmonisent pour que le travail soit toujours accompli régulièrement, méthodiquement.

Il doit donc entrer dans le programme des écoles ménagères l'étude des plans de distribution du travail et de répartition des responsabilités. Voici des modèles établis aux Etats-Unis et qui sont dressés absolument sur les mêmes principes que les tableaux de distribution des tâches dans une usine[1].

Nous ne saurions trop recommander à chaque maîtresse de maison d'établir un tableau analogue pour sa maison, afin que la domestique soit immédiatement fixée sur ce qu'elle aura à faire, sur l'ordre de la maison et sur la compétence de sa maîtresse.

La rémunération et le salaire.— La question du salaire est aussi un autre point essentiel. Certes le personnel de maison est actuellement largement payé, mais ce n'est pas de cela exactement qu'il s'agit. Dans le domaine du salaire comme dans celui des temps et de la distribution des tâches, les travaux ménagers sont demeurés fort en arrière des larges mouvements et des vastes transformations qui ont bouleversé le monde du travail. Nous avons conservé dans nos maisons des conceptions d'autrefois, qui ne cadrent pas du tout avec notre époque.

Que signifient en effet les salaires du personnel domestique ? Le maître paie un travail indéterminé, un temps de présence indéterminé, aussi long que l'on veut ou que l'on peut, et une compétence également indéterminée. De sorte que toutes ces indéterminations sont un jeu de dupes, et chacun essaie de faire tourner l'avantage à son profit. Les uns en demandant le plus de temps de présence possible, la plus grande quantité de travail possible ; les autres en travaillant le moins qu'il se peut, en exploitant la situation et en faisant valoir des compétences qu'ils n'ont pas.

1. Voir tableau page précédente.

Une pareille conception ne peut durer. Plus il y aura de précision dans les quantités et durées de travail comme nous venons de le demander, plus il y aura une compétence professionnelle de la maîtresse et de l'employée et plus il y aura de chances que le travail ménager soit rémunéré avec équité.

De plus, le mode de salaire au temps est un ancien mode de salaire qui disparaît de plus en plus dans l'industrie, remplacé par les salaires à la tâche avec des primes à la production et des primes à l'économie. Voilà bien encore une conception qui va révolutionner de nombreuses maîtresses de maison; cependant, quoi de plus simple, lorsqu'une maîtresse de maison connaît parfaitement son métier, que de distribuer des tâches moyennes et normales à exécuter dans un délai déterminé, et de fixer des primes lorsque le travail est fait plus vite, (sans préjudice de la qualité bien entendu). Mais pour cela il faut que la maîtresse de maison soit avertie et sache bien ce qu'elle peut demander à son personnel; et que, d'autre part, son personnel soit désireux de gagner davantage (ce qui est la règle générale).

Avec le mode de salaire actuel, le personnel n'est nullement encouragé au travail, sachant fort bien que s'il travaille plus vite, on lui donnera toujours plus de besogne à exécuter, sans qu'il y trouve son avantage.

Aux primes à la production devront aussi s'ajouter des primes à l'économie. Pourquoi la bonne économiserait-elle alors que les économies sont presque toujours pour elle une source de travail supplémentaire et lui demandent un effort d'attention? Je connais une Parisienne qui a adopté le système des primes aux économies; elle en est très satisfaite. Pour la consommation de son gaz, notamment, elle donne 10 fr. de prime par mois à sa cuisinière à la condition que le gaz soit toujours baissé lorsque les plats commencent à bouillir. Quatre omissions sont permises par mois. A la cinquième fois que la maîtresse surprend le gaz en train de brûler largement sous une marmite en ébullition, la prime est supprimée.

Inutile d'ajouter que depuis cette innovation, la cuisinière a toujours touché sa prime, et la consommation du gaz a baissé d'une moyenne de 180 fr. par mois à une moyenne de 65 fr.

Conclusion : faisons de notre personnel des auxiliaires; encourageons-le à s'intéresser à tout ce qui nous intéresse, c'est la meilleure méthode d'être satisfaits les uns des autres.

Le logement. — On se préoccupe partout dans l'industrie française, et avec juste raison, du logement ouvrier. On commence à se rendre compte que le travailleur qui vit dans un milieu propre, coquet et confortable prend son travail avec plus de goût, est plus heureux et se porte mieux. Le problème du logement domestique est tout aussi essentiel et tout aussi important. Comment veut-on qu'une bonne s'attache à une maison si on lui donne une chambre minuscule, sous le toit, où elle grille l'été et où elle gèle l'hiver, souvent sans moyen de chauffage, presque toujours sans électricité, accessible généralement et uniquement par l'escalier de service, sans ascenseur? Ajoutez que la bonne n'a pas l'eau courante et qu'elle doit faire sa toilette tant bien que mal dans une petite cuvette. Sortant de l'appartement de ses maîtres où l'on essaie d'avoir tout le confort possible, elle se retrouve, après une journée de labeur, après avoir monté de nombreuses marches, dans une petite pièce misérable où il ne fait pas bon se retirer et se reposer; elle sent alors davantage que sa condition est inférieure, et une haine sourde naît souvent contre ses maîtres qui gardent pour eux tout le bien-être et le confort, et ne le distribuent pas à celle qui travaille pour eux, par suite à celle qui en aurait le plus de besoin. Vous dirai-je que j'ai visité récemment à Paris deux magnifiques immeubles que l'on vient d'achever de construire? J'ai demandé à voir les chambres de bonnes; ce que je viens de vous dire est réalisé dans les mêmes conditions que partout, c'est lamentable. Il m'a été dit qu'il était onéreux d'aménager les chambres des domestiques; mais lorsqu'on met 300.000 francs dans l'achat d'un appartement, il est tout de même possible de consacrer 1.000 à 2.000 francs pour donner un peu de bien-être à ceux qui se fatiguent pour vous toute la journée.

Il y a dans ce dédain de l'installation confortable du personnel, non seulement de l'égoïsme, mais une grande maladresse, car c'est un moyen très efficace d'attacher à soi ses domestiques que de leur procurer, en dehors de leurs heures de travail, des heures de repos dans un petit domaine qui est bien à eux et où ils se sentent vraiment bien.

Ici encore, l'intérêt du maître bien compris va de pair avec celui des employés. On a tout à gagner de part et d'autre à mettre le travailleur dans un cadre où le travail devient pour lui un plaisir.

Telles sont à notre avis les réformes qu'il est nécessaire d'apporter au métier de la domesticité si l'on veut encore arriver à trouver du personnel de maison. En compensation d'ailleurs de ces réformes de la part du maître, une sélection pourra être opérée parmi le personnel, et il sera alors possible d'exiger une formation technique du personnel domestique dans des écoles professionnelles spéciales. Mais tant que ces réformes ne seront pas en bonne voie de réalisation, les métiers ménagers demeureront toujours des métiers ingrats où ne s'engageront généralement que des personnes qui sont à peu près incapables de faire un autre métier, ou qui ne sont vraiment pas désirables, et qui profitent de la pénurie actuelle de main-d'œuvre pour entrer dans la profession.

Quant à essayer de former de suite un personnel domestique

compétent, il est fort probable que, de suite après la formation de ce personnel, celui-ci s'orientera vers d'autres carrières; abandonnera le service des particuliers, notamment pour entrer dans les hôtels et les pensions de famille où ils trouveront en général des carrières plus spécialisées et mieux rétribuées. Chaque fois qu'en France on a essayé d'ouvrir des écoles pour des carrières encore considérées comme subalternes, le résultat a été le même; le personnel formé, profitant d'une meilleure instruction, est sorti de la carrière donnée pour en prendre une autre qu'il juge plus intéressante. Le fait est arrivé notamment pour une école de bergers.

Résumons-nous et essayons de formuler les tendances actuelles, les besoins de notre époque et les réformes nécessaires que nous venons de développer au cours du présent rapport :

1º Les travaux ménagers accomplis soit par un personnel domestique, soit par la mère de famille doivent toujours être considérés comme une profession.

2º Les travaux de direction du ménage constituent eux aussi une profession qui doit s'apprendre et s'exercer.

3º Dans les travaux ménagers comme dans tout travail, nous devons suivre la grande loi qui tend à faire accomplir tous les actes mécaniques par des machines, et à assurer ainsi au cerveau de la femme une plus grande liberté d'esprit pour diriger et organiser.

4º Il est nécessaire de développer l'enseignement ménager et d'introduire dans cet enseignement les notions nouvelles d'administration de la maison, qui sont encore ignorées de la presque totalité des écoles.

5º Il sera bon d'organiser un enseignement pour des « employées » de maison et d'orienter les jeunes filles vers les professions ménagères, mais de transformer en même temps, disons préalablement, les conditions de vie, d'emploi, d'embauchage, de salaire du personnel domestique.

6º Il est par exemple nécessaire de considérer les ouvrières et employées ménagères comme les ouvrières et les employées des autres catégories de travaux : leur limiter les tâches, leur limiter le temps, leur fixer des plans de travail et leur donner le nom d'employées.

7º Les modes de rétribution devront aussi subir la même évolution que dans les autres branches du travail. On devra notamment en venir de plus en plus au salaire au rendement, aux systèmes des bonis; primes à la production et aux économies.

8º Les conditions de travail devront aussi être modifiées de manière à fournir au travailleur de meilleurs outils lui permettant de travailler plus, et de manière à le placer dans un milieu plus agréable et plus confortable.

D'une façon générale, il faut relever aux yeux de tous la profession de ménagère. Relever la profession de domestique, c'est en même temps rehausser celle de la maîtresse de maison. Il faut que les travaux domestiques soient désormais considérés comme des travaux sérieux qui demandent de nombreuses compétences et méritent les efforts de tous, pour arriver à une prompte amélioration : effort des architectes pour la meilleure installation des maisons, des ingénieurs et des industriels pour la mise au point d'un outillage rationnel, des pédagogues pour l'étude de programmes d'enseignement complets et efficaces, des maris qui, trop souvent, considèrent ces travaux à la légère, enfin et surtout des femmes qui, au lieu de suivre la routine ancestrale, doivent s'efforcer à introduire toujours de nouveaux progrès pour leur propre avantage et pour le bien-être de leur famille.

Premier vœu.

Considérant que les travaux ménagers d'exécution et de direction demandent des compétences multiples, des connaissances techniques définies, de nombreuses heures d'activité quotidienne, nous émettons le vœu que ces travaux soient considérés comme faisant l'objet d'une profession nécessitant un apprentissage effectif, un enseignement spécialisé.

Deuxième vœu.

En corollaire au vœu précédent, nous insistons sur la nécessité d'introduire dans le programme des écoles ménagères des cours d'organisation du travail et d'administration.

Troisième vœu.

Considérant que l'une des lois de la science du travail est celle de la mécanisation, nous formulons le vœu que se généralise l'emploi d'un outillage ménager moderne, assurant l'exécution plus parfaite et plus rapide des besognes matérielles.

Quatrième vœu.

Considérant les difficultés actuelles touchant le recrutement du personnel domestique, nous émettons le vœu qu'un enseignement professionnel soit donné aux jeunes filles se destinant à devenir employées de maison. Par contre, nous demandons des améliorations dans les conditions de vie, de travail, d'embauchage et de rémunération de ces employées, par exemple : détermination des tâches à accomplir, limitation des temps de travail, adoption d'un salaire au rendement avec primes à la production et aux économies, application de méthodes facilitant le travail, respect des meilleures conditions de confort et d'hygiène, tant dans le logement du personnel que dans les pièces où il doit travailler.

Communications et Discussions

M. Contenot parle en père de famille et estime que la qualité que l'homme désire surtout trouver chez sa femme, c'est l'art de savoir diriger son ménage avec économie. Dans la famille, l'homme peut être comparé au ministre des Affaires Etrangères et la femme au ministre de l'Intérieur.

Le rapporteur a industrialisé le ménage. Pourquoi en effet ne diviserait-on pas les tâches ménagères comme on divise les travaux de l'industrie; mais il faudrait alors établir une différence entre la simple manœuvre et l'ouvrière qualifiée. En passant, M. Contenot s'élève contre le métier de cireuse de parquets cité par le rapporteur; de semblables travaux sont trop durs et ne devraient pas être faits par des femmes.

M. Contenot déplore l'absence d'éducation ménagère chez beaucoup de femmes, surtout dans la classe ouvrière où la femme dépense souvent sans discernement. Il estime qu'il faudrait apprendre aux jeunes filles à connaître la valeur des choses, et notamment ce que vaut le raccommodage et le travail ménager exécutés dans la maison.

Les jeunes hommes modernes ne sont pas romantiques, mais plutôt sportifs et réalisateurs; ils ne veulent pas que leur femme leur soit supérieure comme instruction; les brevets et titres universitaires empêchent quelquefois le mariage de celles qui les possèdent.

Mlle Barraud, présidente de l'Association des Etudiantes de Bordeaux, estime au contraire que les jeunes filles modernes s'occupent beaucoup du ménage quoiqu'étant des intellectuelles, et que les qualités de logique et de raisonnement qu'elles ont acquis par leurs études leur servent dans la tâche de maîtresse de maison; plus la femme est instruite, mieux elle sait tenir son ménage. L'enseignement ménager est surtout nécessaire aux jeunes filles du peuple à qui il faut apprendre, avant toute chose, l'hygiène. Quant à la cuisine, le meilleur moyen de l'apprendre, c'est de la faire en famille, devant le fourneau. Le métier de maîtresse de maison s'apprend plutôt chez soi qu'à l'école. Mlle Barraud affirme que les étudiantes et les femmes instruites, bachelières ou licenciées ou même agrégées, peuvent être et sont en général, d'excellentes ménagères.

Mlle Manon Cormier, avocate à la Cour de Bordeaux, répond à l'objection de M. Contenot et vient défendre les jeunes filles modernes. Les jeunes filles de la bourgeoisie française sont admirables. La guerre a enlevé à beaucoup d'entre elles, la possibilité de se marier, et elles se sont mises vaillamment au travail, alors que, ni l'atavisme, ni leur éducation ne les y avaient préparées. Elles ont fait ainsi un gros effort. Cela ne les empêché pas d'être très bonnes ménagères, et les jeunes gens ne peuvent pas souhaiter de meilleures compagnes que celles-là.

M. Soury estime que le Congrès a tendance à s'écarter de l'Orientation professionnelle féminine. L'Ecole du Foyer dont il a été question répondra aux désiderata exprimés.

« On cite toujours des exemples américains, dit M. Soury, mais ici nous sommes en France. L'Amérique est un pays essentiellement démocratique où l'égalité existe davantage que chez nous : tous, domestiques ou millionnaires, y sont au même plan. En France, nous n'en sommes pas là. Cherchons donc un programme français. Les femmes françaises sont souvent supérieures aux hommes; adaptons notre enseignement aux ressources de la femme française, et n'allons pas chercher des exemples à l'étranger.

Les Écoles Ménagères gagneraient beaucoup à ne pas être seulement des écoles pratiques de cuisine, repassage, etc..., mais à donner aussi aux élèves des notions générales, familiales et d'administration, et à apprendre aux jeunes filles instruites la noblesse du travail ménager. L'École Ménagère, ainsi comprise, remplirait son but.

Mme Grandjean, déléguée de l'Association professionnelle des Sténotypistes de France (8, rue Gaillon, Paris), estime que le travail ménager ne peut guère être comparé au travail industriel, et que la loi de 8 heures ne peut y être que difficilement appliquée. D'ailleurs, le travail ménager n'est pas toujours intensif et permet bien des loisirs.

Mme Grandjean parle en mère de famille, mais aussi en travailleuse qui fréquente beaucoup les milieux d'employées et d'étudiantes. Elle constate qu'il y a chez beaucoup de femmes une désaffection du ménage. Souvent, la femme travaille au dehors pour pouvoir se payer une bonne, alors qu'elle rendrait beaucoup plus de services en restant chez elle à tenir son ménage. Il faut rendre aux jeunes filles et aux femmes le goût du travail au foyer; dans les écoles ménagères, on devrait insister sur le rôle de la femme au point de vue maternel et sur la nécessité qu'il y a à ce qu'une mère s'occupe elle-même de ses enfants.

Mlle de Velna, déléguée de l'Institut Normal Familial Ménager (12, rue Monsieur, Paris), estime qu'il faut donner à la femme le sens de ses devoirs et de ses responsabilités familiales et sociales. Pour être complète, l'éducation ménagère doit comprendre la formation morale; cet enseignement ménager sera bien donné par des femmes ayant reçu une éducation très soignée, une culture intellectuelle et générale poussée. L'enseignement ménager et familial vise à la reconstitution de la famille.

Mlle Delagrange s'étonne de certaines paroles qui ont été prononcées et affirme que la femme française n'a pas perdu le sens du devoir.

« Nous ne nous occupons depuis ce matin, dit Mlle Delagrange, que de l'élite, et pas assez de la femme du peuple, de celle qui travaille à l'usine et qui, aussi, a un foyer. La femme intellectuelle et instruite peut s'adapter rapidement à son rôle de maîtresse de maison. Mais que fait-on de la petite fille du peuple qui, à 13 ans, est déjà à l'usine, et qui ne peut pas apprendre le ménage chez elle, parce que souvent sa mère n'est pas elle-même une bonne ménagère. Pensons surtout dans ce Congrès aux enfants du peuple et occupons-nous de l'enseignement ménager des jeunes filles de la classe ouvrière, car ce sont elles qui en ont le plus besoin. »

Mlle de Velna explique que l'Institut Normal Familial Ménager ne se contente pas de donner l'éducation ménagère à des jeunes filles du monde, mais forme aussi des professeurs et a pu ainsi, en 18 mois, faire donner l'enseignement ménager dans 40 centres à 3.000 femmes du peuple. Certains patrons ont organisé cet enseignement dans leurs usines.

M. le Chanoine Vendeuil cite l'exemple d'une jeune fille qui dérangeait à tout instant sa domestique et la considérait comme un être inférieur. Les maîtres souvent ne savent pas commander et se font trop servir. Souvent, les domestiques à leur tour, trahissent les meilleurs maîtres. C'est la lutte des classes dans la maison.

On a oublié l'idéal de la femme forte parce qu'on a laissé se développer l'individualisme. L'Ecole ménagère doit travailler à faire revivre la conscience, et réagir contre ce manque d'idéal et ce manque d'esprit social, afin de créer une vraie fraternité pour faire l'entente des classes.

La presse et la littérature qui se répandent dans tous les milieux ne traitent jamais de tels sujets. Pourquoi les intellectuelles ne mettraient-elles pas leur plume au service de ces questions (romans préconisant le retour à la terre, l'esprit familial; quelques monographies de bonnes maîtresses, de bonnes domestiques, etc...)

Mlle Graff indique que, pour les petites ouvrières qui sont à l'usine, il existe la loi Astier qui permettrait, si elle était élargie et bien appliquée, de donner à ces jeunes filles la formation ménagère et morale.

M. Mauvezin, directeur de la Chambre de Métiers de la Gironde, signale qu'au Congrès de l'Apprentissage à Lyon, en 1921, la Chambre de Métiers de la Gironde a fait voter le vœu suivant :

« Que l'enseignement ménager, y compris la puériculture, forme la base des cours professionnels pour les jeunes filles, apprenties de métiers ne comportant pas d'enseignement technique, et que cet enseignement ménager soit également donné dans la mesure du possible aux jeunes filles apprenties de métiers nécessitant un enseignement technique. »

Un premier essai a été tenté à Bordeaux pour les ouvrières de l'Usine Frugès qui ont reçu un enseignement ménager donné par les Sœurs de Charité de la paroisse Sainte-Croix.

M. Contenot pense que la loi Astier n'a pu jusqu'ici s'appliquer à l'enseignement ménager à cause de la question budgétaire, mais que la Taxe d'Apprentissage, récemment votée, va procurer de nouvelles ressources et permettre des réalisations intéressantes.

Mlle Guérin, directrice de l'Ecole pratique de Commerce, d'Industrie et d'Enseignement Ménager (152, cours de l'Yser, Bordeaux), signale qu'à partir d'octobre prochain, fonctionneront dans son école des cours ménagers ouverts à toutes les jeunes filles qui désireront les suivre.

LES CARRIÈRES HOTELIÈRES

Rapporteur général :
Mme Marthe Bray, propriétaire de l'Hôtel Avenida à Paris.

Les mœurs évoluant sous la grande poussée économique, la jeune fille, longtemps confinée au foyer domestique, est obligée aujourd'hui, comme ses frères, de se créer une situation lui permettant de gagner sa vie.

Après une période de tâtonnements, motivée sans doute par les préjugés qui lui faisaient souvent considérer le travail rémunéré comme une déchéance, la jeune fille moderne s'est mise vaillamment au travail.

Bien des branches sont ouvertes à elle; mais il en est certaines pour lesquelles elle semble tout particulièrement prédestinée. Au nombre de celles-ci, nous citerons l'Industrie Hôtelière.

La vie moderne avec ses moyens de locomotion rapides, encourage et permet les grands voyages; la nécessité et le désir de confort de ceux qui se déplacent, ont amené le développement de cette branche de l'activité humaine.

L'hôtellerie ancienne a dû moderniser et multiplier ses outils de travail; sur tous les points du globe atteints par le rail ou l'auto, c'est-à-dire à peu près partout, des hôtels ont été créés ou agrandis.

L'hôtellerie est donc en passe de devenir une réelle industrie nécessitant des capitaux importants et toutes les méthodes modernes : établissement sérieux des prix de revient, large publicité, étude scientifique du travail et du rendement, utilisation rationnelle des compétences, développement de l'apprentissage, perfectionnement de la main-d'œuvre existante, et, très modestement encore, création d'œuvres sociales professionnelles.

Cette industrie à laquelle il faudra sans cesse un personnel mieux adapté et plus spécialisé, offre aujourd'hui un champ d'activité très vaste aux jeunes hommes et aussi aux jeunes filles.

S'il est un milieu dans lequel la femme peut s'épanouir largement, mettre en valeur les qualités qu'elle possède, c'est bien celui-là. On a comparé l'hôtellerie à un grand ménage, mais un grand ménage industrialisé. Dans ce milieu, la femme peut mettre en pratique les principes d'hygiène, trop peu connus et appliqués encore, mais qui deviendront bientôt, nous l'espérons, un impérieux besoin pour tous.

L'industrie hôtelière, c'est aussi le milieu où la femme pourra dépenser sa patience, sa bonne humeur, son intelligence, son ingéniosité, son souci du bien-être. C'est elle qui pourra y apporter ce talent dans lequel elle excelle, de créer une atmosphère de « home ». Elle y apportera aussi son inlassable activité, son don d'économie, qualités dominantes chez la femme et qui sont si précieuses de nos jours. N'est-elle pas à sa place dans ce domaine depuis la réception où elle accueille gentiment les arrivants jusqu'aux étages où la chambre agréable et nette reflète l'ordre et les soins féminins.

Il est infiniment désirable qu'à part les postes trop durs pour ses forces physiques, les emplois hôteliers soient largement ouverts à la femme.

Les emplois féminins de l'hôtellerie sont très divers et peuvent se classer en trois catégories :

1° Les emplois de bureau.

2° Les emplois ménagers.

3° Les emplois de surveillance et d'administration intérieure.

Nous allons examiner rapidement les attributions de chaque fonction. Il est évident que chacune d'elles nécessite des aptitudes particulières. Cependant, on peut admettre que les qualités ménagères dont nous avons parlé il y a un instant sont indispensables pour tous les emplois hôteliers.

A ces qualités déjà énumérées, ajoutons la discrétion : discrétion dans la parole permettant de ne parler que lorsque c'est nécessaire et de le faire toujours d'une façon posée et concise; discrétion dans la tenue qui doit être soignée et très correcte; discrétion dans les manières permettant de réprimer les sourires moqueurs, les rires bruyants, les mouvements d'impatience ou une curiosité déplacée.

Les emplois de bureau dans l'hôtellerie comprennent la ou les caissières, la dactylographe, la téléphoniste (ces deux emplois étant souvent cumulés par la même personne); enfin la secrétaire ou employée comptable chargée de la tenue du livre de main-courante et des diverses écritures de comptabilité.

Ces emplois sont comparables à des emplois ordinaires de bureau. Cependant une certaine mise au courant est indispensable pour connaître la comptabilité et la correspondance propres à l'hôtellerie.

En débutant dans un emploi de bureau, une jeune fille ayant les aptitudes voulues, peut avoir un jour accès à la fonction de **réceptionnaire**. On désigne, sous cette appellation, la personne, homme ou femme qui représente la direction auprès des clients, les reçoit à leur arrivée, leur indique les conditions de séjour, écoute leurs recommandations, leurs réclamations, fournit tous les renseignements qu'ils peuvent désirer, enfin établit la note et la présente aux clients au moment de leur départ. Le ou la réceptionnaire inscrit sur un livre les arrivées et les départs des clients, reçoit les lettres des personnes qui demandent des chambres et y répond ou y fait répondre.

Dans certains pays, en Suisse notamment, cet emploi est tenu par un homme à casquette galonnée au courant de toutes les ressources touristiques de la région, parlant plusieurs langues et que l'on appelle en général « le portier ». En France, la réception est souvent faite par des jeunes filles qui s'acquittent généralement fort bien de ce rôle.

Pour remplir ces importantes fonctions, un extérieur plaisant et sympathique, une bonne éducation et de jolies manières, une humeur toujours égale, la mémoire des physionomies et des noms, beaucoup d'ordre, sont des qualités indispensables. Une bonne instruction de base est nécessaire pour tenir l'emploi de réceptionnaire. Dans les régions fréquentées par des touristes étrangers, c'est-à-dire à peu près dans toutes les régions, la connaissance de langues étrangères est presque une nécessité.

Les hôtels emploient un nombre important d'ouvrières ménagères : femmes de chambre, lingères, gardes du vestiaire et du lavabo, fournières, serveuses, employées à l'office, etc...

Les petits hôtels emploient quelquefois des cuisinières ; mais, dans les établissements importants, les fonctions de «chef» sont actuellement confiées en général à un homme bien qu'il soit à souhaiter que les femmes puissent elles aussi remplir ce rôle.

Le travail d'une **femme de chambre d'hôtel** est assez différent de celui d'une femme de chambre de maison bourgeoise. Tandis qu'en général cette dernière emploie beaucoup de temps au repassage et à la couture, la femme de chambre d'hôtel est sur pied presque toute la journée, prête à répondre au coup de sonnette des clients. L'entretien, le rangement, le nettoyage des chambres, salles de bain, cabinets de toilette, lui incombent. Bien qu'un roulement soit en général établi permettant aux femmes de chambre de prendre le repos nécessaire, on peut dire que leur besogne est fatigante et exige la résistance physique.

Il n'est pas nécessaire qu'une femme de chambre d'hôtel ait une instruction générale étendue et profonde; cependant, il est désirable qu'elle s'exprime à peu près correctement dans sa langue maternelle et qu'elle ait des notions suffisantes des langues étrangères les plus courantes pour pouvoir comprendre les ordres des clients.

Enfin un aspect agréable, exempt d'infirmités, est naturellement exigible d'une femme de chambre et de tout le personnel qui se trouve en contact avec la clientèle. Tout ce personnel doit être poli discret, aimable.

La lingère n'a pas affaire à la clientèle, sauf dans le cas qui se présente parfois où ce sont les employées de la lingerie qui assurent par roulement la garde du vestiaire.

La lingère en chef s'occupe de la distribution, du rangement, de l'entretien et de la confection du linge de l'hôtel. Dans les hôtels un peu importants, elle est aidée dans sa tâche par des lingères auxiliaires.

La lingère en chef s'occupe non seulement de trier et de raccommoder le linge usagé, de tailler et de faire confectionner le linge neuf, mais aussi elle doit tenir le livre de blanchissage et être parfaitement au courant des pièces de lingerie distribuées dans les différents services. C'est son rôle de contrôler et de vérifier tout ce qui a trait au linge de l'hôtel. Un ordre parfait et beaucoup d'organisation sont donc indispensables pour tenir cet emploi.

Il est à remarquer que ce service de la lingerie n'existe pas dans tous les hôtels. A Paris notamment, les hôtels prennent le linge en location à une coopérative qui se charge du blanchissage et de l'entretien.

Un autre emploi ménager de l'hôtellerie est celui de **fournière**. On désigne sous cette appellation une femme qui n'est pas précisément une cuisinière, mais qui est chargée de la préparation de certaines boissons et de certains mets, notamment de tous ceux qui composent les petits déjeûners et les goûters : chocolat, thé, café, infusions, toasts, tartines, œufs à la coque, porridge, coquilles de beurre, etc..

La fournière doit savoir faire parfaitement les mets spéciaux qui entrent dans ses attributions, et travailler très rapidement pour satisfaire les clients au fur et à mesure des demandes, qui affluent à certaines heures. Ce travail rapide exécuté en station debout nécessite une bonne santé.

La fournière doit être ordonnée et assez instruite pour tenir convenablement la petite comptabilité de sa cafèterie.

Dans certains pays et notamment dans la plupart des régions de la France, ce sont des jeunes filles et des femmes qui font le service du restaurant. Cette tâche exige une bonne santé, beaucoup d'activité physique, jointe à un grand calme.

Dans beaucoup d'hôtels aussi, ce sont des femmes qui font le service de la table des « courriers », c'est-à-dire des chauffeurs, femmes de chambre et gouvernantes qui accompagnent leurs patrons dans leurs déplacements.

Les hôtels emploient aussi des femmes de ménage pour les gros travaux, quelquefois des blanchisseuses pour la lessive, des employées d'offices pour le nettoyage de la vaisselle légère et la préparation des salades, des fruits, des hors d'œuvre.

Il est bien évident qu'il est matériellement impossible à un directeur ou à une directrice d'un hôtel un peu important de commander et de surveiller directement tout son personnel.

L'organisation des grands hôtels modernes entraîne de plus en plus une division absolue du travail. Ces établissements comprennent donc des emplois féminins d'administration et de surveillance intérieures.

Ces situations sont des postes de confiance qui doivent être tenus par des personnes douées de grandes qualités. L'économe, et surtout la gouvernante, si elles sont à la hauteur de leur tâche, sont des collaboratrices indispensables et infiniment précieuses.

L'économe est chargée de recevoir, de vérifier, de ranger, de conserver toutes les provisions de denrées comestibles, toute la réserve de vaisselle, d'ustensiles et de produits de nettoyage. Elle distribue les provisions aux différents services, au fur et à mesure des besoins, toujours sur présentation d'un bon signé de la direction. Elle tient la comptabilité des rentrées et des sorties et s'occupe de faire renouveler ses provisions au moment voulu.

La personne chargée de ce poste doit être très économe comme son nom l'indique, parfaitement organisée et ordonnée, très consciencieuse, presque méfiante, afin de ne s'en rapporter qu'à elle-même du soin de vérifier le poids, la quantité et la qualité des marchandises livrées par les fournisseurs.

La situation de **gouvernante** dans un grand hôtel est très importante et prépare à la direction. C'est un poste de grand avenir. On n'accède généralement à cette situation qu'après avoir été adjointe ou secrétaire de gouvernante.

La gouvernante est une véritable maîtresse de grande maison; ses responsabilités sont multiples. Elle veille à la propreté de la maison, à l'entretien de tout le mobilier; elle a la clef de la réserve.

En liaison avec le service de réception, elle fait préparer les appartements des clients avant leur arrivée; le bien-être des hôtes est sa préoccupation.

La gouvernante commande à tout le personnel des étages : valets et femmes de chambre; c'est elle qui fixe leur emploi du temps, d'accord avec la direction.

Enfin, le personnel de la lingerie, du lavabo, du vestiaire, de l'office est placé sous sa surveillance.

On comprend qu'il faille être intelligente, psychologue, et très juste pour faire manœuvrer, sans heurts, un personnel aussi nombreux.

A de solides qualités ménagères, la gouvernante doit joindre le goût pour l'arrangement de l'intérieur.

Les femmes de tête de bonne éducation, pleines de tact et d'autorité, ont là un royaume qui ne leur sera pas contesté, digne de faire naître les ambitions légitimes des jeunes femmes les mieux douées.

Ce bref exposé des carrières hôtelières féminines permet de comprendre la nécessité d'une formation professionnelle sérieuse.

L'industrialisation de l'hôtellerie demande non seulement de la pratique, mais encore une éducation théorique.

Dans plusieurs pays, et en France notamment, des écoles hôtelières féminines ont été fondées, mais elles sont loin de suffire, et le personnel fourni par les bureaux paritaires ou les mutualités, est forcément bien mélangé. A l'heure actuelle, l'offre surpasse de beaucoup la demande et il y a encore bien du flottement à cause du manque de préparation.

L'apprentissage dans une école hôtelière est, il me semble, à la base d'un bon départ, car il comprend un enseignement et des données qu'un peu d'expérience a vite intensifiés. Cependant, cet enseignement un peu théorique doit se compléter par un stage de débutant dans un hôtel, j'ajouterai même dans des hôtels de plusieurs catégories ; il est en effet désirable que chaque débutant puisse avoir un aperçu des diverses méthodes, s'adressant à diverses clientèles.

Il serait également désirable que les jeunes filles qui se destinent à l'industrie hôtelière pussent faire un stage à l'étranger pour se familiariser avec les langues indispensables dans le métier.

La connaissance de la langue anglaise est nécessaire dans tous les pays, les Anglo-Saxons étant des « globe-trotters » ; après l'anglais, l'espagnol, le français et l'allemand nous paraissent fort utiles. Les touristes slaves et scandinaves connaissent en général au moins une de ces 4 langues ; et presque tous les Italiens instruits parlent le français.

Il est évident qu'il n'est pas nécessaire pour les emplois de l'hôtellerie de connaître les langues à fond ; il suffit de comprendre les nationaux et de pouvoir tenir une conversation courante, ce qui ne peut s'acquérir que par un stage dans le pays.

Il est possible pour des jeunes filles intelligentes et sérieuses de trouver des places à l'étranger dans de bonnes familles, comme gouvernante d'enfants, institutrice, femme de chambre attachée à une personne, lectrice, etc... Plusieurs écoles hôtelières françaises se chargent de procurer à leurs élèves des postes dans des familles honorables.

Une préparation professionnelle complète comprend donc les études dans une école, des stages pratiques dans des hôtels, et un ou plusieurs séjours à l'étranger.

L'âge minimum d'admission et la durée des études dans les écoles hôtelières varient suivant les établissements. Il semblerait désirable qu'en règle générale, les jeunes filles entrent à l'école hôtelière à un âge tel qu'elles ne puissent commencer les stages pratiques avant 18 ans ; Il est même préférable qu'elles soient un peu plus âgées.

Beaucoup de familles doivent s'effrayer des dangers moraux que peuvent courir des jeunes filles dans un milieu parfois assez libre où la vie se déroule avec toute son âpreté et parfois ses impuretés.

Il serait cependant ridicule de croire que l'hôtel soit un lieu de perversion. La vie ne se déroule-t-elle pas de façon sensiblement identique dans la rue, à l'atelier, au bureau, au spectacle ?

Lorsqu'il s'agit de placer une jeune fille, que ce soit dans le commerce, l'industrie ou l'hôtellerie, il faut que les parents sachent choisir une maison convenable, s'entourent de garanties nécessaires, et fassent en sorte que leurs enfants restent sous leur surveillance ou soient confiés aux soins de correspondants intelligents et prudents. Le choix d'un hôtel respectable est indispensable. Il y a, Dieu merci, une foule de maisons convenables où rien ne peut choquer une jeune fille.

Nous croyons qu'une jeune fille ayant reçu une éducation morale sérieuse, et ayant le respect de soi-même, peut et doit conserver sa dignité à l'hôtel, tout aussi bien qu'à l'atelier ou au magasin.

Les emplois de début pour les jeunes filles sont ceux de dactylographe, téléphoniste, femme de chambre, femme de vestiaire, employée d'office, serveuse de restaurant ou des courriers; des débutantes occupent aussi certains emplois d'auxiliaires : aide d'économat, secrétaire de la gouvernante, aide de la fournière, lingère auxiliaire.

Dans un hôtel, les postes d'administration, de surveillance ou de direction d'un service, qui nécessitent une certaine maturité d'esprit, ne peuvent être confiés à de toutes jeunes filles. Les anciennes élèves des écoles hôtelières qui ont reçu une bonne formation générale peuvent très bien, lorsqu'elles ont atteint l'âge voulu, et acquis l'expérience nécessaire, accéder à un de ces postes.

Les employées d'hôtels sortant du rang peuvent aussi arriver, si elles sont très intelligentes et bien douées, à s'assimiler les notions nécessaires aux fonctions supérieures. Elles gravissent un à un les échelons d'une responsabilité de plus en plus grande, toujours proportionnée aux résultats des connaissances acquises; mais elles éprouvent naturellement plus de difficultés que des jeunes filles ayant reçu une formation rationnelle complète.

Des femmes intelligentes, énergiques, ayant l'expérience de l'hôtellerie, peuvent très bien arriver au poste de directrice-gérante, lequel poste constitue une fort jolie situation.

Les jeunes filles bien douées peuvent espérer trouver un avenir intéressant dans l'hôtellerie. J'ajouterai que l'industrie hôtelière est certainement une des branches où la femme trouve la vie matérielle la plus large. La nourriture, car les employés sont tous nourris, y est variée et abondante. L'hygiène y est presque toujours sauvegardée. Les chambres du personnel sont certainement plus confortables que celles que l'on loue généralement aux employés. Les hôtels occupant toujours des situations privilégiées à cause de leur clientèle, les employés en bénéficient.

Les salaires très satisfaisants dans les villes sont plus élevés dans les hôtels saisonniers; par contre, pendant les « saisons »,

la durée de la journée de travail est plus longue et le repos hebdo-
madaire est souvent supprimé. Il serait souhaitable de voir ce
régime en venir au droit commun.

Nous espérons que, grâce à l'application de la loi de 8 heures,
à l'abolition du pourboire remplacé par un salaire de base afin de
sauvegarder la dignité des employés, par une propagande menée
intelligemment, beaucoup de jeunes filles de la petite et de la
moyenne bourgeoisie se sentiront attirées vers notre belle profession.

Un grand nombre d'emplois hôteliers offrent à la femme instruite,
la possibilité de tirer parti de ses connaissances; enfin, les langues
étrangères qu'elle doit connaître lui permettent aussi de servir
cet idéal social que toute femme doit s'imposer : celui de servir
son pays pour mieux servir l'humanité.

LES MÉTIERS MANUELS, D'ART APPLIQUÉ, COMMERCIAUX ET DE BUREAUX

Rapporteur général : **Mlle Marguerite Labadie,**
Conseillère des Syndicats professionnels féminins *La Ruche*;
Directrice du Centre Féminin d'Orientation professionnelle de Bordeaux.

Dans le monde des professions, il existe un conflit, conflit grave, puisque l'avenir de nombreuses fillettes en est l'enjeu : les métiers de bureaux disputent les enfants aux métiers manuels.

Raisons générales du conflit. — Ces derniers semblent-ils moins nobles que les autres, et l'antiquité païenne nous a-t-elle légué indéfiniment son mépris pour le travail des mains, auquel seuls les esclaves étaient soumis?

Ou bien les rejette-t-on parce qu'ils demandent toujours un effort et imposent souvent une souffrance corporelle? Effort physique, souffrance corporelle particulièrement redoutés et mal vus?

Ou encore en s'éloignant des métiers manuels qui le rattachent au monde matériel, l'homme ne cherche-t-il pas inconsciemment un bonheur supérieur que lui donnerait l'exercice de ses facultés intellectuelles?

Raisons actuelles du conflit en France. — En France, actuellement, d'autres raisons s'ajoutent à ces dernières :

L'*école* d'abord, qui par son programme abstrait, son éducation livresque, ignorant la vie ordinaire, emplit les cerveaux et ne les forme pas; prépare à des diplômes et non pas à la vie.

L'uniformité des programmes scolaires et le souci qu'ont les instituteurs de faire valoir leur école, les incitent à cultiver, non l'ensemble, mais ceux des enfants qui sont susceptibles de décrocher des diplômes, et les poussent vers des études mal définies.

Naturellement, dans une classe où l'on détourne des métiers manuels les enfants intelligents, on arrive vite à croire que les imbéciles seuls travaillent de leurs mains, et c'en est assez pour détourner les enfants des métiers qui les classeraient à jamais parmi les sots.

Renforçant cette erreur, nous trouvons à Paris, que le travail manuel a été supprimé du C. E. P. des filles, alors qu'un peu partout des cours commerciaux sont annexés aux cours primaires.

Pourquoi l'école n'apprendrait-elle pas à l'enfant que « l'homme pense aussi avec la main », que l'exercice d'un métier manuel est honorable et qu'il réclame instruction et intelligence.

Nous arriverions peut-être alors à avoir raison de cette erreur qui fait que, d'une part, l'apprentie manque d'instruction et que, d'autre part, l'enfant instruit refuse les métiers manuels.

La *famille* aussi repousse ces métiers, car dans sa tendresse mal placée, elle redoute peines et fatigues pour la fillette. Les parents naïvement ou niaisement ambitieux veulent pour leurs enfants une profession plus honorable, plus tranquille, et mieux rétribuée que la leur.

Leur erreur c'est encore de laisser continuer à leurs filles des études sans *but précis* sous prétexte que «l'instruction sert toujours».

La *profession*. Enfin la mauvaise organisation de certains métiers manuels incite les parents à diriger leurs filles vers les professions de bureau, plus stables et assurant de meilleures conditions de travail. Le jour où l'organisation professionnelle, aidée des Assurances sociales, établira l'équilibre entre les avantages des diverses professions, une des causes du conflit aura disparu.

METIERS FEMININS ET METIERS MIXTES

Métiers féminins. — Les métiers qui conviennent le mieux à la femme sont ceux qui respectent le mieux sa nature :

soit parce que les conditions dans lesquelles ils s'exercent permettent à la femme de remplir sa tâche familiale (métiers à domicile),

soit parce que leurs exigences s'accordent bien avec les aptitudes et les tendances essentiellement féminines.

Ici nous repoussons comme indignes d'une Société civilisée, les métiers qui affaiblissent chez la jeune fille ses dispositions naturelles à la maternité et diminuent chez la femme la possibilité de remplir les fonctions pour lesquelles elle a été créée (comme les emplois dans les tramways et les manufactures de tabac, etc...).

Métiers à domicile. — Arrêtons-nous aux métiers à domicile, lesquels *en principe* sont compatibles avec la vie de famille, et qui intéressent la femme à titre d'ouvrière et d'artisane.

Ouvrière : Un peu partout la mauvaise organisation fait de l'ouvrière à domicile la victime des intermédiaires. Etant donnés les maigres salaires, l'ouvrière doit fournir une journée très longue, et laisser son foyer à l'abandon.

En France, une loi la protège quelque peu, en imposant aux patrons un tarif minimum. Mais ce tarif étant fixé par région, de grandes différences s'établissent de département à département, et c'est à distance que les ouvrières se font concurrence.

En Angleterre, l'unification d'un tarif minimum dans tout le pays a pallié à cet inconvénient.

Mais le plus sûr moyen de défendre les métiers à domicile serait la *Coopérative de production*. Dans la Coopérative, les ouvrières se groupent et traitent *directement* soit avec la clientèle, soit avec les grosses entreprises. L'intermédiaire étant ainsi supprimé, l'ouvrière reçoit la juste compensation de son travail.

Artisane : Pour certains métiers comme l'horlogerie, la coiffure, divers travaux de l'aiguille..., l'ouvrière à domicile peut travailler directement pour la clientèle et ouvrir magasin. Elle devient alors artisane ; elle joint à ses connaissances techniques le sens commercial et possède de bonnes notions d'enseignement général.

Disons ici que le système de mi-temps essaie de rendre les métiers d'atelier et d'usine moins gênants pour la vie familiale. Ce système n'est possible que dans les grandes maisons très bien organisées et dans certaines industries.

Métiers et tempérament féminin. — Les métiers que la femme devra choisir de préférence sont aussi ceux dont les exigences s'adaptent bien au « tempérament féminin » fait d'émotivité, d'ingéniosité, de variabilité, d'intuition. Tempérament où se fait jour une intelligence qui reste très claire dans les détails et se meut difficilement dans les idées générales. Tempérament sur lequel influe une santé sans grande force musculaire.

Par conséquent, dans toutes les professions où l'attention est soutenue, où l'intelligence se débat dans l'abstrait, comme dans celles qui réclament une grande force physique (comptabilité, métallurgie, imprimerie, etc...) la femme est handicapée par l'homme et lutte sans succès.

Nous pouvons ici repousser d'un mot une aberration qui, renversant l'ordre logique des choses, crée un déséquilibre, et fait que nous voyons des femmes conduire des tramways et des hommes vendre des bibelots...

A la femme des métiers féminins !!!

Métiers mixtes. — A propos des métiers qui sont exercés à la fois par les femmes et par les hommes, faisons deux remarques générales en ce qui concerne la place de la femme.

a) Il est difficile que, dans un atelier ou un bureau mixte, la femme devienne chef. La nature de la femme dans sa constitution, ses instincts, dans ses habitudes mentales s'oppose à ce qu'elle commande à celui-là même qui normalement lui doit protection.

b) De plus, dans les professions mixtes, l'homme essaye de plus en plus d'enrayer le simple recrutement féminin, parce que la femme acceptant un salaire inférieur lui fait concurrence.

Par conséquent, dans ces professions mixtes, la femme n'obtiendra sa véritable place, c'est-à-dire celle que lui mérite sa valeur professionnelle et individuelle, que le jour où une éducation sociale renforcée par l'action syndicale, lui permettra d'obtenir pour un *même rendement*, un *même salaire*.

LES MÉTIERS MANUELS FÉMININS

Petits métiers. — Voyons quels sont les métiers manuels qui s'offrent à l'activité féminine ? Laissons de côté les emplois et petits métiers qui nécessitent peu ou pas d'apprentissage, emplois faciles qui n'offrent pas grand avenir, que l'on devrait réserver aux moins doués et que bien souvent les familles préfèrent à cause du salaire qu'on y gagne immédiatement : empaquetage, menus travaux d'usines et toute la gamme de la confection.

Disons seulement à propos de ces derniers qu'ils sont presque tous exercés à domicile, et que, si le geste professionnel n'y est point fatigant en soi, la rapidité vertigineuse et incessante avec laquelle l'ouvrière doit l'exécuter si elle veut gagner sa journée, réclame une bonne résistance physique.

Les métiers proprement dits, ouverts à la femme, peuvent être divisés en 4 grandes branches : l'Habillement et la Décoration de la maison, le Livre, la Métallurgie et la Mécanique.

Métiers de l'habillement. — Parmi ces métiers nous remarquons un engouement pour ceux de la mode féminine : couture, lingerie, broderie. Peut-être cet engouement a-t-il sa cause dans la coquetterie ? dans la peur des ateliers mixtes qui pousse certains parents à préférer un atelier exclusivement féminin ? ou dans ce fait que la famille croit que « ça lui servira plus tard quand elle sera dans son ménage », alors que ce qui sert à la femme mariée, c'est de savoir coudre, repasser, cuisiner, non pas selon les exigences d'une profession, mais suivant les besoins d'un ménage.

On objecte que, si les métiers de l'habillement ont presque tous l'avantage de pouvoir être exercés à domicile, ils imposent chaque année à l'ouvrière un chômage de plusieurs mois qu'on appelle la morte-saison.

Cette morte-saison est due plus à une mauvaise organisation du travail qu'à une nécessité imposée par la mode. La meilleure preuve, c'est qu'à Paris où la mode est cependant plus capricieuse que partout ailleurs, un contrat collectif, signé entre le Syndicat patronal et les Syndicats féminins à principes chrétiens, a réduit cette morte-saison à un mois par an.

Dans l'habillement, l'art et la patience des jeunes filles qui sont douées d'une vue claire et très solide, s'exerceront dans la broderie, la lingerie, la dentelle.

Avec beaucoup de goût, elles chiffonneront robes et chapeaux. Celles qui seront dotées d'une plus grande force physique collaboreront au costume masculin en qualité de vestonnières, giletières, ou culottières.

Les poumons solides de la fourreuse résisteront aux attaques de la poussière, tandis que les yeux exercés et les doigts agiles de la stoppeuse répareront les accrocs de toutes sortes.

Le doigt délicat de la coiffeuse donnera à la chevelure le pli à la mode, et l'attention soutenue de la posticheuse permettra à certaines déshéritées de dissimuler leur affligeante calvitie sous une élégante perruque.

Décoration de la maison. — Dans la décoration de la maison, la femme, avec une grande dextérité manuelle, fabrique des tapis, confectionne galons et franges. Tapissière aux poumons solides, elle monte couvre-pieds et édredons.

Sous ses doigts de fée, les fleurs s'épanouissent pour orner ensuite les églises et égayer nos maisons.

Nous devons à la photographe l'image qui fixe les traits d'un être cher. Opérateur, elle a choisi la pose avec art. Tireuse, elle a travaillé avec beaucoup d'attention près de la lampe rouge qui use la vue et avec des produits chimiques qui ne respecteraient pas une faible santé; puis d'un coup d'œil exercé, d'une main sûre, elle a « retouché » le cliché.

Le livre. — Dans le livre, les travaux d'imprimerie répondent peu aux qualités de la femme. La typographie à la main ou à la machine réclame une certaine force physique, une tension d'esprit continuelle et fatigante qui veut un système nerveux bien équilibré et très résistant.

La femme est plutôt employée à la composition et à la retouche des dessins dans la photo et la zinco-gravure.

Dans les annexes du livre, nous voyons la femme fabriquant des sacs en papier et des boîtes de toutes sortes.

Dans la reliure, elle exécute le travail de préparation et de brochage, mais à cause de sa faiblesse physique elle ne fait que les petites reliures légères.

Dans les ateliers de papeterie, on la trouve margeuse ou dirigeant des machines à perforer et à plier... ou papetière à la main, comptant ou foliotant les pages.

Métallurgie. — La métallurgie réclamant une trop grande force physique, la femme n'y est employée qu'aux rares travaux nécessitant une grande dextérité manuelle, à la fabrication des pointes par exemple, ou n'est que petite manœuvre dans les usines où le travail est divisé.

Mécanique. — Dans la mécanique de précision, citons l'horlogère attentionnée, tenace, aux yeux solides, à l'ouïe fine, ayant des notions de géométrie et de calcul.

Dans la prothèse dentaire, la femme pourrait faire une bonne mécanicienne, mais en France ce métier est déjà encombré par les hommes et n'offre guère de débouchés.

COMMENT SE FAIT L'APPRENTISSAGE
DES METIERS MANUELS

A l'atelier. — L'enfant y apprend le métier en servant l'ouvrière, en la regardant travailler, et en s'essayant elle-même sur les conseils de l'ouvrière ou de la patronne.

Avantages. — L'enfant vit dans le métier, acquiert une fierté professionnelle. Si elle n'est pas spécialisée, les travaux se présentent à elle, sous une forme très variée, et partant plus intéressante.

Inconvénients. — Mais la méthode d'enseignement à l'atelier vaut ce que valent toutes les méthodes empiriques. Si l'enfant, par la pratique renouvelée de chaque jour, acquiert rapidement l'habileté professionnelle, elle reste l'esclave de certaines routines.

Ajoutons que le caprice des modes, et le hasard des commandes, s'ajoutant souvent à la mauvaise répartition des travaux dans l'atelier, l'enfant n'apprend pas son métier suivant une progression rationnelle. Et dans les grands ateliers où règne la division du travail, l'apprentissage risque de n'être qu'un entraînement en vue d'une spécialisation.

Enfin, dans les pays où pour ouvrir une boutique ou pour monter une industrie, l'argent et l'audace suffisent, le patron a-t-il toujours la compétence suffisante pour bien former l'apprentie ? N'est-il pas tenté de se servir d'elle comme d'une main-d'œuvre meilleur marché, et envers laquelle il oublie son devoir d'éducateur ?

De plus, si le patron veut former des apprenties, la mauvaise organisation de l'apprentissage multipliant ses risques, l'en décourage souvent.

L'atelier d'apprentissage. — Pour parer à certains de ces inconvénients, il a été créé, en France, des ateliers spéciaux pour apprenties. Un peu d'empirisme encore dans la méthode, mais les résultats sont moins aléatoires, l'enfant étant initiée à la pratique du métier complet par des ouvrières professeurs, dégagées de tout autre travail.

Une remarque s'impose cependant : ces ateliers, dûs en général à des initiatives privées, annexés souvent à des orphelinats, sont créés dans un but de préservation morale, en même temps que d'éducation professionnelle.

Or, les erreurs d'orientation font que l'atelier d'apprentissage manque souvent son double but.

Nous avons connu des jeunes filles, dont ces ateliers avaient fait de très fines ouvrières, obligées à 20-25 ans d'abandonner leur métier à cause de leur vue déjà usée. N'est-ce pas un grand malheur de perdre soudain son gagne-pain quand on est pauvre et sans aucune famille, comme la plupart de ces enfants. Les sacrifices auxquels les Directrices de ces ateliers ont généreusement consenti sont annulés alors par le seul fait de cette misère imprévue, immense, et qui contient en germes les plus grandes tentations.

A Paris, les Sœurs de Charité ont résolu complètement le problème. L'enfant qui est pensionnaire dans tel orphelinat et qui n'a aucune aptitude pour réussir dans les trois ou quatre métiers enseignés dans cette maison, va, avec la permission de son tuteur, apprendre un métier qui lui convient mieux, dans un des multiples ateliers que les Sœurs ont montés dans la ville.

Il est désirable que cette méthode d'échange d'enfants s'étende dans nos provinces, où déjà un effort a été tenté dans ce sens.

COMMENT AMÉLIORER L'APPRENTISSAGE A L'ATELIER

Les cours. — En complétant l'enseignement pratique de l'atelier par des cours professionnels à la fois techniques et d'enseignement général.

Ces cours qu'un examen doit sanctionner sont obligatoires dans plusieurs pays : Belgique, Suisse, France, etc...

Pour que cet enseignement soit rationnel, il faut qu'une certaine relation existe entre le travail exécuté à l'atelier et celui qui est expliqué aux cours. Un programme minimum déterminant pour chaque profession ce que l'enfant doit apprendre à l'atelier en cours de 1re, 2e et 3e année, et auquel devrait se conformer le patron, garantirait la très bonne instruction professionnelle de l'enfant.

En Belgique déjà, des programmes minima sont imposés dans plusieurs professions.

Les contrats. — Enfin, après une période d'essai, la signature obligatoire d'un contrat délimitant et imposant les devoirs, protégeant les droits, serait la meilleure sauvegarde d'un bon apprentissage.

Et pourquoi ce contrat ne s'accompagnerait-il pas obligatoirement d'un certificat d'aptitudes, et si besoin est, d'un certificat médical à établir en vue du métier ?

ECOLE PROFESSIONNELLE

A l'école professionnelle, il n'est pas à craindre que les nécessités de la production, la division du travail, les difficultés commerciales gênent l'apprentissage. L'enfant y est initiée progressivement et méthodiquement, non pas seulement à la pratique, mais à la technique du métier.

Elle n'apprend pas seulement son métier avec ses mains, mais avec son cerveau. Une partie de son temps est consacrée à l'enseignement général et au dessin quand besoin est, ce qui lui permettra d'aspirer aux emplois supérieurs.

Un écueil à éviter : c'est que l'école professionnelle donne un enseignement trop théorique. L'enfant doit y devenir une praticienne ayant l'intelligence du métier et non un discuteur inhabile.

Certains métiers, l'horlogerie par exemple, paraissent plus que d'autres pouvoir être appris à l'école. Métiers plus difficiles, réclamant plus de science et de précision que d'imagination, car ces derniers s'accommodent mal du travail fictif de l'école.

En tout cas, on se demande si l'école professionnelle, en relevant les métiers disparus, ne pourrait pas résoudre les petites crises économiques de certaines régions.

De plus, il ne faut pas croire que le programme et la méthode de l'école professionnelle, si parfaits fussent-ils, suffisent à former de bonnes apprenties. L'école, pas plus que l'atelier ne crée les aptitudes, elle ne fait que les développer, et c'est pourquoi l'école professionnelle manque son but, quand elle accepte l'enfant sans examen médical, et sans vérifier si elle a les aptitudes voulues.

Préapprentissage. — Certaines écoles professionnelles ont transformé leurs premiers mois d'études en préapprentissage. Par exemple, dans une école professionnelle de l'aiguille, la fillette est initiée, successivement, aux différents métiers de la mode, lingerie, broderie, etc... En 2ᵉ année, seulement, elle est définitivement placée dans la branche pour laquelle elle a manifesté le plus de goût et d'aptitudes.

A l'Ecole Féminine d'Apprentissage de la rue du Bel-Orme à Bordeaux, que Mlle Lurton dirige avec tant de compétence, ce système est pratiqué, fournit d'excellents résultats, et permet une utilisation plus sûre des aptitudes de chaque enfant.

Puisque nous parlons de préapprentissage, disons que les Sœurs de Charité l'ont organisé d'une manière assez originale dans plusieurs villes de France, notamment rue de l'Abbaye à Paris, et rue des Sablières à Bordeaux. Leurs écoles ménagères avec les exercices très variés et touchant à tous les genres d'activité, depuis la cuisine, jusqu'à la mode et au repassage, permettent de découvrir les dispositions de chaque fillette tout en leur apprenant le goût et la science du foyer.

MÉTIERS D'ARTS APPLIQUÉS

Nous avons vu comment la femme apporte à l'industrie le concours de son adresse manuelle. Elle va mettre son tempérament d'artiste au service des métiers dits d'Arts appliqués.

Métiers d'arts appliqués ! Ces trois mots sonnent pleins d'espoir aux oreilles des jeunes filles de la classe bourgeoise, que le chavirement des fortunes ou leur insécurité actuelle obligent à travailler, et qui entreraient difficilement dans un atelier ou un bureau.

Dans les créations des modèles de toutes sortes : Couture, Modes, Broderies, Dentelles, Papiers peints, etc... la femme, avec un talent hardi et sûr, inspire et guide le goût des ouvriers.

Son pinceau fixe quelque fantaisie sur les porcelaines, verres, bois, ou les fleurit avec art.

Mais nous pouvons dire que ces décorations comme la création des modèles n'offrent que des débouchés très restreints et seulement dans les grands centres. En France, nous n'en trouvons presque qu'à Paris.

Cependant, si l'étude du dessin s'accompagne de l'apprentissage d'un métier, l'horizon s'élargit aussitôt. Parmi les métiers manuels entrevus tout à l'heure, nous trouvons : la gravure, la retouche des clichés et des agrandissements, le stoppage des anciennes tapisseries, qui nécessitent également la connaissance approfondie du dessin.

Dans la bijouterie, si la femme, à cause de sa faiblesse physique, ne peut fabriquer que des chaînes et petits anneaux, nous la trouvons reperceuse, qui ajoure le métal, et quelquefois graveuse, patiente, à la main sûre, qui orne le métal au burin.

Et pourquoi la lingerie-broderie, la mode, n'auraient-elles pas leur place dans les métiers d'art? Draper un vêtement afin qu'il s'harmonise avec un genre de beauté, jeter sur le tulle des fleurs délicates, copier une rose avec de la soie ou du velours, n'est-ce point faire œuvre d'art?

Nous interdira-t-on de rêver que l'artiste un jour se penche vers ces métiers pour les redresser ensuite dans toute leur beauté; et que l'ouvrière à son tour essaie de se hausser jusqu'à l'artiste ?

Déjà les organisations professionnelles et les pouvoirs publics ont compris que l'exercice du dessin qui fait le coup d'œil plus sûr et développe l'imagination est à la base de ces métiers. Des cours ont été institués pour apprenties et jeunes ouvrières. Ces cours relèveront sans doute le niveau moyen des petites ouvrières et permettront à tel don de se faire jour; mais on conçoit vite quelle place occuperait dans la profession et l'industrie celle dont la main habile serait conduite par une pensée d'artiste.

Les 1.000 objets que nous devons aux métiers simples, savants ou artistiques, sont à peine achevés que, bien vite, le commerce les happe, les dissémine dans ses étalages et sur ses comptoirs, où ils vont s'offrir à nos besoins ou faire naître un désir.

LES MÉTIERS COMMERCIAUX

Dans la vente, la femme excelle s'il s'agit d'articles féminins ou de fantaisie. Mais elle doit posséder un extérieur agréable, du sens psychologique, en même temps que la connaissance technique des articles vendus. Dans les grands magasins, elle peut devenir chef de rayon, acheteur, voire même chef de groupe intéressé ou administrateur. Alors jouissant d'une bonne santé elle joint à des connaissances techniques très sérieuses, des notions de comptabilité et d'organisation.

Elle peut même aussi monter un commerce à son compte ou gérer une succursale. Elle est alors en même temps sa secrétaire et sa comptable.

Si le commerce devient très important, le Bureau, auxiliaire précieux des relations complexes et multiples, va s'installer auprès du magasin.

LES MÉTIERS DE BUREAUX

Dans notre société, dont les rouages se compliquent chaque jour davantage, le nombre des employés de bureau s'accroît nécessairement.

Les métiers de bureau (Commerce, Banques, Administrations) sont presque tous exercés au dehors, et, par conséquent, incompatibles avec la vie de famille.

Ces emplois réclament tous un bon enseignement général, de la réflexion, de l'attention, une conscience souvent plus affinée parce qu'on ne peut pas toujours déterminer et vérifier le temps nécessaire à certains travaux, parce qu'un ordre mal exécuté ou une négligence peuvent avoir des répercussions très graves; enfin, parce que souvent l'employée, étant détenteur des secrets de la maison, doit être très discrète.

L'employée doit aussi posséder une bonne santé, car il est des bureaux qui sont un perpétuel défi à l'hygiène la plus élémentaire. Nous déplorons que beaucoup de bureaux de maisons de commerce ou d'administrations voire publiques, soient mal éclairés ou mal aérés, et nous ne craignons pas de dire qu'il est honteux que certaines banques étalent un luxe pompeux, alors que bon nombre de leurs employés travaillent dans des sous-sols infects.

L'apprentissage des métiers de bureau se fait dans des écoles ou des cours professionnels, jamais dans un bureau.

Celui-ci engage la jeune fille et la paie suivant les connaissances acquises, mais ne lui apprend pas le métier. Quand une jeune fille entre sans connaissances spéciales dans un bureau, et ne peut se former dans des cours professionnels, elle reste toute sa vie une manœuvre.

Administrations. — Les administrations publiques sont en France préférées... sans doute parce que les situations y sont plus stables. La fonctionnaire titularisée n'est renvoyée que pour des fautes exceptionnellement graves, et une retraite lui donne la sécurité du lendemain sans paraître lui demander un effort.

Ces avantages semblent compenser aux yeux de beaucoup l'absence de personnalité, d'initiative, que l'on impose aux fonctionnaires.

En France, P. T. T., Douanes, Chemins de Fer, Bureaux des mairies et préfectures... n'offrent guère que des emplois moyens à la femme. En tout cas, dans ces carrières, l'avancement est dû à l'ancienneté plutôt qu'à la valeur professionnelle de l'employée.

Banques. — Dans la banque, l'activité de la femme est assez restreinte... la complexité des opérations bancaires excède-t-elle la résistance intellectuelle et physique de la femme ? ? ? En France la question ne se pose pas... la Bourse étant fermée à la femme. Aussi dans les Etablissements bancaires, la femme est simplement guichetière ou employée aux écritures.

Bureaux de commerce et d'industrie. — Dans ces bureaux, la simple employée aux écritures disparaît devant les machines à écrire et à calculer. La femme est occupée soit au Secrétariat, soit dans le service de la comptabilité, soit dans les bureaux de dessin industriel.

La Sténo-dactylo mérite notre attention parce que la complexité des affaires en multiplie l'utilisation, et qu'en France il y a depuis quelques années un véritable engouement pour cette profession.

La sténo, c'est-à-dire la prise de la parole, est arrivée à un tournant de son histoire. La prise à la main tend à être remplacée par la prise à la machine dite sténotypie qui assure, avec moins de fatigue, plus de vitesse et offre un texte facilement lisible à tous.

L'exercice de ces professions exige une ouïe très fine, un système nerveux très bien équilibré, un esprit vif, beaucoup d'attention et de persévérance. Nous ne saurions trop insister sur la nécessité d'un *bon enseignement* général. Dans les bureaux, la sténo sans bonne instruction échoue, ou s'arrête à des travaux de prise et de transcription. Celle qui brigue une situation de secrétaire doit unir à des connaissances commerciales une bonne instruction primaire ou secondaire, quelquefois même la connaissance approfondie d'une langue. Les licenciées pourraient trouver des débouchés intéressants dans la prise des cours de Facultés, plaidoiries...

L'étude de la dactylo complète actuellement celle de la sténo, et réclame en sus doigts agiles et bonne vue.

Comptabilité. — Laissons de côté l'aide-comptable, qui n'est qu'une manœuvre de la plume à l'avenir peu brillant.

La comptabilité est chose difficile : Suivant la formule de M. Terren, expert-comptable près les tribunaux de Bordeaux, « La comptabilité a pour but de traduire, sous la forme de comptes, les faits économiques, d'une entreprise, en vue d'en déterminer les résultats et d'analyser les causes qui les ont produits. »

Par conséquent, travail de synthèse et d'analyse. Pour cela, jugement sûr, esprit d'observation, facilité d'assimilation — car il faut bien comprendre la technique d'une maison pour y adapter la comptabilité. — Enfin résistance physique et intellectuelle, car le travail des chiffres, exigeant un effort cérébral, est déprimant.

Beaucoup de ces aptitudes sont plus masculines que féminines. Cela explique que l'on ne confie à la femme que la comptabilité des petites maisons.

Dessin industriel. — Dans le dessin industriel, la femme n'a pas grand avenir. Elle est surtout et presque uniquement calqueuse. Parfois on trouve des petites dessinatrices qui, d'après les indications d'un chef de dessin, détachent les pièces figurant sur un plan d'ensemble.

Le poste de dessinateur-projeteur est fermé à la femme, non seulement parce qu'il est encombré en France par les multiples ingénieurs, mais parce qu'il nécessite des connaissances techniques qui s'acquièrent à l'atelier de fabrication où la femme peut aller difficilement.

Voilà trop sèchement exposée la variété des métiers qui peuvent tenter l'activité féminine.

Quel qu'il soit, chacun de ces métiers a sa gloire, sa valeur, ses difficultés. *Le bien remplir*, voilà tout le mérite. Ce n'est point l'exercice de telle ou telle profession qui *peut élever la personnalité humaine* : c'est le travail lui-même, le travail généreusement accepté et consciencieusement accompli, qui permet à la femme comme à l'homme d'assurer son existence, et aussi de s'*ennoblir* en participant à l'œuvre magnifique de la Création.

Et nous collaborerons d'autant plus utilement et plus complètement à cette œuvre que, laissant de côté *toute vaine préoccupation d'amour-propre* dans le choix d'un métier, nous nous appliquerons surtout à *donner à nos facultés* leur maximum de rendement. Ce sera pour les travailleuses manuelles et intellectuelles, pour les ouvrières et pour les artistes, un excellent moyen de remplir leur devoir social.

Vœux.

1º Que dans tous les ateliers, ouvroirs, écoles professionnelles, un certificat d'aptitudes et un certificat médical soient exigés pour tous les enfants (cet examen médical ne devra pas porter seulement sur la santé générale, mais sur les organes, y compris ceux des sens, qui sont appelés à fournir un effort ou un travail considérable dans le métier entrepris).

2º Que les associations professionnelles collaborent à l'Orientation professionnelle :

en établissant des monographies de métiers,

en prévenant les centres d'Orientation professionnelle de leur région des changements que l'évolution des métiers apporte dans l'utilisation de la main-d'œuvre,

en faisant judicieusement concorder le nombre des apprenties avec les besoins actuels et prévus du métier.

3º Que le contrat d'apprentissage soit rendu obligatoire après un temps d'essai, et qu'il comporte, outre les garanties des droits du patron et de l'apprentie, et les certificats d'aptitudes et médical :

a) la monographie du métier.

b) un programme minimum d'apprentissage établi par les associations professionnelles intéressées, imposé au patron et dont l'application pourra être contrôlée et sanctionnée par des examens obligatoires.

c) l'engagement du patron et des parents de faire suivre à l'enfant les cours professionnels, chaque fois qu'il en existe à proximité.

4º pour rendre le travail féminin plus compatible avec la vie de famille :

a) que des lois viennent protéger l'ouvrière à domicile et, qu'en France, soient votées rapidement les améliorations de la loi de 1915 sur le salaire minimum;

b) que les syndicats d'ouvrières fassent tous leurs efforts pour organiser les coopératives de production.

Communications et Discussions

M. Chaintreau relève dans le rapport de Mlle Labadie le point où cette dernière a accusé l'École de détacher les enfants des métiers manuels, et trouve cette accusation très exagérée. Dans l'Université, il y a actuellement un mouvement en faveur de l'Orientation professionnelle; les journaux pédagogiques s'en occupent beaucoup et les membres de l'Université s'y intéressent également.

M. Chaintreau qui fait partie des Compagnons de l'Université Nouvelle (groupe d'Anciens combattants) explique la nécessité de dégager et de former des élites dans toutes les classes de la société.

Mlle Boutet, secrétaire générale des Syndicats professionnels féminins de la Ruche du Mans (14, rue du Puits-des-4-Roues) reprenant un point du rapport de Mlle Labadie, signale que les Syndicats professionnels féminins du Mans et de Saint-Brieuc ont organisé des coopératives de production. Ces coopératives qui sont montées par des Actions-Capital se sont adjointes des coopératives de main-d'œuvre et leur ont reconnu des Actions-Travail. A la fin de l'exercice, le « trop-perçu » (dividende) est réparti entre les Actions-Capital et les Actions-Travail, et ces dernières le répartissent entre les ouvrières proportionnellement au travail fourni par chacune d'elles. Au Mans, 150 ouvrières de la lingerie et à Saint-Brieuc, 90 ouvrières de la brosserie, travaillent pour leur coopérative; et, depuis deux ans, ces ouvrières ont eu leurs salaires augmentés de 75 % par rapport au tarif officiel.

M. Breton, directeur d'Ecole à Bordeaux, demande de renforcer le vœu de Mlle Labadie en ce qui concerne le certificat médical à l'école. Il explique qu'ayant essayé d'organiser des visites médicales pour ses élèves, il a éprouvé quelques difficultés. Les parents sont en effet froissés lorsqu'on découvre quelque chose de défectueux dans leur enfant. Cependant, la visite médicale est indispensable pour l'Orientation professionnelle; elle ne devrait pas porter uniquement sur la santé générale, mais aussi sur les organes des sens. M. Breton cite le cas d'un élève de l'école pratique d'industrie de Bordeaux qui réussissait brillamment dans ses études et son apprentissage, mais qui fut obligé de s'arrêter étant en danger de perdre la vue. Une visite médicale préalable aurait évité cette erreur d'Orientation professionnelle qui entraînait une perte d'argent et le découragement moral de celui qui en a été la victime.

Mlle Delagrange vient citer un cas particulier qui peut illustrer le principe général en ce qui concerne le travail à domicile. A Paris, la Fédération des organismes distribuant du travail à domicile est une œuvre créée pour les mères en état de grossesse ou en période d'allaitement. Mais ces femmes que la Fédération voulait aider, étaient souvent incapables d'exécuter un travail convenable; Mlle Delagrange dépose un vœu concernant l'enseignement du travail manuel dans les écoles primaires de jeunes filles, et demande qu'au moyen de l'école publique et privée, des œuvres para-scolaires ou post-scolaires, la jeune fille soit préparée à son rôle de femme (ménagère et mère); que l'enseignement ménager, y compris couture et raccommodage, soit obligatoire et donné dès l'âge de 10 ans.

Mlle Labadie fait remarquer qu'il est très difficile qu'une femme qui n'a pas appris de métier, puisse s'improviser ouvrière dans une spécialité, même si elle est excellente ménagère; tout métier demande un apprentissage, et travail ménager et travail professionnel sont deux choses très différentes.

M. Delanoue, délégué de l'Universala Esperanto-Asocio préconise pour les relations internationales l'emploi de l'esperanto et émet le vœu que cette langue soit enseignée dans toutes les écoles commerciales et professionnelles de jeunes filles.

Mlle Guérin : « Tout métier doit nourrir celui qui l'exerce. Or l'aiguille ne nourrit pas son ouvrière. C'est pour cette raison que les métiers manuels sont délaissés. Les métiers du commerce et de l'industrie demandent les uns et les autres la même durée et la même difficulté d'apprentissage. Or, les jeunes filles élèves de la section Industrie, lorsqu'elles quittent l'école professionnelle, débutent en général avec un salaire journalier de 6 francs et ont, dans beaucoup de métiers, une morte-saison qui atteint parfois 6 mois par an. Au contraire, les jeunes filles de la section Commerce ont en général un salaire de début de 250 francs par mois, sans morte-saison. Il arrive fréquemment que les jeunes ouvrières des métiers manuels trouvent pendant leur morte-saison une place de vendeuse ou de demoiselle de magasin, et abandonnent leur métier parce que le gain d'une vendeuse est plus intéressant et plus stable que le gain d'une ouvrière. Pour remettre les métiers en honneur, il faut que les gains des jeunes ouvrières soient plus élevés et que la morte-saison soit supprimée ».

Mme Grandjean retient dans le rapport de Mlle Labadie le fait que beaucoup de personnes n'ayant pas une bonne instruction générale, s'orientent à tort vers la sténographie. Il est à remarquer que la sténographie n'attire pas l'élite intellectuelle; mais la profession est en train d'évoluer, et Mme Grandjean attire l'attention du Congrès sur une nouvelle carrière qui s'ouvre aux femmes instruites : la sténotypie, c'est-à-dire la prise de la parole à la machine. Dans cette profession, beaucoup de travaux peuvent se faire à domicile, notamment tout le travail de mise au net.

Mme Florent, d'Avignon, a eu l'occasion de faire dernièrement une enquête sur la possibilité d'établir le travail de mi-temps, et cite les objections qui lui ont été présentées, d'une part par les patrons sur la difficulté d'établir un lien entre les deux équipes d'ouvriers, d'autre part, par beaucoup d'ouvriers qui craignent que le travail de mi-temps ne fasse baisser les salaires.

Mlle Mauvezin fait remarquer qu'il est bien difficile d'avoir une opinion sur un système que l'on n'a pas expérimenté. Le travail de mi-temps n'étant pas organisé en Europe, toutes les objections faites par des patrons ou des ouvriers européens contre ce mode de travail sont d'ordre théorique; si nous voulons connaître le rendement réel du travail de mi-temps, il faut l'étudier dans un pays où il a été organisé.

Mlle Mauvezin relève dans un rapport de Mlle Baers l'opinion de Mme Avril de Sainte-Croix, Présidente du Conseil National des Femmes Françaises, qui a étudié le travail de mi-temps en Amérique où il a été instauré il y a quelques années. Les expériences faites par ceux qui ont introduit le travail de mi-temps dans leurs usines, réfutent victorieusement toutes les objections. Mme Avril de Sainte-Croix a visité un grand nombre de ces usines, les ouvrières sont enchantées du système, les patrons ont constaté que le matériel n'en a nullement souffert et que la production a plutôt augmenté; en effet, les femmes travaillent généralement mal au cours de la 7e et 8e heure, parce qu'elles sont fatiguées, et on obtient un plus grand rendement de deux équipes fonctionnant 4 heures chacune.

Mlle Debray, déléguée de la Chambre de Métiers de Marseille, estime que le travail de mi-temps est possible dans les usines et dans le commerce, mais non dans les métiers de la mode qui demandent le goût personnel.

Mme Stellingwerff-Loppens rappelle que certains métiers exercés jusqu'ici par des hommes, pourraient très bien être exercés par des femmes : électricienne, antiquaire, tapissier-garnisseur, commissaire-priseur, policière pour surveiller les enfants dans les rues.

Mlle Sanua pense que l'O. P. doit être envisagée non seulement pour les enfants, mais aussi pour les jeunes filles de 17 à 18 ans, et émet le vœu que l'Orientation professionnelle soit reculée le plus longtemps possible pour les jeunes filles dont les familles ont les moyens de pousser les études assez loin; « car dans ce cas, dit Mlle Sanua, plus le choix d'une carrière se fait tard, plus la jeune fille a des chances d'arriver ».

Mlle Sanua demande en outre que pour les jeunes filles qui exercent déjà un métier ou une profession, on développe et on encourage les études destinées à compléter les connaissances utiles à l'accession des emplois supérieurs. La Chambre de Commerce de Paris a créé dans ce but, une Ecole Supérieure de perfectionnement pour les vendeuses. Il serait désirable que cet exemple soit suivi pour d'autres branches et dans d'autres villes.

LES CARRIÈRES DE L'HYGIÈNE ET DE LA MÉDECINE

Rapporteur Général : **Mme le Docteur Houdré**
Médecin-Chef du Sanatorium de Kerpape, Secrétaire général de l'OEuvre générale de l'Enfance.

———

A mesure que progresse la civilisation, le souci de la santé individuelle et de la santé publique augmente; aussi les carrières qui s'ouvrent vers l'hygiène et la médecine sont-elles de plus en plus nombreuses, de plus en plus intéressantes à tous points de vue. Il est de fait que les femmes s'orientent vers elles en grand nombre. Ont-elles raison ? Ont-elles tort ? Quels conseils peut-on donner, quelles réflexions peut-on suggérer aux jeunes filles qui, sur le point de choisir une carrière, songent à devenir infirmière, pharmacienne, sage-femme, dentiste, médecin ?

Le titre général de ce rapport comprend une grande diversité de professions et il nous paraît bien difficile d'établir une classification exempte de tout reproche.

Pour la commodité de notre exposé, nous proposons le groupement suivant des carrières de l'hygiène et de la médecine :

I. — Carrières médicales proprement dites :
a) Les études médicales; — *b*) Carrière de praticienne : médecine, chirurgie, spécialités; — *c*) Carrières administratives : direction de sanatorium, préventorium, dispensaire, inspection d'hygiène.

II. — Carrières para-médicales :
Dentiste, pharmacienne, sage-femme, assistante de laboratoire, radiologiste, etc...

III. — Carrières d'aide sociale :
Infirmière soignante, infirmière de puériculture, visiteuse d'hygiène, assistante scolaire, assistante sociale, surintendante.

IV. — Carrières d'éducation physique :
Professeur de gymnastique, monitrice de jeux, infirmière de cure d'exercice et d'héliothérapie.

Dans les brèves études que nous allons faire de ces diverses professions, nous aurons toujours dans la pensée que la femme y consacre la majeure partie de son temps et qu'elle en tire les moyens matériels de vivre. Par suite, beaucoup de ces professions nous paraissent incompatibles avec la période active de maternité, à laquelle devrait être normalement consacrée la plus grande partie de la vie d'une femme.

Mais en fait, la maternité et l'élevage des enfants n'est pas une profession qui paie dans notre civilisation moderne. Bien des femmes sont obligées maintenant de chercher une occupation extérieure au foyer familial, pour apporter au ménage un salaire d'appoint. Pour chacune des professions envisagées, nous indiquerons en un bref paragraphe la compatibilité avec l'activité maternelle.

I. — **CARRIÈRES MÉDICALES PROPREMENT DITES.**

L'orientation vers cette carrière doit être considérée à trois points de vue :

a) Les études médicales;
b) La profession de praticienne;
c) Les carrières administratives.

a) **Les études médicales.** — On a longtemps dénié aux femmes le droit de faire des études médicales en invoquant des raisons de pudeur, de promiscuité, de fatigue physique également.

Les études médicales par elles-mêmes séduisent cependant un très grand nombre de femmes, sans même qu'elles considèrent les avantages pécuniaires qu'elles peuvent en retirer ultérieurement.

Voici, en un court tableau, les qualités désirables pour accomplir ces études, les avantages qu'elles présentent, leurs inconvénients.

Qualités désirables. — *Une bonne santé* est indispensable, car l'assiduité à l'hôpital le matin, à la salle de dissection, aux laboratoires et aux cours de la Faculté l'après-midi, exige une dépense physique considérable : il faut être debout presque constamment et se livrer à des manipulations qui exigent à la fois de l'adresse manuelle et de la continuité dans l'effort.

La maîtrise de soi-même. — Dès ses premiers mois d'hôpital, si l'étudiante est dans un Service où l'on travaille, elle aura à se familiariser avec toutes les gestes du médecin, gestes d'où dépendent plus ou moins la santé et la vie du malade. Je ne crois pas qu'il soit une femme qui n'ait ressenti quelque émotion en faisant ses premières piqûres, ses premières ponctions, ses premières interventions au bistouri, ainsi qu'en donnant ses premières anesthésies. L'accoutumance vient vite, si l'on a su se dominer dès le début. Mais j'ai connu une jeune fille qui n'a pas continué ses études de médecine parce qu'elle ne pouvait pas supporter la vue d'un enfant anesthésié. J'ai connu également plusieurs étudiants qui ont interrompu leurs études parce que la vue du sang leur causait une insurmontable horreur. Il aurait mieux valu que ces jeunes gens ne commencent pas des études qu'ils étaient incapables de poursuivre.

A la longue, les gestes ont plus de sûreté et l'émotion s'émousse par l'habitude ; mais il se présente toujours des cas difficiles, angoissants, où l'étudiante en fonctions d'interne de garde doit faire preuve, au moins extérieurement, d'un invincible calme, où elle doit dominer en quelques instants son angoisse pour prendre en toute lucidité la décision la plus conforme aux intérêts du malade.

La puissance de travail. — Je ne sais pas s'il y a jamais eu une époque où les étudiants en médecine, dignes de ce nom, avaient le temps de mener peu ou prou la vie de bohèmes. A l'heure actuelle, une étudiante sérieuse doit travailler de 10 à 12 heures par jour au minimum, pour faire face à ses obligations. Non seulement l'assiduité à l'hôpital et à la Faculté lui prend 5, 6 ou 7 heures quotidiennement, non seulement elle doit consacrer au moins une heure ou deux de travail libre à la préparation des examens (c'est un minimum), mais encore il est indispensable qu'elle se familiarise avec les multiples formes des maladies par de nombreuses lectures d'auteurs anciens et modernes, de revues françaises et étrangères. Si elle veut préparer l'externat et l'internat des hôpitaux, elle doit ajouter encore au moins deux heures à son travail quotidien, tant pour l'assistance aux *conférences* préparatoires que pour la préparation des *questions* qu'elle aura à traiter.

La discrétion et le tact. — Dès que l'étudiante franchit le seuil de l'hôpital, elle est soumise au secret professionnel, c'est-à-dire que, dès ce moment, elle doit avoir un contrôle absolu de ses paroles, et ne pas donner à la légère des renseignements sur la santé de tel malade, sur le pronostic que peut porter le médecin-chef dans tel cas, sur les traitements qui ont été appliqués à telle personne déterminée. Cette discrétion qui paraît élémentaire, est cependant beaucoup plus difficile qu'on ne croit.

D'autre part, il faut user de tact aussi bien avec les chefs de services et les camarades d'études qu'avec les malades. Du milieu familial et scolaire où l'existence est en somme simple et facile, la jeune fille se trouve brusquement projetée en pleine vie ; elle entre en contact avec des gens qui ne la ménageront d'aucune manière ; elle doit savoir supporter des malveillances, des injustices, des grossièretés, sans paraître s'en apercevoir. D'autre part, elle doit user, envers les malades qu'elle soigne, d'un tact tout particulier, ne pas fatiguer, par des examens trop prolongés, trop répétés, tel sujet intéressant, ne pas froisser personne par un interrogatoire maladroit.

Avantages. — Les études de médecine n'offrent aucun avantage pécuniaire aux étudiantes, bien au contraire ! Mais elles leur apportent des dons précieux, tout d'abord par les qualités qu'elles exigent et qu'elles développent ; d'autre part, elles donnent des satisfactions intellectuelles et morales qui sont peut-être, au sens propre du terme, incomparables.

Le plaisir de comprendre tout ce que nous savons des phéno-mènes de la vie à la surface du globe, la possibilité d'explorer son domaine aussi loin que les connaissances humaines le permettent, grâce à la physique et à la chimie biologique, cela est une jouis-sance mentale qui n'a peut-être pas son égale.

Puiser dans ces connaissances acquises les bases de son activité; par un effort personnel, « refonder » sa propre moralité sur ce qu'il y a de plus intime et de plus solide en soi-même : voilà encore une possibilité que donnent les études de médecine.

Si nous laissons de côté ces considérations auxquelles toutes les étudiantes n'accèdent peut-être pas, il est en tout cas indé-niable qu'une étudiante qui travaille bien acquerra par son travail même une expérience solide de la vie, et la possibilité de gagner largement sa vie, si besoin est.

Inconvénients. — Le premier et le plus considérable des incon-vénients des études médicales, c'est qu'elles sont longues et coû-teuses.

Un an de P. C. N., 5 années de médecine proprement dite, une année pour la thèse et les quelques spécialités avec lesquelles il faut se familiariser, voilà le minimum de ce qu il faut compter comme temps d'études. Une jeune fille ne peut pas songer main-tenant à gagner sa vie tout en faisant ses études; il faut donc qu'elle soit défrayée de tout par sa famille et que soient payés : immatri-culation, inscriptions, droits de laboratoires, livres et instruments, frais de thèse, etc... Tout cela conduit à dépenser aux environs de 8.000 fr. par an, à la condition d'avoir des goûts très modestes.

Quand notre étudiante aura achevé son cycle d'études, elle aura donc coûté au bas mot, une cinquantaine de mille francs à sa fa-mille : c'est un capital que bien peu de familles peuvent fournir.

C'est là à peu près, à notre avis, le seul grand inconvénient des études de médecine; car, pour le reste, elles apportent à celles qui en ont le goût, les joies qui dépassent de beaucoup les petits ennuis et les dangers qu'elles présentent.

Compatibilité avec l'activité maternelle. — Il n'est pas rare que des étudiantes en cours d'études se marient; il arrive également que des femmes mariées se décident à faire leurs études. Dès que la jeune femme aura des enfants, il lui faut bien se dire qu'elle abandonnera ses études à moins qu'elles ne soient très avancées. J'en ai vu de nombreux exemples autour de moi; cette éventualité n'a en elle-même d'ailleurs rien de fâcheux. Besognes ménagères, allaitement, soins matériels, tout cela retient à son foyer l'étudiante devenue maman. Nous citerons à ce sujet les paroles d'une de nos amies qui s'est trouvée dans ces circonstances et qui a abandonné ses études à l'occasion d'une otite de son bébé.

« Quand il m'a fallu choisir entre les travaux pratiques de physiologie et la garde de mon petit qui souffrait, qui avait 40°, et pour qui je redoutais si fort une mastoïdite, je n'ai pas eu un instant d'hésitation : je suis restée auprès de mon bébé ».

Cela est normal.

Les étudiantes en médecine se marient-elles beaucoup? Il y aurait là une enquête assez curieuse à faire. Mme le Dr Forget-Urion nous dit ceci : « Si quelques jeunes filles espèrent trouver plus facilement un mari dans ce milieu d'étudiants, elles se font illusion. En feuilletant un annuaire médical, j'ai constaté que près de la moitié des femmes-médecins sont célibataires. Beaucoup de jeunes gens craignent, à tort ou à raison, la supériorité intellectuelle chez leur femme ; ceux qui ne sont pas médecins sont froissés dans leur dignité que leur femme, docteur, soit mieux informée qu'eux de leurs particularités et de leurs misères masculines. Aussi est-il encore plus rare qu'une étudiante trouve un époux en dehors de la médecine. Les chances de mariage sont donc moindres pour elles que pour les jeunes filles restées dans le monde ».

Je ne suis pas de l'avis de mon confrère sur ce point ; non que j'aie aucune statistique à apporter, mais l'impression qui m'est restée d'une longue fréquentation de la Faculté de médecine de Paris, c'est que les étudiantes se marient beaucoup, soit au cours de leurs études qui sont souvent interrompues ensuite, soit à la fin de leurs études. Mais précisément parce que beaucoup n'exercent pas, on ne peut trouver leur nom dans les annuaires médicaux. Les femmes-médecins restaient célibataires surtout à la période héroïque de la médecine féminine si l'on peut dire, à l'époque où fréquenter la Faculté de médecine était pour une jeune fille presque une tare...

b) **Carrière de praticienne (Médecine, Chirurgie, Spécialités).** — Ce chapitre est parfaitement traité dans la communication de la Doctoresse Forget-Urion, professeur à l'Ecole de médecine de Poitiers, ainsi que dans la lettre de la Doctoresse Germaine Poudensan de Bordeaux. Je me contente d'ajouter les notes suivantes :

Il est bien admis maintenant que la femme puisse pratiquer la médecine générale, et comme spécialités, on lui reconnaît encore la faculté de soigner les enfants, de faire les accouchements et la gynécologie médicale, de traiter les maladies de peau et de fonder même des instituts de beauté. (Il paraît que c'est d'ailleurs une profession fort lucrative.)

Mais on ne lui reconnaît guère les aptitudes qu'il faut pour pratiquer la chirurgie générale, non plus que la chirurgie de spécialités : orthopédie, ophtalmologie, oto-rhino-laryngologie, voies urinaires, etc...

Il me paraît qu'en ce domaine, il intervient autre chose que des considérations techniques.

J'ai eu l'occasion de constater à bien des reprises que les étudiantes réussissaient mieux que les étudiants en dissection et en médecine opératoire : l'habitude de tailler et de coudre donne une adresse des doigts qui manque à beaucoup de jeunes hommes; quant au sang-froid, c'est une affaire d'habitude.

Il faut bien dire que la chirurgie est une profession très lucrative et que nos confrères ne tiennent pas particulièrement à se voir concurrencer par le sexe dit faible. D'autre part, la concurrence pour les places d'apprentis-chirurgiens est fort rude et beaucoup de femmes reculent devant les luttes quotidiennes qu'il faut soutenir sous des formes diverses.

La femme praticienne peut donc être pour nous aussi bien médecin que chirurgien; mais en fait, la carrière chirurgicale lui est presque interdite.

Qualités désirables. — La praticienne doit avoir les qualités exigibles chez l'étudiante en médecine. Elle doit de plus posséder naturellement ou acquérir les caractéristiques suivantes :

Le sens commercial. — Oui, nous ne craignons pas d'employer ce terme : une praticienne doit gagner sa vie largement pour être à l'abri du besoin dans le présent et s'assurer une vieillesse paisible. Or gagner sa vie, c'est difficile dans tous les métiers, mais spécialement dans le métier médical. Trop de générosité est une faute. Trop d'âpreté est bien laid et dangereux aussi. Il faut donc avoir le sens commercial dans le bon sens du mot et savoir se faire rétribuer sans que personne ne soit lésé : ni les clients, ni soi-même.

Il faut apprendre à tenir ses comptes avec précision aussi bien pour satisfaire aux exigences du fisc que pour ne pas s'exposer à réclamer des honoraires déjà payés, ou à négliger de présenter des notes à des personnes qui ne demandent pas mieux que s'acquitter. J'ai observé que les médecins qui récriminaient le plus contre l'avarice et l'ingratitude de leurs malades étaient bien souvent eux-mêmes fort négligents et méritaient quelque peu, par leur incurie même, les oublis et les retards de paiement dont ils se plaignaient amèrement.

La prudence. — Dans l'exercice de la médecine, il faut non seulement faire du travail consciencieux et précis, mais il faut encore inspirer confiance à ses clients et... à ses confrères. Or rien peut être n'excite plus la défiance des uns et des autres que de constater chez la praticienne de l'incertitude, de l'étourderie, de la présomption.

Personne ne demande au médecin de guérir tous ses malades : la mort existe et n'a pas trouvé son maître. Mais ce qu'on attend du médecin, c'est un pronostic prudent sinon toujours juste. Prédire avec assurance la mort inévitable d'un malade — et le voir guérir — c'est une grande joie pour le médecin sans doute, mais c'est aussi la perte de toute confiance de la part de la famille qui aura vécu des jours d'angoisse bien inutilement et qui aura pris peut-être certaines dispositions dont elle sera gênée par la suite.

Se laisser aller à juger sans bienveillance de la valeur technique ou morale d'un confrère, c'est encore dangereux et maladroit. Est-on d'ailleurs si sûr d'avoir toujours raison ?

Et il faut bien se dire que l'on pardonne moins encore à la femme médecin qu'à l'homme, ses imprudences de langage ou d'action. S'il est un être qui « doit tourner sept fois sa langue dans sa bouche avant de parler », c'est la praticienne.

Dans son costume, dans sa tenue même, la femme-médecin doit user de modération et d'attention : il n'est pas bien seyant d'arriver chez les gens qui sont en proie à la souffrance ou à l'inquiétude en costume extravagant ou peu soigné.

La bonne humeur. — Il n'est peut-être nulle carrière où il y ait plus de dérangement et d'imprévu que dans la carrière médicale : le médecin fait-il un projet ? un mot, une visite, un coup de téléphone le renverse : un enfant vient de se casser le bras, une maman accouche huit jours plus tôt qu'on ne pensait, une pneumonie se déclare chez une fidèle cliente, etc...; le médecin consciencieux et qui aime sa clientèle ne se fera pas remplacer dans de telles circonstances, mais il renoncera au voyage d'agrément prévu où à la fête de famille où sa place restera vide. Parfois aussi il semble que les malades se donnent le mot pour ne laisser aucun repos à leur médecin. « Tout vient par série », dit-on souvent en médecine. Il peut fort bien arriver en effet que pendant plusieurs nuits de suite on soit dérangé, et que la journée ait été emplie d'un labeur particulièrement accablant.

Dans ces circonstances, quelle que soit sa fatigue, il faut que la praticienne sache garder sa bonne humeur et son sourire. Sa présence dans une maison doit être synonyme de calme, de sérénité, et même de gaieté quand les circonstances le permettent. On pardonne encore à un praticien d'être grognon et bourru, on le comprendrait mal chez une femme. Ce n'est donc pas un de ses moindres devoirs que de savoir garder en toute circonstance sa bonne humeur; la puissance qu'elle manifeste ainsi sur elle-même n'est pas sans faire impression autour d'elle et lui gagner l'estime et l'amitié de ses clients.

Avantages. — L'exercice de la médecine est passionnant pour celle qui s'y donne toute. Les services qu'on est amené à rendre, la reconnaissance qu'on en reçoit, ce sont là des joies très profondes; dans certaines circonstances, la praticienne a vraiment l'impression qu'elle crée de la vie en soustrayant à la mort un être qui serait infailliblement condamné sans l'intervention médicale. Je cite quelques cas au hasard : hernie étranglée, grossesse extra-utérine, mastoïdite, ostéomyélite aiguë, accouchement dystocique, etc...

Les avantages pécuniaires que donne la profession de médecin sont plus discutables, mais ils deviendront de plus en plus réels à mesure que se développera la grande confiance qu'inspirent déjà les praticiennes.

Inconvénients. — Ils sont nombreux : profession fatigante, dangereuse, empêchant toute vie régulière et rendant même impossible une vie normalement hygiénique par suite du dérangement continuel des heures de repas et de sommeil.

La nécessité de sortir la nuit, seule, de pénétrer en n'importe quel milieu semble également faire courir des risques. En vérité, je n'ai jamais entendu qu'il fût survenu rien de fâcheux à une femme médecin dans l'exercice de ses fonctions.

Compatibilité avec l'activité maternelle. — A moins qu'on ne limite son activité à la consultation chez soi, la profession médicale est absolument incompatible avec une activité maternelle normale.

La profession est à la fois trop absorbante et trop fatigante pour qu'il reste à la femme la possibilité de s'occuper de son foyer et de soigner ses enfants.

c) **Carrières administratives.** — *Qualités désirables.* — D'une manière générale, ces carrières exigent les mêmes qualités, quoique peut-être à un degré moindre, que la carrière de praticienne.

Avantages. — Les carrières administratives donnent une assurance de stabilité qu'on ne rencontre pas toujours dans la pratique libre de la médecine.

Les vacances sont régulières, assurées. Une retraite est souvent prévue.

Le goût du dévouement et l'instinct maternel qu'a la femme peuvent très bien trouver à se satisfaire dans un sanatorium ou un préventorium d'enfants par exemple.

Inconvénients. — Ces postes sont en général peu payés. On peut avoir affaire d'autre part à des administrateurs désagréables, autoritaires, ne respectant pas l'indépendance normale du médecin.

On peut avoir également l'ennui de constater des maladresses, des erreurs, la prévalence d'intérêts privés dans des organisations où l'intérêt du malade devrait être le seul guide.

Enfin, le médecin, malgré toutes les précautions qu'il doit prendre, est exposé à des risques de contagion très réels, aussi bien au sanatorium qu'au dispensaire.

Compatibilité avec l'activité maternelle. — Ces carrières sont en général tout à fait compatibles avec la maternité, au moins pour les mamans qui n'ont pas une très nombreuse famille exigeant tout leur temps.

Les heures des repas et de sommeil sont habituellement respectées, et dans les cas les plus fréquents, la femme-médecin peut disposer de loisirs suffisants pour s'occuper de sa famille.

II. — CARRIÈRES PARA-MÉDICALES.

Ces carrières sont les suivantes : dentiste, pharmacienne, sage-femme, laborantine, radiologiste, etc...

Les qualités qu'elles exigent, leurs avantages et leurs inconvénients sont très clairement exposés dans les communications de Mme Forget-Urion, de Mlle Poudensan, de M. Giboin et de M. Villain.

III. — CARRIÈRES D'AIDE SOCIALE

Ces carrières sont les suivantes : infirmière soignante, infirmière de puériculture, visiteuse d'hygiène, assistance scolaire, assistante sociale, surintendante.

Je n'ai rien à ajouter au rapport parfait de Mlle Chaptal ainsi qu'à celui de Mlle Mignot qui se trouvent ci-joints [1].

IV. — CARRIÈRES D'ÉDUCATION PHYSIQUE

On parlait peu de ces carrières avant la guerre. L'immense majorité des professeurs de gymnastique était recrutée parmi les sous-officiers libérés de leurs obligations militaires, et on ne songeait guère à orienter les jeunes filles vers une situation qui, de l'avis de tous, ne leur aurait convenu aucunement.

Les temps et les opinions ont changé.

Les carrières d'éducation physique offrent au contraire aux jeunes filles des débouchés extrêmement intéressants sous trois formes principales :

Professeur de gymnastique des écoles, lycées, collèges.

Monitrice de jeux pour les groupements d'enfants (terrains de jeux, camps de vacances, centres sociaux etc...)

Infirmière de cure d'exercice et d'héliothérapie (sanatoria, préventoria, centres de rééducation, villes d'eau, stations climatiques, etc...)

Nous ne saurions trop engager les jeunes filles qui présentent les qualités nécessaires à se diriger vers ces diverses professions. Si les postes scolaires sont encore peu nombreux, par contre les établissements sanitaires et les centres médicaux ont le plus grand besoin de personnel qualifié. Une femme intelligente, active, robuste, peut se faire une très belle situation dans cette carrière.

Qualités désirables. — Sauf cas exceptionnel, il faut d'abord

---

1. Ces rapports sont annexés à la fin du présent volume.

que l'aspirante à cette carrière ait une *bonne construction physique*
et une stature qui inspire la confiance.

L'aspect corporel ne suffit pas : il faut que viscères, système
nerveux et muscles aient une valeur au moins égale à la moyenne,
afin que la jeune éducatrice puisse, par un travail méthodique,
développer sa *puissance motrice*, et être elle-même l'exemple vivant
de ce que peut la culture physique pour améliorer l'organisme
humain.

Il faut enfin être une éducatrice au plein sens du terme; il faut
pouvoir communiquer cette volonté, cette ardeur au travail dont
on a usé pour soi-même, et sans laquelle aucun élève ne fera jamais
rien de bon. C'est tout à fait à dessein que nous avons employé
le mot « Educatrice » : le professeur d'éducation physique doit
faire preuve en effet d'un ensemble d'*aptitudes pédagogiques* analogues à celle de l'institutrice. Pouvoir de persuasion, douceur
et fermeté, gaieté, imagination pour présenter sous des formes
variées des exercices qui pourraient paraître fastidieux : telles sont
les qualités indispensables à notre éducatrice.

Enfin, il est de toute nécessité que son *instruction technique* soit
poussée aussi loin que possible. Nous n'avons pas malheureusement
en France d'*Ecole Nationale d'Education motrice*. Il existe à Paris
des cours qui durent environ un mois par an à la suite desquels
on décerne des diplômes.

C'est absolument insuffisant.

Il faut deux ans d'études et de stages pour former une éducatrice physique. J'ai eu la joie d'en former quelques-unes alors
que j'étais chef de laboratoire de l'hôpital des Enfants-Malades,
et que, sous la direction du Pr Broca, nous avions pu organiser
un cours d'éducation physique infantile avec exercices pratiques.
Et je sais tout ce qu'on peut obtenir de travail précis et intelligent
de la part des jeunes filles qui se destinent à cette carrière ou qui
déjà l'exercent.

L'éducatrice physique doit connaître avec exactitude dans ses
grandes lignes le fonctionnement du corps humain. Elle doit être
familiarisée, par des études théoriques et pratiques, avec l'ana-
tomie et la physiologie du système locomoteur. Elle doit savoir
assez de pathologie infantile pour dépister les affections des os
et des articulations que peuvent présenter ses élèves, et les signaler
au médecin dès que le premier symptôme inquiétant a été observé.

Avantages. — Une éducatrice physique capable et travailleuse
peut se faire une excellente situation au point de vue pécuniaire.

Si elle s'intéresse à son travail comme elle doit le faire, elle en
tirera de grandes satisfactions. Les bons résultats obtenus chez
ses élèves lui donneront de vifs plaisirs personnels, et lui vaudront
aussi la reconnaissance des parents, l'amitié des enfants.

Par le contact avec les médecins, par l'expérience journalière,
l'éducatrice physique ne cessera pas de se perfectionner et de
s'enrichir en notions nouvelles.

Enfin, si elle sait régler son travail et son hygiène, elle acquerra une robustesse à toute épreuve, ce qui est, dans la vie moderne, un avantage considérable.

Inconvénients. — Il n'y en a guère pour une jeune fille saine, raisonnable et qui sait se tenir à sa place.

Il faut faire cependant ces trois observations :

a) La difficulté de faire de bonnes études est réelle. L'autorisation de faire un stage dans les services d'orthopédie des hôpitaux est très difficile à obtenir.

b) Si l'on veut s'installer d'emblée comme professeur libre, il faut disposer de locaux (salles de gymnastique et si possible terrain de jeux) pour recevoir ses élèves; et il faut avoir des ressources suffisantes pour attendre la formation de la clientèle.

c) Dans les postes de l'enseignement public, on est exposé à être nommée dans un poste éloigné de la résidence de la famille. Mais ce n'est que demi-mal : les voyages forment la jeunesse.

Compatibilité avec l'activité maternelle. — Une bonne musculature favorise l'enfantement, contrairement à quelques opinions étayées sur des faits trop peu nombreux. Nos jeunes éducatrices seront au contraire des mères robustes, qui n'auront pas à redouter les chutes et les déplacements d'organes viscéraux.

Mais le repos relatif devra être observé au moment des grossesses et pendant l'allaitement.

Tout ou partie du travail de l'éducatrice physique peut être fait à domicile. Sauf nécessité absolue, elle n'emplit pas ses journées par du travail lucratif, il pourra lui rester bien des heures pour surveiller son foyer et ses enfants.

Quand sa situation sera bien assise, qu'elle aura formé quelques grandes élèves, il lui sera loisible de se faire aider et même remplacer au besoin.

CONCLUSION.

Nous ne formulons pas de vœux pour terminer ce rapport pour cette raison bien simple que nous les prévoyons inefficaces.

Cependant, des discussions pleines d'intérêt auront lieu certainement à ce Congrès en ce qui concerne l'Orientation vers les carrières de l'Hygiène et de la Médecine. Souhaitons que la Presse les fasse connaître au grand public et que l'attention des familles soit ainsi éveillée, aussi bien sur les indications que sur les contre-indications que présentent pour les jeunes filles ces professions, presque toutes si belles et si passionnantes.

Il ne nous reste plus qu'à nous excuser d'apporter ici un travail hâtif, insuffisant sans doute en bien des points. Cela est dû précisément à ce que l'auteur de ce rapport fait partie de la grande phalange médicale où les heures de travail sont bien plus nombreuses que les heures de loisir.

A l'attention que vous voulez bien nous donner, joignez donc, je vous en prie, beaucoup d'indulgence.

CONSIDÉRATIONS MORALES ET SOCIALES SUR L'ESPRIT DES CARRIÈRES DE L'HYGIÈNE ET DE LA MÉDECINE

par **Mme le Dr Forget-Urion**, professeur à l'Ecole de Médecine de Poitiers.

La femme est une excellente recrue pour ces carrières, mais, inversement, ces professions lui apportent-elles des avantages considérables? C'est une autre histoire, et ici, il nous faut faire deux groupes selon les desiderata de la candidate.

Avez-vous, mademoiselle, un grand attrait pour les études scientifiques, ou sentez-vous une vocation charitable qui vous pousse vers les déshérités?

Ou bien, simplement, cherchez-vous une profession lucrative qui vous permette de vivre honorablement en attendant le mari qui, peut-être, ne se présentera jamais?

Les professions médicales et paramédicales peuvent répondre à ces divers désirs, parce qu'elles sont très diverses, mais ne vous y orientez pas à la légère.

Nous distinguerons donc deux groupes :

1er *groupe* : celui des vocations, scientifique ou charitable.

2e *groupe* : celui des professions lucratives.

1er groupe.

Vous avez une vocation impérieuse, c'est-à-dire un attrait tel que vous êtes prête à sacrifier tout le reste.

Cet attrait vous pousse-t-il vers la science pure, désintéressée? Les laboratoires d'études, les grands hôpitaux scientifiques modernes vous sont ouverts. La gloire vous attend peut-être, mais non la fortune.

Votre vocation vous incline-t-elle vers la douleur, désirez-vous consacrer votre activité à la soulager? Il vous faut alors le contact direct avec les souffrants; vous serez dignement le médecin praticien, la sage-femme, l'infirmière soignante. La vocation véritable, quasi religieuse est en effet indispensable pour exercer en conscience. Etudions, si vous le voulez bien, les conditions dans lesquelles exerce le médecin praticien.

1º La visite à domicile est très fatigante : étages en ville, distances à la campagne, sorties à toute heure et par tous les temps. Contagions fréquentes. Conditions d'examen incommodes, souvent répugnantes...

2° La vie familiale normale est impossible pour une femme. Elle doit sacrifier le métier ou le foyer, dilemme qui se pose d'ailleurs dans bien d'autres professions, mais peut-être pas avec autant d'acuité qu'ici.

Pouvez-vous répondre à l'homme affolé qui vient vous implorer pour un être cher en danger, que vous voudriez bien passer en paix une bonne soirée avec votre mari, qu'il vous faut surveiller les devoirs de l'aîné et la bouillie du petit ?

On ne saurait trop le répéter, le gain de la mère de famille n'est légitime que s'il est la rançon du pain quotidien. Trop souvent, ce n'est pas la nécessité mais l'attrait d'un bénéfice supplémentaire, de l'agréable superflu qui fait négliger mari et enfants.

3° Ce dur métier n'est pas lucratif. A côté de quelques célébrités, voyez la foule des médecins peinant toute leur vie pour amasser une retraite souvent insuffisante. Les journaux professionnels sont encombrés de demandes d'emplois modestes émanant de vieux praticiens, de veuves, de filles de médecins dans la gêne, quelquefois, dans la misère.

Il faut déjà avoir de la fortune pour faire les études longues et coûteuses, pour s'installer décemment, pour entretenir l'auto, le personnel, pour vivre en attendant la clientèle (et la concurrence est acharnée), et enfin pour ne pas être exposé à la tentation du vol, du crime, richement payés.

Justement parce que l'immense majorité des médecins est d'une scrupuleuse délicatesse, les trafics de carnets médicaux, de stupéfiants, les manœuvres abortives font d'autant plus scandale.

Vous voyez que ce n'est pas trop d'une fervente vocation, doublée d'un complet détachement et d'indépendance matérielle, pour exercer dans ces conditions.

J'en dirai autant de la sage-femme, de l'infirmière soignante.

Depuis la guerre, de nombreuses jeunes filles ont embrassé la profession d'infirmière qui leur permet de se dévouer, tout en vivant honorablement. Elles ont déjà, en peu d'années, accompli un travail social considérable comme auxiliaires et compléments du médecin, du sociologue, de l'éducateur.

En revanche, la profession de sage-femme est trop souvent abandonnée à des femmes sans éducation, de compétence et de moralité douteuses. Ce n'est pas la quantité qui fait défaut, car, comme pour la médecine, la profession est encombrée, au moins en ville.

Il serait à désirer que des jeunes filles distinguées, dévouées, instruites, viennent relever le niveau scientifique et moral de cette belle profession. N'est-elle pas l'ange de la famille, celle qui rassure et console l'entourage anxieux, celle qui veille sur la jeune mère épuisée, celle qui doit mener à bon port la frêle existence du bébé et diriger ensuite les soins de sa petite enfance ?

La sage-femme, en même temps monitrice d'hygiène et de puériculture, aurait un magnifique champ d'activité dans nos campagnes où la routine, la mortalité infantile, les maladies de la femme exercent de si grands ravages.

Ce premier groupe de professions, exercées au dehors et sans limitation de temps, ne me paraît guère convenir qu'à des femmes célibataires. Quelques-unes gardent le célibat par choix, pour se mieux dévouer. Ces célibataires altruistes doivent être le modèle des autres, celles qui n'ont plus l'espoir de fonder une famille.

Nous sommes loin de la vieille fille d'autrefois, inutile et aigrie. La célibataire est le complément indispensable de la famille normale, c'est-à-dire nombreuse, qu'elle assiste, rôle autrefois dévolu aux religieuses, rempli dans le même esprit et avec la même foi par nombre de travailleuses sociales. Besogne qui demande un renoncement total et absorbe toute la pensée. Aussi le Nursing, compris selon l'esprit de miss Nightingale, comporte le célibat. L'infirmière quitte la carrière hospitalière quand elle se marie.

Je me suis étendue un peu longuement sur ce groupe de professions en raison de leur intérêt social primordial. Celle qui s'y voue doit en attendre plus de satisfactions morales que d'avantages tangibles.

Je reviens maintenant au **2ᵉ groupe.**

Les professions lucratives permettant une vie familiale moins cahotée, sont encore assez nombreuses. Je les diviserai en 2 séries par rapport à la famille.

1ʳᵉ série : celles qui s'exercent hors du foyer.

2ᵉ série : les professions sédentaires pouvant s'exercer au domicile familial.

Première série.

Les professions hors du foyer s'exercent généralement à heures fixes et comportent des salaires fixes. Tel est le cas :

des médecins fonctionnaires, médecins d'administrations, médecins assistants dans une « usine » médicale : clinique chirurgicale ou d'accidents du travail, polyclinique, laboratoire d'analyses, de physiothérapie, etc.,

Infirmière d'hôpital, de clinique, scolaire, visiteuse, monitrice d'hygiène, de gymnastique, masseuse, surintendante d'usine. Beaucoup de travailleuses sociales ont fait, et il est à désirer qu'elles le fassent toutes, des études au moins élémentaires d'infirmière. Le peuple ne comprendrait pas que sa docte conseillère soit embarrassée en présence d'un blessé, d'un malade, d'un poupon.

Il y a là un ensemble de besognes fécondes, occupant utilement les loisirs des jeunes filles avant le mariage, leur fournissant un gagne-pain en cas de revers et mûrissant leur expérience de futures mères et éducatrices.

Comme autres professions, je citerai encore celles d'aides spécialisés non médecins : chimiste, bactériologiste, électricien-padographe, mécanicien-dentiste.

Il me faut ajouter ici quelques mots à propos des spécialités chirurgicales (y compris yeux, oto-rhino). Quoique usité à l'étranger, il n'est pas encore entré dans les mœurs en France, de recourir à une femme pour se faire énucléer un œil, trépaner le crâne, ou ouvrir le ventre. Cela viendra avec le temps et surtout les circonstances.

Deuxième série.

Ce sont les professions sédentaires permettant un maximum de vie familiale pour la femme obligée de travailler.

La femme médecin ou infirmière peut être propriétaire ou simplement directrice logée de clinique, preventorium, sanatorium, hospice, laboratoire.

Les crèches, pouponnières, fournissent une occupation, bienfaisante certes, mais absorbante et peu lucrative.

La profession de dentiste convient bien aux femmes. La clientèle se confie volontiers à elles pour ces soins minutieux. On peut exercer assis en utilisant un fauteuil mobile.

La pharmacie et commerces annexes : analyses, fabrique de spécialités, herboristerie, bandagiste, opticien, sont peut-être moins recherchés des femmes et à tort. L'installation peut être d'importance très variable, de la grande droguerie à la modeste herboristerie, un peu épicière, un peu infirmière, puéricultrice, hygiéniste, qui peut conseiller sainement son entourage populaire, mission généralement accaparée par des matrones ignorantes et présomptueuses, rebouteuses, propagandistes du néo-malthusianisme et faiseuses d'anges à l'occasion.

Vous voyez donc que dans toutes les branches de l'art médical, même les plus infimes, une haute valeur morale est non moins indispensable que les capacités professionnelles. Il ne faut pas s'y consacrer pour faire fortune, la déception suivrait de près... et la tentation.

Pour condenser cette étude, j'émettrai deux vœux :

1° Aiguiller les vocations sociales, le célibat altruiste, vers les carrières de médecin praticien, de sage-femme, d'infirmière soignante qui exigent une abnégation totale.

2° Ecarter les recrues indésirables, sans vocation ferme, pour les orienter vers les à-côtés, spécialement les branches commerciales, permettant une vie plus normale.

Communications et Discussions

Mme Grandjean indique les difficultés pour la femme sans fortune qui a préparé sa médecine de trouver des débouchés faute de capital pour s'établir. Elle signale le besoin de secrétaires compétentes dans les carrières médicales et indique que, pour une femme ayant une certaine connaissance de ces questions, le poste de secrétaire d'un docteur constitue un intéressant débouché. L'Association des Sténotypistes de France, reçoit plus d'offres pour ce genre d'emploi qu'elle ne peut en satisfaire.

L'HYGIÈNE DES MÉTIERS FÉMININS

Rapporteur général : **Mlle Despaux**
Docteur ès Education physique de l'Université de Gand,
Professeur d'Education physique à Bordeaux.

———

Pour donner un cadre à notre exposé, nous avons établi une classification des métiers suivant l'activité psycho-physiologique qu'ils nécessitent.

Toute activité manuelle ou psychique, venant de l'ébranlement, du choc de la cellule nerveuse, réagissant sur les muscles ou sur les centres psychiques, nous distinguons :

1° Les métiers moteurs, avec réaction prépondérante sur les muscles.

2° Les métiers psycho-moteurs, avec réaction sur le muscle déterminée par une action nerveuse complexe.

3° Les métiers cérébraux, avec réaction sur les centres psychiques.

Métiers moteurs. — Les métiers moteurs comprennent les travaux agricoles et la plupart des travaux ménagers.

L'étude de ces travaux détermine l'observation de trois facteurs : la force, la vitesse et la durée.

Les accidents causés par la force ou la vitesse sont assez rares; ceux causés par la durée sont plus fréquents, ils causent l'épuisement souvent observé chez les ouvrières agricoles et les ménagères.

Métiers psycho-moteurs. — Les métiers psycho-moteurs comprennent les travaux dont les principales qualités sont l'adresse et l'agilité. Ils présentent une grande variété, qui va de la brodeuse, posticheuse, fleuriste, dentellière, à la dactylographe, pianiste, etc...

La pratique de ces métiers demande, au début, une forte dépense nerveuse. Cette dépense s'amoindrit plus tard quand l'automatisme s'établit.

———

1. Vu le temps limité, Mlle Despaux a lu au Congrès un extrait de son étude. Celle-ci paraîtra in-extenso dans *Le Mouvement Sanitaire*, organe officiel des médecins hygiénistes français, 4, rue de Sèvres, Paris (6e), novembre-décembre, 1926.

La technique des métiers psycho-moteurs doit être rigoureusement observée, sinon l'ouvrière s'habitue à exécuter une série de
mouvements inutiles, qui déterminent la fatigue et un moindre
rendement.

Métiers cérébraux. — Les métiers cérébraux obligent à une dépense nerveuse intense et ceux qui demandent une culture intellectuelle sont les plus onéreux.

Depuis de longues années, les médecins et les pédagogues s'élè-
vent contre le surmenage scolaire et, chaque année, de nouvelles
matières sont ajoutées aux programmes...

Il serait temps qu'un souci plus grand des capacités intellectuelles
des élèves présidât à l'établissement des programmes; que les horaires fussent conçus d'une façon rationnelle et que la pratique
raisonnée des exercices physiques permît de combattre les effets
désastreux du surmenage intellectuel.

L'activité psycho-physiologique des métiers n'est pas seule à
considérer; il faut encore observer les attitudes prises par le corps
pendant le travail, car ces attitudes ont une influence marquée
sur le maintien de la santé. Certains métiers s'exercent dans la position debout, d'autres dans la position assise.

La position debout détermine un affaissement de la voûte plan-
taire et des stases veineuses dans les membres inférieurs, susceptibles de causer des varices chez les prédisposées. La station assise,
amène l'atrophie des muscles abdominaux, celle-ci est la cause fréquente de troubles digestifs. Dans cette station, la respiration est
atténuée.

La position tronc fléchi en avant peut créer des déformations
de la colonne vertébrale; elle est mauvaise au point de vue respiratoire.

A ces attitudes, il faut opposer des exercices spéciaux, exécutés,
soit au cours du travail, soit en dehors des heures de travail. Ces
exercices seront en même temps correctifs de la position prise au
cours du travail et dérivatifs par une action physiologique déterminée.

L'alimentation. — La conservation de l'aptitude au travail est
intimement liée à l'alimentation. Les aliments, par leur qualité et
par leur quantité, doivent répondre exactement à l'usure provoquée
dans l'organisme par le travail. Le plus souvent, cette considération
passe au second plan et ce sont les goûts, les caprices, ou l'habitude,
qui servent de règle. Fréquemment d'ailleurs, l'employée disposant
de très peu de temps pour ses repas, considère plutôt la rapidité
de la cuisson, que la valeur alimentaire des mets préparés.

Or, sous un même poids, les quantités de calories, c'est-à-dire la
somme d'énergie nécessaire à l'organisme, est très différente. Par
exemple 100 gr. de tomates donnent 16,53 calories et 100 gr. de
haricots secs donnent 315, 93 calories. La différence est notable,

elle mérite d'être prise en considération. C'est pourquoi un tableau avec les principales matières alimentaires et leurs équivalents en calories, devrait être exposé dans toutes nos cuisines.

Les vêtements. — S'il existe une hygiène de l'alimentation, il existe aussi une hygiène du vêtement. Malheureusement, c'est la mode et non l'hygiène qui régit la toilette féminine : jupes étroites entravant la marche, chaussures légères incapables de résister aux averses, talons compromettant la statique du corps, sont autant de conditions défavorables à l'hygiène professionnelle.

Bien qu'ayant un juste souci de sa toilette, toute femme intelligente doit s'affranchir de la tyrannie de la mode, quand il y a incompatibilité entre celle-ci et l'exercice de sa profession.

L'ambiance. — Les conditions hygiéniques des métiers s'exerçant au dehors ou à l'intérieur sont très différentes.

Les métiers de plein air exposent à l'insolation et aux refroidissements. L'ouvrière agricole, entraînée dès son jeune âge, y est généralement peu sujette. Ce danger menace plutôt la vendeuse ambulante, qui, attirée par un gain supérieur, s'improvise dans cette profession.

Les métiers d'intérieur présentent des conditions peu favorables. L'haleine humaine et les sécrétions cutanées sont des poisons redoutables; aussi, la réunion de plusieurs personnes dans un local constitue un véritable danger, si l'aération et le cubage d'air ne sont pas suffisants.

La température et le degré hygrométrique de l'air doivent être réglés dans les locaux professionnels. Les températures extrêmes favorisent le surmenage, l'air humide nuit au travail musculaire, l'air sec est une gêne respiratoire.

Le soleil est un microbicide puissant. L'ensoleillement des locaux professionnels est un bénéfice hygiénique sérieux.

L'éclairage est extrêmement important. Conçu rationnellement, il augmente le rendement et permet d'éviter la fatigue de la vue.

Que dirions-nous de l'entretien des ateliers, des bureaux, etc. ? Une propreté parfaite devrait y régner. Ce n'est pas toujours le cas et certains établissements de l'État offrent, sous ce rapport, un modèle déplorable.

De ce sommaire très succinct, de quelques considérations sur l'hygiène des métiers, nous tirerons les conclusions et nous émettrons les vœux suivants :

1º Que l'étude des meilleures conditions psycho-physiologiques du travail et son application à l'hygiène des métiers féminins soit poursuivie. (Les Instituts d'Education physique annexés aux Facultés de Médecine et dont la création est projetée, pourraient être chargés de cette étude).

2º Que des exercices physiques dérivatifs et correctifs soient introduits au cours du travail ou en dehors des heures de travail.

3º Que des restaurants, dont les menus seraient établis en s'inspirant des principes d'une diététique rationnelle, soient créés par les chefs d'industrie ou d'établissements commerciaux.

4º Que du lait soit mis à la disposition des ouvrières employées, etc., et des élèves des écoles, lycées, collèges, au moment des collations, dans le courant de la matinée et dans l'après-midi.

5º Que des meilleures conditions de milieu (aération, chauffage éclairage, etc.) soient réalisées et rigoureusement assurées par des lois.

6º Que de meilleures habitudes hygiéniques comprenant des notions précises d'hygiène alimentaire, vestimentaire, soient données dans l'enseignement.

7º Qu'une éducation physique rationnelle soit appliquée dans tous les degrés de l'enseignement en vue de la santé et de la productivité du travail.

La réalisation de ces vœux nous paraît extrêmement importante, non seulement pour la femme elle-même en tant qu'ouvrière, mais pour la famille, cellule fondamentale de la société.

La femme, appelée brusquement, brutalement même, dirai-je, à de nouvelles fonctions, s'adapte, mais non sans heurts et sans blessures, car une longue hérédité la rattache à des habitudes physiques et psychiques dont elle doit s'affranchir sans avoir passé par les étapes successives nécessaires.

Une hygiène parfaite permet, au moins dans une certaine mesure, de préserver la vie de la femme, de la sauvegarder dans sa fonction de procréatrice, tout en assurant son rôle social d'ouvrière.

LA MATERNITÉ ET LE TRAVAIL PROFESSIONNEL

par **Mlle le Dr Blanchier**,
Secrétaire générale adjointe du Comité d'Education Féminine de la Société Française de Prophylaxie sanitaire et morale de Paris.

Dans les préoccupations d'orientation professionnelle proprement dites, les aptitudes et les goûts individuels ont seuls à entrer en ligne de compte. Rien ne s'oppose à ce que la femme soit dirigée vers le métier pour lequel elle est douée, quel qu'il soit. Hors l'état de grossesse et de lactation, elle est physiologiquement apte à tous les travaux.

Ce qu'on appelle misères féminines, ce qui rend tant de femmes souffrantes et les met en état d'infériorité comme tout être maladif, loin d'être inhérent à la nature, n'est le plus souvent que maladie évitable. La femme avertie, qui surveille sa santé, peut rester une femme bien portante, active, capable sans fatigue d'un travail intensif.

Du point de vue médical, certains métiers doivent être défendus à certaines femmes malades, aucun ne peut être interdit à la femme en général.

Aux différentes étapes de la maternité, il n'en est plus ainsi. Ce n'est pas la femme, c'est l'enfant qu'elle porte en son sein ou qu'elle nourrit, petite chose fragile, qui à travers la mère demande protection.

Ce qui est nuisible à la maternité, ce sont les efforts, les traumatismes, les trépidations, les stations debout prolongées, certains mouvements, certaines attitudes, mais on ne peut pas dire qu'ils soient corollaire obligatoire et uniquement corollaire du travail professionnel.

Les occupations réputées être du domaine féminin, les travaux ménagers, les nettoyages, les lessivages, certaines distractions mondaines, les voyages, l'automobile peuvent l'être tout autant. Nombre de fausses couches ou d'accouchements prématurés leur sont imputables chez des femmes qui n'exercent aucun métier.

A quoi servirait de détourner la femme de tout travail professionnel si elle s'adonne par ailleurs à des occupations tout aussi néfastes ?

Restreindre la liberté du travail ne nous paraît pas être la meilleure manière de protéger la maternité.

L'enquête à laquelle nous nous sommes livrée, les renseignements statistiques que nous avons pu recueillir, nous permettent d'affirmer qu'il est possible de concilier l'exercice d'un métier avec la fonction maternelle. Les résultats de notre étude sont consignés dans un rapport déposé au secrétariat du congrès. Le temps limité dont nous disposons ne nous permet que de vous donner les quelques explications motivant le vœu que nous allons formuler.

La législation actuelle a déjà fait disparaître la plupart des abus dont étaient victimes les salariées d'autrefois et qui menaçaient l'enfant par la mère. (Loi de 8 heures, législation du travail de nuit, loi sur le repos des femmes en couches, obligation de mettre des sièges à la portée des travailleuses.)

Ce n'est pas suffisant. Il faut encore multiplier les consultations prénatales et y attirer les intéressées dès le début de leur gestation. Il faut généraliser la mutation d'emploi et affecter la femme, dès sa grossesse déclarée, à un travail adéquat. Il faut étendre à 4 mois, 2 mois avant, 2 mois après les couches, le congé de maternité (projet Calannos) et prévoir la possibilité de le prolonger dans le cas où c'est nécessaire. Il faut donner pendant ce temps une indemnité de chômage qui ne soit plus une aumône dérisoire et qui atteigne les deux tiers ou tout au moins la moitié du salaire. Il faut élever le taux des primes de naissance et du sursalaire familial assez haut pour que l'enfant ne soit plus une charge au foyer nécessiteux. Il faut que toute mère nourrice puisse bénéficier soit d'une chambre d'allaitement, soit d'une prime d'allaitement suffisante. Il faut l'attirer à la consultation de nourrisson. Il faut enfin encourager la création d'emploi mi-temps; une demi-journée de travail rémunéré, souvent nécessaire et suffisante, laisse à la mère de famille le temps de vaquer à ses occupations ménagères.

Partout où ces mesures sont appliquées, la maternité n'a pas plus à souffrir que la femme travaille ou reste à son foyer. Nous l'avons constaté en maint endroit. Aux usines Michelin en particulier, Mlle Gros Coissy, surintendante, nous a communiqué des chiffres statistiques de morti-natalité et de mortalité infantile superposables atteignant respectivement : 2,45 % et 5,17 % chez les ouvrières, 2,75 et 4,92 % chez les femmes d'ouvriers ne travaillant pas elles-mêmes.

Le législateur se doit donc de parfaire son œuvre et, sans attenter à la liberté du travail, de donner à toute travailleuse la possibilité de remplir son devoir maternel.

Mais ce n'est pas encore suffisant. Les travailleuses ne tombent pas toutes sous le coup des lois sociales. Les femmes exerçant une profession libérale, les commerçantes et beaucoup d'autres y échappent.

L'éducation des masses peut seule donner à la femme les notions indispensables pour lui permettre de faire la discrimination, aussi bien dans son travail professionnel que dans ses occupations ménagères et dans le choix de ses distractions, entre ce qui est bon et ce qui est nuisible à sa santé et à celle de ses enfants.

C'est à cette œuvre d'éducation féminine que s'emploie le *Comité d'Education féminine* de la société de prophylaxie sanitaire et morale, fondé il y a un an et demi, par sa présidente *Mme le docteur Montreuil Straus.*

L'œuvre de nature appelle l'immense majorité des femmes à la maternité. Il ne faut plus que cette perspective d'être mère un jour apparaisse si simple qu'on continue à n'y pas préparer la jeune fille.

L'Orientation professionnelle a là une œuvre importante à remplir et se doit d'orienter en premier lieu la jeune fille vers le métier de mère de famille.

Le métier de mère de famille se surajoutera au métier choisi pour la plupart des travailleuses, il sera la principale occupation de celles qui n'ont pas de profession, ou qui, judicieusement, abandonnent tout travail rémunéré lorsque les enfants entrent au foyer.

Le métier de mère de famille demande apprentissage tout comme un autre; on commence à le comprendre, et l'enseignement ménager, la puériculture entrent dans les programmes d'un certain nombre d'établissements d'enseignement féminin.

Ce n'est point encore suffisant. La protection de l'enfant, vous le savez, ne commence pas avec les soins donnés au bébé. Il faut s'en occuper plus tôt alors que l'enfant n'est qu'un germe dans le sein de sa mère, plus tôt même encore, avant sa conception, alors qu'il n'existe qu'en rêve.

La santé des parents au moment de la conception a une grosse importance. Il ne faut pas craindre de l'apprendre aux jeunes filles, afin qu'elles surveillent leur propre santé, afin qu'elles s'inquiètent de la santé du mari qu'elles choisiront et qui sera le père de leurs enfants.

Cette éducation pré-maternelle, éducation sexuelle, préparation au mariage, qu'on lui donne le nom qu'on voudra, peu importe, est indispensable pour la jeune fille à quelque milieu qu'elle appartienne ; mais elle est indispensable surtout pour la travailleuse soumise au sortir de l'atelier de l'usine, quand ce n'est pas à l'atelier, à l'usine même, à toutes les promiscuités, à toutes les tentations.

L'expérience de notre comité déjà vieille de près de deux ans a montré à quel point la jeune fille avertie sainement, scientifiquement, loyalement, acquiert de sérieux, de conscience de ses responsabilités envers elle-même, envers les autres, envers l'enfant à qui elle rêve de donner le jour.

C'est pourquoi nous formulons le vœu suivant :

Afin de détruire les préjugés néfastes qui se propagent à la faveur d'une ignorance systématiquement entretenue, et de permettre à la travailleuse de concilier le métier auquel elle est apte et qui est sa dignité, avec la fonction féminine belle et sacrée entre toutes, la fonction maternelle, le Congrès international d'orientation professionnelle féminine demande que les notions d'éducation prématernelle intégrale (hygiène féminine, responsabilité des parents sur la santé de leurs enfants) soient inscrites au programme des écoles professionnelles féminines.

LES CARRIÈRES DE L'ENSEIGNEMENT

Rapporteur général : **Mme H. Baudeuf,**
Chevalier de la Légion d'Honneur, Agrégée de l'Université,
Docteur ès sciences, professeur au lycée de Jeunes Filles de Bordeaux.

Mesdames, Messieurs,

Parmi les carrières intellectuelles, celle de l'enseignement a été la première ouverte aux femmes.

Sans remonter jusqu'à Hypathie, fille de Théor d'Alexandrie, qui enseigna les mathématiques en cette ville vers l'an 400 de notre ère, on sait que dans des temps moins anciens où le travail des femmes était considéré comme une déchéance, des jeunes filles ou des jeunes veuves, que des revers de fortune mettaient dans la nécessité de gagner leur vie, recherchaient et obtenaient des préceptorats ou même fondaient des écoles privées.

Dès que la carrière de l'enseignement public fut ouverte aux femmes, elle fut envahie. Le nombre des demandes surpassa bientôt de beaucoup celui des postes à pourvoir.

D'où venait un tel empressement ?

Etait-ce uniquement de ce fait que cette voie était la seule que pussent prendre les jeunes filles recherchant une profession intellectuelle ?

Il semble plutôt que ce vif attrait pour l'enseignement vient de ce qu'il est la carrière naturelle de la femme et qu'elle y est portée par ses sentiments les plus instinctifs et les plus profonds.

De plus cette carrière offre, en France, une grande diversité et permet l'utilisation de facultés très différentes depuis les jardins d'enfants jusqu'à la Sorbonne.

Nous allons examiner d'abord quels sont les moyens actuels d'y accéder.

Il y a chez nous plusieurs ordres d'enseignement :

1° l'enseignement maternel donné aux tout petits dans les écoles maternelles ou les jardins d'enfants et dont les élèves sont âgés de 3 à 6 ans environ;

2° l'enseignement primaire, qui est le seul obligatoire, est donné légalement, à tous les enfants de 6 à 13 ans et a pour sanction le certificat d'études primaires;

3° l'enseignement secondaire pour les enfants que l'on oriente vers les carrières intellectuelles dont les élèves sont âgés de 12 à 18 ans environ et préparent le baccalauréat dans les lycées et les collèges.

A côté de l'enseignement secondaire, pour les élèves du même âge, mais qui ont un but différent, on trouve les écoles primaires supérieures et les écoles techniques.

En France, l'enseignement primaire, l'enseignement secondaire et ses annexes ne sont pas mixtes. Les filles et les garçons ne fréquentent pas pendant la période de 6 à 18 ans les mêmes établissements scolaires, tandis que l'école maternelle admet ensemble les garçons et les filles ainsi que les Facultés, dans lesquelles l'enseignement supérieur est donné.

Dans ces Facultés, les jeunes filles, comme les jeunes garçons, sont préparés aux examens des diverses licences et doctorats.

On conçoit que pour donner l'instruction convenable à des élèves d'âges si différents, la même méthode ne peut être employée, la leçon de l'Ecole maternelle ne doit pas ressembler à un cours de Faculté.

Aussi a-t-on institué une préparation particulière et des examens spéciaux pour les maîtresses des écoles maternelles et des jardins d'enfants.

Pour être institutrice dans une école primaire, il suffisait au début d'obtenir le brevet élémentaire; mais bientôt il y eut tant de candidates que l'on dut, pour choisir, créer un examen plus difficile.

Ce furent d'abord des suppléments sur certaines matières, puis le brevet supérieur et, bien que le brevet élémentaire fût toujours considéré, en droit, comme suffisant pour être nommée institutrice, il arriva qu'en fait, on n'obtenait pas de postes sans le brevet supérieur dont la difficulté allait croissant à mesure que le nombre des aspirantes augmentait.

Maintenant, tant d'autres carrières intellectuelles sont ouvertes aux femmes que le mouvement qui les poussait vers l'enseignement primaire s'est ralenti.

Ce n'est pas que l'enseignement ait cessé d'être pour elles la carrière de choix, mais la manière dont se font les nominations présente un lourd inconvénient : la jeune fille nommée institutrice est en effet presque toujours obligée de quitter sa famille et d'aller vivre seule dans quelque petit village difficilement accessible, où elle ne connaît personne et se trouve bien isolée. Puis ce sont des changements fréquents; à peine commence-t-elle à s'habituer à un pays qu'elle est envoyée dans un autre; si elle se marie, elle doit, le plus souvent, vivre séparée de son mari et c'est certes là une des causes qui lui font préférer un emploi de bureau dans la résidence de son choix.

Les postes de l'enseignement primaire étant donc, depuis la guerre, moins recherchés, on a dû en ouvrir plus largement l'accès. Maintenant on peut être nommée stagiaire, non seulement avec le brevet élémentaire qui est le titre normalement institué pour constater les aptitudes à cette profession, mais encore avec le baccalauréat ou même le diplôme de fin d'études des lycées de jeunes filles.

Peut-être est-il à craindre qu'une jeune bachelière, malgré sa petite érudition très diverse, n'ait pas toutes les qualités voulues pour enseigner aux jeunes enfants les éléments de la lecture. Pour nous rassurer, il y a bien le certificat d'aptitude professionnelle sans lequel on ne peut être titularisé; il faut espérer qu'après le stage et cet examen probatoire, toutes deviendront d'excellentes institutrices. Cependant il serait peut-être bon de considérer que chaque métier demande une préparation spéciale, que celui d'institutrice primaire n'étant pas des plus faciles ne doit pas échapper à cette loi.

Il ne suffit pas de savoir pour enseigner ! Un de nos maîtres de la Sorbonne, M. Darboux, disait que cette condition n'est ni nécessaire ni suffisante. C'est peut-être aller un peu loin; mais il pensait avec raison qu'il y faut un don spécial. Et n'oublions pas que l'institutrice ne doit pas se borner à enseigner les matières d'un programme; il faut aussi qu'elle élève les enfants au sens profond de ce mot surtout à notre époque où les parents « n'ont pas le temps », où la mère travaille au dehors, où beaucoup d'entre eux n'ont plus qu'elle pour obtenir la formation morale à laquelle tous les enfants ont droit.

Quoi qu'il en soit la carrière de l'enseignement primaire est actuellement largement ouverte aux jeunes filles, elles peuvent y entrer assez facilement et sans trop de travail. La préparation aux brevets se fait dans les Ecoles Normales Primaires et dans les Ecoles Primaires Supérieures, mais il n'est pas nécessaire de sortir de ces Ecoles et on peut obtenir ces titres sans avoir fréquenté aucune école publique.

Passons maintenant à l'enseignement secondaire donné dans les lycées et les collèges.

Pour être professeur titulaire dans un lycée de jeunes filles, il faut avoir subi avec succès les épreuves d'un des concours d'agrégation.

Il y a pour les femmes deux agrégations scientifiques, l'agrégation des mathématiques et celle des sciences physiques et naturelles. De même, les littéraires peuvent opter entre l'agrégation d'histoire et celle de lettres pures. De plus il est permis aux femmes de se présenter aux concours d'agrégation des lycées de garçons, et il en est qui, ayant obtenu le titre d'agrégées de grammaire ou de philosophie, occupent dans les lycées de jeunes filles des postes correspondant à leur spécialité.

Il y a aussi des agrégations de langues : anglais, espagnol, allemand, italien.

Pour avoir le droit de se présenter à un concours d'agrégation, il faut posséder soit certains certificats d'Enseignement supérieur que l'on obtient dans les Facultés, soit le certificat d'aptitudes à l'enseignement dans les collèges qui s'acquiert par un concours. Ce certificat et aussi certaines licences permettent d'enseigner comme chargée de cours dans les lycées ou comme professeur titulaire dans les collèges.

Les situations de professeur de l'enseignement secondaire ont de grands avantages en dehors de l'intérêt intellectuel qu'il offre à celles qui en ont la vocation : on y a de longues et fréquentes vacances, le nombre des heures de présence (je ne dis pas de travail) est restreint : 16 heures par semaine dans les lycées, 18 heures dans les collèges. Mais il y a l'inconvénient grave de ne pouvoir choisir sa résidence. La jeune agrégée peut être envoyée dans n'importe quelle région de la France, et même aux colonies, et il est excessivement difficile à une femme mariée d'obtenir un poste dans la ville où réside son mari.

Malgré cet inconvénient, la carrière est très encombrée ; les agrégées sont toujours placées puisque le concours limite le nombre des candidates admises d'après celui des postes à pourvoir. Mais quelquefois elles doivent accepter une chaire dans un lycée de garçons où de telles nominations ont eu lieu parfois depuis la guerre, et je dois ajouter qu'en général elles y réussissent très bien.

Nous avons vu que la licence suffit légalement pour obtenir un poste de professeur dans un collège.

Ce qui a lieu en droit, a lieu aussi en fait pour les hommes. Tout licencié qui le demande est admis à enseigner dans un collège ; il n'en est pas de même pour les femmes. Il y a trop de licenciées, et c'est à grand'peine qu'elles obtiennent une telle nomination ; le plus souvent elles doivent se contenter d'être maîtresses répétitrices, les certifiées, issues d'un concours, ayant naturellement la préférence pour les postes de professeur.

Il existe dans les lycées des professeurs de dessin, de couture, de chant, de gymnastique pourvus de titres correspondant à ces enseignements ; les concours à subir pour obtenir ces titres sont très difficiles à cause du petit nombre des candidats que l'on peut admettre.

Dans les lycées et les collèges on trouve aussi des maîtresses primaires chargées des classes préparatoires à l'enseignement secondaire ; leurs titres et leur préparation sont très divers ; les unes ont le baccalauréat ; d'autres une première partie du certificat d'aptitudes à l'enseignement des collèges ; il y a des licenciées, des brevetées de l'enseignement primaire et même des jeunes filles pourvues du diplôme de fin d'études des lycées. Ces postes sont très difficiles à obtenir parce que les candidates sont excessivement nombreuses et que la loi ne limite guère les conditions à remplir. N'importe qui, avec n'importe quelle préparation, peut poser sa candidature et, par chance, être nommé; mais la probabilité est petite.

Où peut-on préparer les divers grades qui donnent accès aux postes d'enseignement dans les lycées et les Collèges ?

La préparation aux licences se fait dans toutes les Facultés ainsi que la préparation aux certificats et agrégations de langues.

Pour les sciences et les lettres on peut aussi suivre les cours des Facultés, bien qu'en général ces cours ne correspondent pas aux programmes des concours du certificat et de l'agrégation des jeunes filles.

Pour cette préparation l'Etat a fondé l'Ecole Normale Supérieure d'Enseignement secondaire qui est à Sèvres, près de Paris.

Dans certains lycées, il y a des cours spéciaux qui préparent les élèves au concours d'entrée à l'Ecole de Sèvres. Deux séries d'élèves sont reçues; les premières entrent à Sèvres, les suivantes ont la première partie du certificat et préparent la deuxième partie où elles peuvent.

Ce concours est extrêmement difficile, non pas à cause du programme légal, mais par suite du petit nombre des places disponibles. Il y a eu des années où pour 4 ou 5 places il y avait plus de cent demandes. Toutes les jeunes filles qui se présentaient étaient des élèves d'élite et avaient préparé sérieusement le programme. Toutes auraient pu suivre avec le même succès les cours de l'école et l'on en prenait quatre !

Maintenant on en prend douze ou quinze, mais combien encore d'excellents sujets peuvent être indéfiniment refusés ! Certaines essaient alors d'arriver à l'agrégation par la voie de la licence et quelques-unes y réussissent.

Que font ces élèves si soigneusement préparées dans les lycées lorsqu'elles n'arrivent pas à entrer à l'Ecole Normale Supérieure de Sèvres ? Elles tentent d'autres concours, et d'abord celui de l'Ecole Normale Supérieure d'enseignement primaire de Fontenay où l'on forme les professeurs des Ecoles Normales Primaires et des Ecoles Primaires Supérieures.

D'autres essaient le concours de l'Ecole Normale d'Enseignement technique où l'on forme les professeurs de sciences et de lettres des écoles techniques.

Il y a encore l'Ecole de Coetlogon où se préparent les professeurs des écoles ambulantes d'enseignement ménager et agricol.

Il est remarquable que le choix entre ces différentes écoles normales dépende plutôt de la capacité d'étude, du degré de mémoire des aspirantes que de leur libre vocation comme cela serait désirable.

Disons enfin quelques mots de l'Enseignement supérieur. Le grade nécessaire pour être professeur de Faculté est le Doctorat.

Il est nécessaire, mais non suffisant car il ne donne que la possibilité et non le droit d'obtenir un poste.

Le docteur ès sciences où ès lettres qui veut être professeur dans une Faculté doit joindre à sa demande l'indication de ses travaux originaux. Les femmes postulent rarement de tels postes; cependant cette carrière leur est ouverte quand leurs travaux sont jugés suffisants puisque Mme Curie enseigne à la Sorbonne.

Pour les Facultés de médecine et de droit il y a des concours par lesquels on obtient le titre d'agrégé à la Faculté.

Nous venons de passer en revue, bien que très brièvement les diverses carrières de l'Enseignement et les moyens d'y accéder.

On peut remarquer que le contrôle de l'Etat porte à peu près uniquement sur les connaissances acquises par les candidats au professorat.

Pourtant, il ne suffit pas de connaissances nombreuses et même approfondies pour faire un bon professeur. Il faut aussi des qualités physiques et morales.

Une des premières conditions de réussite est la régularité. Un professeur souvent malade et absent porte grand tort à ses élèves. Il faut donc tout d'abord une bonne santé. La gorge et les poumons doivent être particulièrement solides. Comme pour mener les enfants il faut être maître de soi, ne pas trop s'émouvoir en face d'incidents ou d'accidents possibles, il est indispensable que le cœur et les nerfs soient en très bon état.

Cette santé ne suffit pas encore : une bonne vue, une bonne ouïe sont absolument nécessaires.

Le maître qui n'entend pas les réflexions de ses élèves a bientôt une classe tumultueuse, dissipée et qui n'apprend plus rien ; celui qui ne voit pas jusqu'au fond de la classe ne peut se rendre compte si tout le monde a compris et si l'on écoute attentivement.

Il faut enfin qu'il ne prête à la raillerie par aucun côté, car l'enfant est prompt à remarquer les ridicules et perd volontiers son temps à cette occupation peu profitable...

Il serait prudent, avant de commencer toute préparation, de faire un examen médical sérieux et complet, on pourrait écarter dès l'abord les éléments indésirables sans préjudice pour eux-mêmes.

Pour ce qui est des qualités morales, on paraît les supposer proportionnelles à la science acquise, et on ne les vérifie guère.

Il est admis qu'un savant ne peut pas être immoral; je le veux bien, mais encore faudrait-il déterminer exactement à quel degré de science les vertus sont versées dans nos âmes.

Est-ce au moment du brevet simple que nos défauts sont supprimés, que nous devenons inaccessibles à la colère et au découragement, que nous acquérons la patience à toute épreuve et la prudence si nécessaire à la direction des jeunes esprits ou bien, est-ce seulement l'agrégation qui nous guérit des utopies subversives, des chimères dangereuses et nous remplit de sagesse et de serénité ?

Car, il ne faut pas oublier que, volontairement ou non, le maître a une influence profonde sur ses élèves. C'est le modèle proposé à leurs jeunes esprits en développement : consciemment ou inconsciemment ils s'imprègnent de sa personnalité et copient jusqu'à ses gestes.

Avec quelle attention, avec quels soins, devraient être préparés et choisis ceux à qui l'on confie la formation des enfants, c'est-à-dire l'avenir du Pays !

Je sais bien qu'on s'occupe sérieusement des qualités morales dans les Ecoles normales, mais ailleurs ?

Ne faudrait-il pas aussi une préparation très spéciale pour tous ceux qui se destinent à l'Enseignement, même quand l'objet de cet enseignement n'est pas de ceux qui figurent aux programmes des Ecoles normales ?

Est-ce vers ces préparations particulières qu'est maintenant orienté le mouvement universitaire ? Il semble, au contraire, que l'on veuille unifier toutes les études quel qu'en soit le but.

Au nom d'une égalité imaginaire des intelligences et des caractères, on se propose de jeter tous les jeunes Français dans le même moule qui recevra le beau nom d'Ecole Unique. On supprimera peut-être même les Ecoles Normales.

Les conducteurs de jeunes âmes et les conducteurs de machines recevront les mêmes leçons.

Les avocats et les maçons seront formés à la même école.

Il est à craindre que ce soit là une lamentable erreur. Certes, elle est partie d'un généreux mouvement. Les « Compagnons » qui l'ont imaginée et la soutiennent étaient au début de jeunes professeurs, de jeunes intellectuels qui, dans les tranchées, se sont trouvés en contact avec des hommes de professions différentes, voire des agriculteurs, et ont été très étonnés de constater que plusieurs de ces hommes, voués à des métiers manuels, ne manquaient pas d'intelligence.

« Quel dommage ! » ont-ils dit, « ceux-ci auraient pu étudier comme nous ! » Dans leur candeur naïve, ils ont regretté la perte de ces valeurs intellectuelles, comme si une intelligence appliquée à l'agriculture était perdue.

Et ils ont rêvé cette Ecole Unique qui a pour but d'envoyer à la Sorbonne tous ceux qui sont intelligents et de ne laisser que les minus habens pour les métiers de production.

Encore faudrait-il pour réaliser complètement ce rêve que l'on pût mesurer l'intelligence comme on mesure une longueur ou une masse.

Il est facile de ranger les élèves d'une classe par ordre de grandeur, mais l'intelligence ne peut pas être représentée par un simple nombre arithmétique. Elle a tant de formes et de modalités diverses ! Comment décidera-t-on à la fin de chaque cycle quels sont les élèves qui pourront continuer leurs études et quels sont ceux qui n'en auront pas le droit ? Car on compte refuser à la famille la faculté de choisir la voie de ses enfants.

Les examinateurs qui feront ce triage sans appel seront-ils infaillibles ?

D'ailleurs, pourquoi diriger vers la Sorbonne ou les autres Facultés, c'est-à-dire vers les études théoriques, tous ceux que l'on aura jugés, à tort ou à raison, comme les plus intelligents ?

N'avons-nous pas besoin d'élites de divers genres ? Ne nous faut-il pas d'excellents agriculteurs pour tirer le meilleur parti possible de la terre de France ? Ne nous faut-il pas de bons commerçants et de bons industriels pour accroître la richesse du Pays ?

Il ne s'agit pas de drainer tout ce que nous pourrons trouver d'esprits avisés pour les envoyer étudier les espaces à n dimensions ou déchiffrer les vieux manuscrits. Il ne faut pas les employer tous à compter les atomes d'un gramme de thallium ou à déterminer la date exacte de la bataille de Platée.

C'est dans toutes les branches de l'activité et surtout dans les branches de la production utile que nous avons besoin de travailleurs intelligents, ne les en écartons pas ; donnons-leur au contraire, par un enseignement mieux approprié, une plus grande maîtrise dans la spécialité choisie.

VŒUX

Si je dois me borner ici à ce qui touche seulement les carrières de l'enseignement, je demande au Congrès d'examiner les vœux suivants :

1º Considérant que chaque métier demande un apprentissage particulier ; considérant que la bonne éducation des enfants est une œuvre à la fois difficile et importante ; considérant enfin que si certains postes ne sont accessibles qu'à la suite de concours ou d'examens sévères, d'autres au contraire sont attribués un peu au hasard à des personnes pourvues seulement de grades inégaux, nous demandons qu'aucun fonctionnaire ne puisse entrer dans le corps enseignant qu'à la suite d'un concours qui permettra de choisir parmi les meilleurs ceux qui ont les connaissances nécessaires dans la branche choisie.

2º Considérant combien il est pénible de déclarer inapte à l'Enseignement une jeune fille qui a consacré plusieurs années à s'y préparer, nous demandons qu'avant toute préparation à ces concours un examen sévère permette d'écarter les candidates n'ayant pas les qualités nécessaires et que de très bonne heure elles soient averties de leur inaptitude.

Si maintenant il m'est aussi permis de présenter un vœu relatif à l'enseignement lui-même, ce sera celui-ci :

Considérant que l'enfant que l'on maintient trop longtemps à l'Ecole ne veut plus prendre un métier manuel; que ceux qui la quittent après 13 ou 14 ans sans avoir pour l'étude des dispositions spéciales ne sont plus aptes qu'à faire de petits employés de bureau et cela parce que d'une part un métier manuel leur paraît méprisable, d'autre part parce que la station assise et l'usage du porte-plume n'ont pas assez développé leurs muscles, nous demandons que dans les écoles primaires on fasse une part beaucoup plus large au préapprentissage et, pour les jeunes filles, que l'enseignement ménager soit largement développé dans toutes les classes primaires.

COMMUNICATION SUR LES MÉTHODES EMPLOYÉES AUX ÉTATS-UNIS POUR L'ORIENTATION DE L'INSTRUCTION ET L'ORIENTATION PROFESSIONNELLE DES ENFANTS ET JEUNES GENS

faite par **Mlle Louise Mauvezin.**

Mesdames, Messieurs,

Les renseignements que je vais avoir l'honneur de vous soumettre m'ont été communiqués :

D'une part, par Mrs Anna Lalor Burdick, fonctionnaire à la Direction Fédérale de l'Enseignement technique à Washington;

D'autre part, par M. John M. Brewer, Directeur du Bureau d'Orientation professionnelle de l'Université libre d'Harvard, à Cambridge, dans le Massachussets et par M. Frederick J. Allen, associé aux Recherches et Examens de ce même bureau et Rédacteur principal du Vocational Guidance Magazine, organe de la National Vocational Guidance Association.

Cette Association est la Fédération des organismes d'Orientation professionnelle existant dans les divers Etats de l'Union.

Il y a 3 ans, la Chambre de Métiers de la Gironde reçut en hommage un livre de M. Brewer. Quelques mois plus tard, M. Allen nous adressa un exemplaire des principes d'Orientation professionnelle adoptés par la National Vocational Guidance Association, et nous fit, depuis cette époque, le service régulier de sa revue.

Mais les Etats-Unis sont loin de Bordeaux, et malgré tout ce qu'on peut lire, il est assez difficile de se faire une opinion. Lorsque nous organisâmes ce Congrès, j'écrivis à M. Allen qui se trouvait en Amérique, et à M. Brewer, qui était à ce moment-là sur le Continent, en leur posant une série de questions très précises dans l'espoir de compléter la documentation que je possédais déjà, et aussi dans le désir de vérifier si l'opinion que je m'étais faite était bien exacte. L'adresse de Mrs Burdick m'ayant été donnée, je lui posais également ces mêmes questions.

Les renseignements que je vais vous communiquer proviennent donc de plusieurs sources différentes, et émanent de personnes particulièrement compétentes et autorisées dans le domaine qui nous occupe.

Je me suis efforcée dans cette petite étude de traduire les indications qui m'ont été données de façon aussi exacte que possible et j'ai préféré sacrifier la forme à l'exactitude du fond. Veuillez donc excuser, s'il vous plaît, quelques répétitions peut-être un peu fatigantes.

Les Etats-Unis se composent de 48 Etats. Chacun d'eux a son système propre d'enseignement. Une ville même, dans un Etat, peut avoir un plan d'enseignement qui lui soit particulier.

Dans la plupart des Etats, les enfants peuvent commencer à travailler à 14 ans, mais dans certains autres, l'obligation scolaire dure jusqu'à l'âge de 16 ans.

La loi qui régit la Direction Fédérale de l'Enseignement Technique, (Federal Board for Vocational Education) ne prévoit, paraît-il, pas de crédits pour l'Orientation professionnelle.

Nous devons, semble-t-il, en conclure que les organismes d'Orientation professionnelle sont entretenus par les Etats, les municipalités ou des subsides privés.

Trois Etats seulement ont une organisation officielle pour l'Orientation professionnelle ; ce sont les Etats de Pensylvanie, de New-York et de Californie.

« Mais on peut admettre, m'écrit M. Brewer, le grand pionnier de l'Orientation professionnelle en Amérique, que dans toutes les villes des Etats-Unis il y a des personnes s'occupant du travail d'Orientation professionnelle. L'intérêt pour ce travail est largement étendu et les renseignements que je vous ai donnés, dit-il, visent l'ensemble du pays ».

Dans un très grand nombre d'écoles des Etats-Unis : cours supérieurs des écoles élémentaires, élèves de 12 à 14 ans ; écoles du 2e degré, élèves de 15 à 19 ans, et dans quelques Universités, existent des cours d'Occupations « classes in occupations » ou « life-career classes » dans lesquels on enseigne aux élèves le monde des professions (nature de chaque genre d'activité, exigences, avenir, etc...). Le but de ces cours est à la fois individuel et social. Cet enseignement permet aux élèves de se rendre compte, d'une part, si leurs aptitudes personnelles répondent aux exigences d'une profession déterminée. Il leur ouvre, d'autre part, les idées sur le travail des autres.

Cet enseignement des « Occupations » est considéré comme une formation civique professionnelle « Vocational Civics ».

Dans ces cours, on s'occupe aussi de guider les élèves dans le choix de leurs études, en vue de les préparer à telle ou telle carrière ; c'est ce que les Américains nomment « Educational Guidance », c'est-à-dire Orientation de l'Instruction.

On enseigne les « Occupations » comme on enseigne la géographie, l'histoire ou tout autre matière d'instruction. Le cours d'« Occupations » est fait soit par un conseiller de vocation spécialiste, soit par un maître ordinaire, formé préalablement en Orientation professionnelle. Pour cette formation des maîtres, des cours existent pendant l'année scolaire et pendant les vacances dans plusieurs Universités.

Pour l'enseignement des « Occupations » aux élèves des écoles, on se sert de livres spéciaux traitant des carrières et de l'Orientation. Il existe, aux Etats-Unis, une littérature importante sur ces sujets ; certains livres sont destinés spécialement aux élèves ; d'autres sont destinés spécialement aux maîtres.

On organise aussi, pour l'Orientation professionnelle des enfants, des visites d'ateliers, des conférences, des discussions ; on s'aide de l'emploi de questionnaires.

Pour la recherche des aptitudes, on se sert des moyens suivants :

Dans la plupart des écoles, on relève très soigneusement, sur des fiches, les renseignements relatifs à la vie scolaire de chaque élève : renseignements concernant les résultats scolaires, les conditions sociales, les aptitudes physiques, mentales et morales.

On y consigne également les résultats d'expériences d'essai en divers travaux manuels : tâches élémentaires prises dans un certain nombre de carrières.

Pour aider les enfants à discerner leurs aptitudes, on cherche à ouvrir leurs idées en étudiant soigneusement avec eux les indications de leurs fiches.

Quelques écoles complètent ces renseignements par l'emploi de tests spéciaux, genre Binet-Simon, mais la psychologie expérimentale est employée seulement dans un petit pourcentage d'écoles.

Quelques psychotechniciens se servent d'appareils spéciaux pour déterminer les aptitudes, mais en général, on admet qu'il est préférable de n'employer aucun moyen artificiel.

Dans les écoles importantes, c'est en général un homme qui est chargé de la direction professionnelle des garçons, et une femme qui s'occupe de la direction professionnelle des filles.

Dans les écoles moins importantes, ce sont des femmes qui ont la charge de ce service pour les enfants des deux sexes. Aux Etats-Unis, les écoles sont mixtes et, dans l'enseignement, les femmes sont beaucoup plus nombreuses que les hommes.

Dans les petites villes, le bureau de vocation fait partie de l'école. Dans les grandes villes, un organisme central dirige et surveille le travail de direction professionnelle dans les établissements scolaires et envoie des conseillers dans chaque école.

Une organisation type est celle de Pittsburg dans l'état de Pensylvanie.

C'est le Superintendant des écoles publiques de Pittsburg qui est président de l'organisme d'Orientation professionnelle de cette ville.

Un certain nombre de ses collaborateurs sont eux aussi des éducateurs réputés.

On admet à Pittsburg que, pour être effective, l'Orientation professionnelle ne doit pas être considérée comme une œuvre extra-scolaire, mais doit être liée intimement, «inherent», à l'organisation scolaire.

Il est admis également qu'une organisation un peu large de l'Orientation professionnelle ne peut réussir que si elle a la sympathie, et une coopération cordiale de tout le corps enseignant.

Il y a trois ans, on fit, à Pittsburg, une campagne dans le but d'intéresser aux questions de l'Orientation professionnelle, les maîtres et maîtresses de l'Enseignement. Le Superintendant des écoles envoya à chacun d'eux une lettre spéciale leur décrivant le mouvement tenté et leur demandant d'apporter une attention particulière à l'étude de ces questions. On fit, cette année-là, de nombreuses conférences sur ce sujet aux membres du corps enseignant.

A Pittsburg, comme dans plusieurs autres villes de l'Union, les maîtres et maîtresses de classe font à leurs élèves des cours d'occupations.

Je me permets de répéter que ces cours d'occupations ont pour but d'enseigner aux élèves le monde des professions (nature de chaque genre d'activités, exigences, avenir, etc...) de façon à leur permettre de se rendre compte des carrières qui pourraient leur être accessibles et afin de leur ouvrir les idées sur le travail des autres.

Pour la recherche des aptitudes, on se sert dans les écoles de Pittsburg de moyens similaires à ceux employés dans les écoles d'autres villes des Etats-Unis, c'est-à-dire d'expériences d'essai en divers travaux (il existe des centres de préapprentissage dans les écoles élémentaires importantes de Pittsburg), et de fiches individuelles « record-cards ».

Chaque élève a deux fiches, l'une visant les résultats scolaires, l'autre les aptitudes physiques. L'emploi de ces fiches est d'un usage général. Ces fiches sont permanentes et s'étendent sur toute la scolarité. Il est admis à Pittsburg que, pour faire une orientation rationnelle de l'instruction d'abord, vers une profession ensuite, il est indispensable d'avoir sur chaque enfant des renseignements depuis son plus jeune âge. La recherche des dispositions et aptitudes doit commencer dès le Jardin d'Enfants.

En ce qui concerne la recherche des aptitudes physiques, il n'est pas inutile de dire que, dans les grandes villes des Etats-Unis, existent des services médicaux pour l'examen de tous les enfants.

Il est évident que le problème de l'Orientation professionnelle est ainsi très facilité. Cependant, M. Brewer estime que l'examen physique des écoliers ne vise pas seulement l'Orientation professionnelle, mais le bien-être des individus et la santé publique.

Dans les écoles où il n'y a ni médecin, ni infirmière scolaires, les maîtres sont censés envoyer les enfants au médecin de la famille dans les cas douteux.

A Pittsburg, les membres du corps enseignant ont donc reçu une initiation leur permettant de faire convenablement leurs cours d'Occupations.

En outre, dans chaque High School, école du 2e degré, il y a un conseiller ou une conseillère de vocation spécialiste. Chacun de ces conseillers s'occupe aussi d'un certain nombre d'écoles élémentaires.

Ces conseillers sont recrutés parmi les membres du corps enseignant, car il est admis que les maîtres de l'enseignement, doués d'une large culture, deviennent rapidement d'excellents spécialistes.

A Pittsburg, les conseillers de vocation, formés à l'avance par des cours spéciaux d'Université, sont peu nombreux.

La majorité des conseillers de vocation de cette ville se forment par la pratique et au moyen de réunions, genre cercle d'études. Ces réunions sont bi-hebdomadaires. On y aborde toutes les questions pouvant intéresser les conseillers de vocation. Chacun d'eux peut présenter les cas un peu délicats qu'il a rencontrés. On discute et on recherche ensemble la solution de ces problèmes. Les nouveaux venus peuvent ainsi profiter de l'acquis des plus anciens.

L'expérience a prouvé que ces réunions constituent un des meilleurs moyens de formation pratique.

Voyons maintenant en quoi consiste le rôle de ces conseillers de vocation.

Avant la fin de l'année scolaire, le conseiller de vocation doit se rencontrer au moins 2 fois, une fois en groupe et une fois individuellement, avec les élèves d'école élémentaire qui sont sur le point de quitter cette école. Il est désirable que les parents assistent à la conférence donnée aux élèves en groupe.

Le conseiller de vocation explique ce que Pittsburg offre comme genre d'enseignement en dehors de l'enseignement élémentaire. Il parle des écoles de 2e degré « High Schools », explique les divers cours de ces écoles et leurs buts, au point de vue professionnel. Le conseiller de vocation discute l'opportunité d'aller ou non dans une école de 2e degré, explique quels sont les cours accessibles aux élèves ayant telle ou telle instruction. Enfin, il insiste sur la nécessité de se faire un plan d'études, et sur l'importance du but professionnel dans le choix des études.

Il entre, en outre, dans les attributions du conseiller de vocation d'avoir une entrevue avec chaque élève et de lui donner des conseils individuels. Les parents sont conviés à assister à cette entrevue par une lettre signée du conseiller de vocation, dans laquelle ce dernier attire l'attention des parents sur la nécessité de leur collaboration avec l'école en vue du bien de leur enfant. « L'école, explique cette lettre, peut renseigner sur les professions et sur les divers programmes d'enseignement, mais ignore les désirs et les projets des parents; les parents, par contre, ne sont pas toujours renseignés sur les meilleurs moyens à mettre en action pour se préparer à une profession. L'enfant, enfin, peut bien manifester ses goûts, mais il est jeune et a besoin d'être guidé ».

La lettre aux parents se termine par une invitation de venir avec leur enfant discuter ces questions avec le conseiller de vocation.

Dans l'Etat de Pensylvanie, la scolarité est obligatoire jusqu'à 14 ans seulement, mais on cherche autant que possible à garder les enfants en classe jusqu'à 16 ans et à leur faire passer ces 2 années supplémentaires dans les classes inférieures d'une école du 2ᵉ degré « Junior High School ».

C'est l'opinion courante aux Etats-Unis qu'au-dessous de 16 ans, un enfant est trop jeune pour débuter utilement dans la vie active.

Lorsqu'il est décidé que l'enfant va commencer à travailler, celui-ci doit se présenter accompagné de son père ou de sa mère ou de son tuteur, au directeur de son école qui lui remet sa fiche scolaire dans une enveloppe. L'enfant la porte à l'Office de Placement qui va s'occuper de lui. La personne chargée du placement fera toujours un effort pour essayer de placer l'enfant d'après le système de mi-temps. J'aurai l'occasion d'en reparler tout à l'heure.

Lorsqu'il s'agit d'un élève d'école élémentaire qui doit aller à l'école de 2ᵉ degré, le conseiller de vocation s'occupera de le guider quant à son plan d'études.

A Pittsburg, les conseillers de vocation s'occupent beaucoup des élèves des écoles de 2ᵉ degré « high schools ». Chaque conseiller de vocation travaille sous l'influence et la surveillance du directeur de la High School à laquelle il est affecté.

Il est utile de préciser que les High Schools de Pittsburg comprennent 3 sections : une section académique, c'est-à-dire d'enseignement général permettant de se préparer à l'Université, une section commerciale et une section industrielle. Les élèves ont la faculté de suivre certains cours dans des sections autres que celle qu'ils ont choisie, par exemple un élève de la section technique peut suivre quelques cours de la section académique ou de la section commerciale et vice versa.

Un programme aussi souple demande que l'élève soit guidé, et le conseiller de vocation doit aider chaque élève à choisir les cours qui lui conviendront le mieux pour réaliser le but professionnel auquel il tend.

Le conseiller de vocation a une double tâche :

1º Surveiller les cours d'occupations et s'occuper des élèves en groupe.

2º S'occuper de conseiller les élèves individuellement.

Examinons d'abord ce premièrement.

Un programme minimum prévoit les sujets que le conseiller de vocation doit traiter dans chaque classe. Nous n'allons pas naturellement entrer dans les détails. Sachons seulement que le conseiller de vocation doit attirer l'attention des élèves sur la nécessité d'étudier le monde des professions, leur parler des professions en général, du but des divers genres d'études, des possibilités professionnelles que l'on trouve à Pittsburg. Le conseiller de vocation s'occupe d'une part des élèves qui veulent entrer dans la vie active, leur explique la préparation nécessaire pour chaque métier ou profession et les cours à suivre; il leur parle également des Offices de Placement; d'autre part, il s'occupe des élèves qui désirent aller à l'Université, leur parle des grades exigés pour l'admission, des aptitudes et des connaissances nécessaires, du coût des études, des bourses, enfin des possibilités professionnelles à la fin des études.

Tous ces sujets sont étudiés soit sous forme de causeries, soit sous forme de cercles d'études auxquels chaque élève doit collaborer par des renseignements lus où par des renseignements obtenus auprès des gens de métier. On y discute des questions pratiques dans le genre de celles-ci :

« Quel est le coût de préparation pour telle carrière? »

« Où peut-on faire l'apprentissage de tel métier? »

« Si vous choisissez telle carrière, dans combien d'années pourrez-vous vivre de votre travail? »

Et toujours cette même question qui revient comme un leitmotiv : « Avez-vous choisi le genre d'études qui convient pour préparer la carrière que vous visez? »

Examinons maintenant la 2e partie du rôle du conseiller de vocation.

Celui-ci a des entrevues individuelles avec chaque élève à des intervalles réguliers, et chaque fois que la nécessité s'en fait sentir. Il étudie et prépare avec l'élève son plan d'avenir, soit qu'il doive commencer à travailler, soit qu'il doive aller à l'Université.

Aux élèves qui vont entrer dans la vie active, le conseiller indique les cours qu'ils devront continuer à suivre lorsqu'ils auront quitté l'école.

Lorsqu'un élève a des échecs dans ses études, le conseiller de vocation prévient ses parents et les invite à venir le voir pour examiner ensemble si un autre genre d'études pourrait mieux convenir à leur enfant, ou s'il y aurait avantage à le sortir de l'école pour le mettre à travailler.

Dans certains cas, le conseiller de vocation visite l'élève et ses parents à domicile.

Il doit aussi se tenir en rapport avec les employeurs, afin d'être au courant des besoins du travail.

Le conseiller de vocation doit enfin aider à placer les élèves lorsque ceux-ci quittent l'école.

A Pittsburg, l'organisme d'Orientation professionnelle a deux Offices de placement, l'un pour les enfants de 14 à 16 ans, l'autre pour les jeunes gens de 16 à 21 ans.

Cet organisme maintient le principe d'un Office central de placement, mais permet et encourage le placement direct par l'école. Lorsqu'une école reçoit une offre d'emploi qu'elle ne peut pas satisfaire, elle la signale au bureau central.

Le placement est facile lorsqu'il s'agit de jeunes gens et de jeunes filles ayant déjà reçu une direction professionnelle.

Naturellement, le bureau s'occupe aussi des personnes de moins de 21 ans n'ayant reçu aucune direction.

A Pittsburg, on recommande beaucoup aux élèves, pour faire le pont entre l'école et la vie professionnelle, le système de Coopérative Work, c'est-à-dire le système de mi-temps dont je parlais il y a un instant.

On place, pour tenir un emploi dans une maison de commerce ou d'industrie, 2 garçons ou 2 jeunes filles. Chacun d'eux, à tour de rôle, passe 2 semaines au travail et 2 semaines à l'école.

Pittsburg a une clinique de psychologie à laquelle on réfère les cas spéciaux.

Enfin, l'Orientation professionnelle est organisée aussi pour les élèves des écoles du soir. En général, les élèves de ces écoles veulent s'instruire, mais ne savent pas choisir des cours profitables à eux-mêmes et à leurs employeurs.

Le conseiller de vocation des écoles du soir fait aux élèves des cours d'occupations, des conférences, leur donne des conseils individuels et se charge de servir d'intermédiaire entre les employeurs et les élèves qui cherchent une place.

Je pense, Mesdames et Messieurs, que cette étude sommaire vous permettra de vous faire une opinion sur la façon dont se pratique l'Orientation professionnelle dans les Etats de l'Union où elle est bien organisée.

Des conclusions nombreuses pourraient être tirées de cet enseignement.

Je ne les passerai pas en revue, je me bornerai à attirer votre attention sur la haute portée sociale des cours d'occupations en dehors de l'intérêt qu'ils offrent pour l'avenir des individus.

Il serait infiniment désirable que chez nous également les futurs intellectuels fussent amenés à comprendre la difficulté de la plupart des métiers manuels et l'intelligence que ces métiers nécessitent. Il serait non moins désirable d'amener les futurs travailleurs manuels à apprécier et à comprendre l'utilité réelle du travail intellectuel et scientifique.

Ainsi, pourrait-on arriver à détruire le préjugé de trop d'intellectuels qui s'imaginent qu'une personne intelligente déchoit en travaillant de ses mains, et aussi le préjugé de nombreux ouvriers et paysans qui feignent d'affecter un dédain profond pour toute activité qui ne rend pas les mains calleuses.

Par une meilleure compréhension de l'utilité et de la noblesse de tout travail consciencieux, les intellectuels et les manuels arriveraient vite, j'en ai la ferme conviction, à une estime réciproque qui constituerait sans doute un pas décisif vers la fraternité et vers la paix sociale.

Communications et Discussions

M. Ferdinand Buisson, délégué de la Ligue française de l'Enseignement, vient, au nom de la Ligue, féliciter les organisateurs du Congrès, et est heureux que l'initiative privée ait commencé la tâche nécessaire de l'Orientation professionnelle.

Jusqu'à nos jours, une lacune énorme a existé dans l'instruction des enfants. Pour la première fois, on s'occupe de l'Orientation professionnelle et on applique ce problème à la jeune fille. « C'est une grande date dans l'histoire de l'Enseignement», dit M. Ferdinand Buisson; et c'est pour vous dire nos félicitations que je suis ici.

« Au nom de la Ligue, je dois aussi vous adresser une prière. Ne soyons ni les uns ni les autres de notre chapelle, de notre boutique. Entendons-nous pour mettre en commun ce que nous avons de bonne volonté et d'énergie pour pouvoir réaliser le progrès. Le Comité des dames de la Ligue de l'Enseignement sera heureux de souligner vos vœux:

« Ne soyons pas exclusifs. L'Eglise, l'Ecole, la Famille, ces trois grandes forces éducatrices doivent s'unir pour arriver au progrès car, seule, chacune ne peut accomplir l'œuvre nécessaire.

« Un prêtre disait hier la tristesse du dimanche au village, tristesse qui explique la désertion des campagnes. Il aurait pu dire aussi que le curé devrait venir faire des conférences aux jeunes; il ne faut pas qu'on impose silence aux curés, ni aux autres. Toutes nos bonnes volontés doivent être mises au service de la cause commune.

« Il ne faut pas demander trop à l'instituteur du village qui ne peut pas connaître toutes les carrières et qui a trop de choses à faire, mais il faut qu'il se joigne à nous.

« Eclairons aussi la famille par des tracts, des causeries. Multiplions les moyens d'instruction. La famille ouvrière et paysanne n'est pas en mesure d'étudier; ses hésitations se comprennent et sont excusables. La famille seule ne peut pas résoudre ces questions.

« Je crois qu'il ne faut pas laisser à un élément : Eglise, Ecole, Famille, la toute puissance, mais faire l'union dans un esprit de paix pour le bien de tous les Français.

« Je vous renouvelle les hommages et les félicitations de la Ligue française de l'Enseignement qui s'inspirera en grande partie de vos résolutions. »

M. l'abbé H. Clavé, de Bordeaux, déclare que depuis longtemps il connaissait M. Ferdinand Buisson, mais qu'il ne le connaissait pas tel qu'il vient de se révéler.

« O iblions si vous le voulez, dit M. l'abbé Clavé, un temps qui n'est plus, chargé d'équivoques et de malentendus. Vivons les réalités présentes. L'Eglise ne veut point dominer l'Etat; elle ne veut que la liberté à laquelle elle a droit.

« Ma pensée en ce moment va surtout vers les enfants de tous nos villages de France. Je puis vous certifier, M. Ferdinand Buisson, que le curé de campagne français qui vit près de l'instituteur, ne se refusera pas à une collaboration loyale et sincère avec ce dernier. Elle peut se faire en toute dignité pour l'un et pour l'autre, sans confusion.

« Cette collaboration, nous l'appelons de tous nos vœux de Français. A votre parole de sincérité, M. Ferdinand Buisson, je réponds par une parole de sincérité. »

... (M. l'abbé Clavé revient à sa place, M. Ferdinand Buisson lui tend la main, aux applaudissements de l'assemblée, ils confirment leurs déclarations respectives, par une chaude poignée de mains. Puisse ce geste être symbolique; c'est bien le vœu du Congrès que tous les maîtres de l'enfance se tendent la main et unissent leurs efforts pour la plus complète formation des jeunes générations.)

M. Perret, directeur de l'Office d'Orientation professionnelle de Lyon, avoue qu'il est pénible de venir faire descendre les Congressistes des sommets auxquels les discours des précédents orateurs les ont élevés. Mais il désire attirer l'attention sur un point de l'exposé de Mme Baudeuf dans lequel il est question des fatigues des candidates à l'Ecole de Sèvres, fatigues qui prédisposent à la tuberculose.

M. Perret présente le vœu suivant : «Le Congrès, considérant que la surcharge grandissante des programmes scolaires, notamment dans l'enseignement primaire supérieur et secondaire, a pour effet un surmenage intense à la période la plus délicate de l'existence, surmenage sans aucun profit intellectuel vrai, et ne tendant rien moins qu'à épuiser les sources de vitalité et d'énergie au grand préjudice ultérieur de l'activité professionnelle et du rendement social,

Confirmant le vœu émis par le récent Congrès de l'avancement des Sciences à Lyon, demande que les programmes scolaires soient au plus tôt l'objet d'une réforme large et hardie, les rendant plus assimilables, mieux proportionnés aux forces des jeunes gens, et à laquelle les médecins seront conviés, en collaboration avec les praticiens de l'Enseignement. »

M. Perret relie ce vœu à ce qu'ont dit ce matin les deux rapporteurs docteurs sur le surmenage à l'école qui croît à mesure que les programmes scolaires deviennent plus importants.

Alors que les ouvriers voient leur journée limitée par la loi de 8 heures, que fait-on pour des enfants qui ne sont pas encore formés ? Des fillettes délicates, des garçonnets en pleine croissance sont soumis à un gavage intellectuel et doivent souvent, après toute une journée passée à l'école, veiller tard le soir pour terminer leurs devoirs.

Un profit intellectuel bien contestable résulte de ces programmes surchargés. Peut-être une élite en tire-t-elle un profit, mais la masse y compromet sa santé.

Le dommage physique a été dénoncé par tous les hygiénistes, cependant on continue. Des professeurs d'histoire avaient expliqué qu'ils limitaient à 10 ou 12 pages chaque leçon parce que l'enfant ne pouvait donner plus d'efforts, mais chaque professeur fait le même raisonnement. Quoi d'étonnant alors à ce que des jeunes filles soumises à un pareil régime, voient leur santé altérée, quelquefois perdue. Si l'on faisait des statistiques de la morbidité et de la mortalité chez les jeunes filles qui préparent des concours, on serait effrayé.

Mme Baudeuf, qui a 42 ans d'enseignement, n'a pas vu beaucoup de surmenage, sauf pour préparer l'Ecole de Sèvres. Dans les classes jusqu'au Baccalauréat, le travail scolaire n'est pas fatigant.

Il y a surmenage lorsque le travail est disproportionné aux facultés intellectuelles de l'enfant et que, par conséquent, celui-ci est mal orienté pour ses études.

Il est cependant un fait exact, c'est que certains professeurs demandent trop
de travail à leurs élèves, mais ceci n'est pas la faute des programmes, mais la
faute des professeurs qui les appliquent mal. « J'ai l'habitude, dit Mme Baudeuf,
de donner aux élèves qui préparent le baccalauréat un problème par semaine
à faire chez elles; mais je connais des établissements où, pour préparer le même
examen, on fait faire aux élèves 12 problèmes par semaine, et cela sans profit
aucun pour le résultat de l'examen et au grand détriment de la santé. Au Lycée
de Bordeaux, il y a une manière simple d'éviter le surmenage : tous les cours
sont facultatifs et les élèves peuvent concentrer tous leurs efforts sur un même
point. »

M. Sebilleau, délégué de l'Association des Parents d'élèves des Lycées de
France, explique que le Congrès du 13 mai 1926 de la Fédération des Lycées de
France, s'est occupé des programmes scolaires. Ils sont en effet trop chargés,
mais ce sont les classes plus encore que les programmes qui sont surchargées.
La Fédération a demandé que les classes soient ramenées à 30 élèves, alors
qu'au Lycée de Bordeaux, on trouve encore des classes avec 55 enfants. L'effort des professeurs est alors disséminé et les enfants ne profitent pas de l'enseignement. Les professeurs sont tous d'accord sur ce point; sur 50 élèves, 10
travaillent, 20 suivent médiocrement, le reste est noyé.

M. Sebilleau souhaite qu'on reprenne le vœu de M. Perret en demandant que
les efforts des professeurs soient mieux utilisés au point de vue du rendement.
Les résultats obtenus dans les petites classes permettent d'espérer beaucoup
de cette modification.

LES CARRIÈRES DÉRIVÉES DU DROIT

Rapporteur général :
Mlle Manon Cormier, Avocate à la Cour de Bordeaux.

———

Mesdames, Messieurs,

Ayant à étudier les carrières dérivées du droit, je tiens à indiquer dès le début de mon rapport qu'à mon avis, sauf exceptions, ces carrières ne peuvent intéresser que des jeunes filles appartenant à une famille de condition aisée.

Je ne voudrais pas m'attirer le reproche, que l'on a fait hier à juste titre à ce Congrès, de s'égarer et, négligeant la grande masse des travailleuses, de ne s'occuper que d'une classe réduite de la société; il est de mon devoir de signaler que les études de droit, étant donnés leur durée, leur prix et les carrières qu'elles ouvrent aux femmes, sont en quelque sorte des études de luxe qu'une jeune fille ne devra aborder que si elle peut attendre des années avant de gagner sa vie. Il en est du reste de même pour les hommes.

On a coutume de répéter que le Droit mène à tout et à rien; à tout, lorsqu'il s'agit des femmes, c'est trop dire, nous verrons que bien des carrières leur restent fermées; à rien, ce n'est pas exact non plus.

Les études de droit préparent à deux grades : celui de licencié, qu'on acquiert au bout de 3 ans, et celui de docteur que l'on obtient après avoir passé 2 examens et soutenu une thèse. Sauf exception, au point de vue pratique, le titre de licencié suffira pour toutes les carrières. Il donne à ceux qui l'ont conquis exactement les mêmes droits que celui de docteur, tout en permettant d'éviter beaucoup de travail et une dépense importante, étant donnés les frais d'impression de la thèse très élevés à l'heure actuelle.

Nous conseillerons donc aux jeunes filles qui veulent tenter l'une des carrières dérivées du droit de s'en tenir à la simple licence, à moins que l'étude du droit en elle-même ne les passionne, et qu'elles ne veulent approfondir un point spécial dans leur thèse.

Pour la pratique, et nous restons sur le terrain pratique, la licence, d'une façon générale, est suffisante.

Nous ne croyons pas qu'on puisse indiquer une tournure d'esprit spéciale à rechercher pour le droit. De par la généralité de ses diverses branches, il peut intéresser quiconque aime l'étude. Ce n'est qu'ensuite lorsque, munie de son diplôme de licenciée ou de docteur, on veut choisir une carrière, qu'il convient de s'interroger sur ses aptitudes et ses dispositions.

Les carrières du droit, je vous le disais tout à l'heure, ne sont pas toutes ouvertes aux femmes. Nous étudierons d'abord celles qui leur sont accessibles.

La première, la plus connue, celle à laquelle on pense tout de suite est le barreau. Elle est ouverte aux femmes depuis 1900, et vous savez qu'en ces derniers 25 ans, les avocates se sont multipliées. Lors des fêtes qui ont eu lieu au début de cette année pour célébrer ce 25e anniversaire, elles étaient des centaines venues de tous les points de France. C'est surtout à Paris qu'elles sont nombreuses, et leur nombre s'accroît sans cesse, si bien qu'en ce moment, le Conseil de l'Ordre du Barreau de Paris reçoit des demandes d'admission au stage plus nombreuses de la part des jeunes filles que de la part des jeunes gens. Depuis le temps où la première avocate, Mlle Chauvin, a prêté serment, le barreau féminin a gagné du terrain. Telle avocate, comme Mme Maria-Vérone, est célèbre à l'égal des plus grands bâtonniers. Plusieurs jeunes filles ont conquis le titre envié de secrétaires de la conférence du stage, les avocats les plus éminents ont pris des jeunes avocates comme collaboratrices et s'en déclarent enchantés. Le barreau féminin a donc fait des progrès certains et peut mépriser les attaques de tel antiféministe notoire, nous pensons à M. Clément Vautel, qui de temps en temps annonce la faillite des avocates, parce que l'une d'elles a renoncé à la toge pour fonder une maison de couture ou pour faire du théâtre. Il ne remarque pas que, de même, des jeunes gens qui tous les ans prêtent serment, la plupart, au bout de peu de temps, abandonnent le barreau pour une autre carrière de moins longue attente.

Quelles sont, devons-nous rechercher, les qualités et aptitudes que doit présenter une jeune fille pour songer au barreau ?

Avant tout, comme dans toutes les carrières libérales, une situation de fortune qui lui permette d'attendre, et d'attendre longtemps peut-être, la réussite. Une avocate devra penser que de longues années s'écouleront, avant que les honoraires qu'elle gagnera en plaidant soient suffisants pour lui permettre d'en vivre; bien plus, les règles de son Conseil de l'Ordre lui interdiront, sous peine de radiation, de chercher à gagner sa vie d'une autre façon; il lui faudra donc attendre, et vivre en attendant.

Une autre condition essentielle de l'exercice de la carrière d'avocat est une santé à toute épreuve. Le barreau, on ne le sait pas assez et il convient de mettre en garde les jeunes filles sur ce point, exige, quand on l'exerce consciencieusement, une très grande endurance physique. Je vous cite l'avis autorisé de M. le Bâtonnier Mennesson qui, pendant deux ans à la tête du Barreau de Paris, a pu observer la vie des avocates; la revue *l'Enfant*, qui publiait une série d'articles sur l'Orientation professionnelle vers les carrières et professions intellectuelles, l'ayant prié d'écrire une étude sur l'avocat, nous en extrayons ce passage : « L'endurance qu'un tel genre de vie suppose, doit, au gré des féministes les plus convaincus, dont nous ne sommes pas exclu, faire réfléchir les femmes qui songent au barreau; elles y trouvent empressement, respect, dévouement et emploi; mais les travaux inhérents à la profession et surtout les fatigues physiques provoquées par la longueur des couloirs et le nombre des escaliers du Palais, leur conseillent de bien calculer leurs forces avant de prendre une décision définitive ».

A côté de cette endurance physique, l'endurance morale n'est pas moins nécessaire. Les nerfs de l'avocate qui se passionne pour ses procès et s'attache à ses clients seront souvent soumis à une rude épreuve. De plus, la concurrence professionnelle au Palais est terrible; les relations confraternelles s'en ressentent; devant la concurrente que représente pour eux une consœur, certains avocats se révéleront hostiles et cette hostilité nous meurtrit durement car, pour être avocate, on n'en a pas moins conservé une sensibilité féminine qui fait que nous souffrons plus que les hommes des duretés inhérentes à l'existence professionnelle. Disons tout de suite pour ne pas trop pousser au noir ce tableau des relations entre avocats et avocates, que ces manifestations d'hostilités sont rares, qu'elles sont largement compensées par des témoignages de sympathie et qu'en somme, au Palais, la confraternité n'est pas un vain mot.

Mais il n'en reste pas moins vrai que l'avocate aura inévitablement des heures de découragement, et c'est pourquoi il sera désirable qu'elle soit entourée d'une famille aimante, qui lui puisse être une aide morale. Sa profession qui exige pour la préparation des affaires un travail à la maison, lui permettra de ne pas quitter son foyer; rien ne l'empêchera donc, et c'est en fait ce qui arrive pour beaucoup d'entre elles, de se marier et de ne négliger ni son mari, ni ses enfants.

Quelles sont encore les qualités nécessaires à une avocate? Du talent, dira-t-on. Evidemment, du talent, mais on ne peut savoir si on en a qu'après des mois, sinon des années de pratique. De plus, le talent est un don et toutes ne le possèdent pas.

Ce que l'on peut par contre recommander aux avocates, c'est le travail et surtout la conscience professionnelle, l'exactitude.

Avouons-le avec franchise, si les avocates ont gagné du terrain, il reste quand même contre elles dans l'esprit de certains, et notamment de certains hommes d'affaires, une méfiance. Cette méfiance provient, croyons-nous, de l'erreur commise par quelques-unes de celles qui sont arrivées les premières. Elles n'étaient pas toujours prêtes à plaider quand il le fallait, laissaient passer l'heure ou la date fixées pour une plaidoirie, par négligence, les intérêts du client en souffraient et, dans le public, l'idée se répandait qu'on ne pouvait pas compter sur elles. Il faudra donc, avant tout, qu'une avocate s'attache à être ponctuelle, prête à plaider toujours où il le faut, à la date et à l'heure indiquées. Moyennant ce, elle aura, comme ses confrères masculins, la satisfaction de réussir.

Pour les autres carrières que permettent aux femmes les études de droit, j'extrais maintenant d'un rapport envoyé au Congrès par Mlle Clément, docteur en droit de la Faculté de Marseille, le passage suivant :

Les contentieux. — Les études de droit constituent également une base juridique nécessaire, sinon suffisante pour accéder à des postes importants dans les contentieux, et d'une façon générale, les administrations. Compagnies d'assurances, Compagnies de navigation, Banques, Maisons de Commerce, Grands Magasins, etc.... sont susceptibles d'offrir, à cet égard, des situations intéressantes et d'un bel avenir. Il faut reconnaître cependant que l'on s'est montré, jusqu'à présent, assez hostile à l'admission des femmes dans ces services; quelques rares d'entre elles, exceptionnellement, et par relations, y ont été accueillies; encore à titre et à valeur égale, la situation qui leur est faite est-elle souvent plus modeste que celle qu'on réserve à leurs collègues masculins. Hostilité de principe? moindre confiance en leurs capacités techniques et leurs qualités professionnelles? crainte d'un avenir moins stable eu égard au mariage possible et à l'abandon consécutif de l'emploi? On ne sait. Toutes ces raisons pourtant ne sont pas étrangères, sans doute, de façon ou d'autre et suivant les cas, à l'état de fait que nous constatons; plus ou moins légitimes, on peut en déplorer les résultats et souhaiter que d'heureuses expériences aient raison de ces regrettables préventions.

Les emplois de contentieux demandent d'ailleurs une formation pratique préalable, qu'un stage plus ou moins prolongé dans une étude d'avoué ou de notaire pourra contribuer nettement à faire acquérir, et que les jeunes filles désireuses de s'orienter dans cette voie seront sages de ne pas négliger; elles devront en outre manifester les nettes qualités d'initiative, d'intelligente méthode, de sérieux et de discrétion qui leur permettront d'être estimées sans désavantage.

Les secrétariats de Syndicats, d'Administrations industrielles ou de maisons commerciales appellent, croyons-nous, les mêmes remarques.

Les carrières administratives. — La licence en droit facilite l'accès des emplois administratifs, celui de rédactrice du moins, dans la plupart des Ministères et dans les Préfectures. Mais le recrutement pour tous ces emplois est généralement assuré par un concours dont il est indispensable de consulter d'avance le programme détaillé et de connaître la date précise.

Comme tout ce qui se rattache à l'Administration, ces carrières, une fois surmontés les aléas du concours, offrent un caractère de sécurité qui peut séduire; elles obligent cependant à résider, sans choix possible, soit à Paris, soit dans des centres déterminés, et ce peut être là, dans certains cas, pour une jeune fille surtout, un réel inconvénient. Ajoutons que, dans la plupart des Ministères, les femmes ne peuvent occuper en principe, malgré leurs titres ou leurs capacités, les postes supérieurs. On ne peut s'empêcher de s'en étonner.

L'inspection du travail et la sous-inspection de l'Assistance publique. — Egalement accessibles au concours exigent, outre une culture générale étendue et approfondie, de solides connaissances en droit. Carrières d'un vif intérêt pour des femmes actives, énergiques et dévouées, dont la robustesse et la résistance peuvent supporter vaillamment la grande fatigue des tournées; ces deux emplois sont certainement susceptibles de séduire des générosités féminines; étant donnés pourtant la rareté des concours et le nombre très limité des postes, il serait imprudent de compter absolument sur eux; par contre, les loisirs d'une situation déjà assurée pourraient permettre la préparation de ces examens assez aléatoires.

Le professorat. — Au nombre des situations directement dérivées du droit et accordées par l'Etat à la suite d'un concours, je dois signaler encore le professorat des Facultés de Droit. L'agrégation ouverte assez récemment aux femmes leur permet en effet d'occuper une chaire; nulle encore n'a été admise dans l'auguste Université, mais quelques-unes s'y préparent; on sait que les deux doctorats, juridique et économique, sont d'abord nécessaires pour affronter la sévérité du jury.

Etudes ardues et prolongées qu'une rare élite seulement peut aborder; peut-être réservent-elles tout de même à certaines d'heureuses surprises.

Divers. — Indiquerai-je enfin pour terminer que des connaissances de droit facilitent, mais pour les emplois subalternes seulement jusqu'ici, en ce qui concerne les femmes, l'accès des diverses carrières des Finances, de l'Enregistrement, des Hypothèques, des Services de Retraites Ouvrières dans les Préfectures, etc...? On peut regretter que ces carrières ne soient pas véritablement accessibles à celles dont la culture et les capacités professionnelles pourraient trouver là d'intéressants débouchés, favorables plus que d'autres, semble-t-il, par les conditions mêmes du travail qu'ils demandent à l'activité féminine.

Arrivons maintenant aux carrières qui, encore inaccessibles

aux femmes, leur seront ouvertes, nous l'espérons, dans un proche avenir.

La première de laquelle je veux m'occuper est le notariat. Il nous paraît qu'elle aurait dû être, sans résistance, ouverte aux femmes depuis longtemps. On ne pouvait faire valoir contre elle les arguments que l'on a fait valoir pour le barreau, qui cependant nous est ouvert depuis 25 ans. Alors qu'une avocate est obligée de s'absenter souvent de sa maison, une femme notaire devra rester chez elle, et la principale objection que l'on fait au travail des femmes, qu'il risque de les détourner de leur foyer, n'existe pas ici.

En second lieu, ce n'est pas seulement à son foyer que le notariat conservera la femme, c'est à sa ville, voire même à son village. Celles que cette carrière pourrait tenter sont en effet les jeunes filles disposant d'un petit capital, insuffisant peut-être, étant données les conditions économiques à l'heure actuelle, pour constituer une dot leur permettant de se marier sûrement, mais suffisant pour acheter une étude dans la contrée. Ce peuvent être également des jeunes femmes restées veuves, avec un ou plusieurs enfants à élever et un capital modeste dont les revenus doivent être augmentés pour faire vivre la famille.

Jeunes filles, célibataires ou veuves, pourvues de ressources insuffisantes, il leur faut travailler. Que feront-elles ? A Paris, dans les grandes villes où l'on admet le travail des femmes, elle pourront trouver une situation. Dans les petites villes, ce sera à peu près impossible. Elles auront la ressource d'acheter un magasin, mais je crois que beaucoup ne le feront qu'à contre-cœur. Tout d'abord en province, dans la bourgeoisie, un préjugé stupide et qui tend à disparaître, mais qu'une femme seule aura du mal à affronter, veut que l'on se déclasse en tenant un magasin. Par ailleurs, toutes les femmes n'ont pas nécessairement le goût et le sens du commerce. Alors il leur restera la seule ressource, et c'est ce qui en fait arrive le plus souvent, de partir, de quitter leurs amis, leurs parents, pour aller surpeupler la grande ville. On aperçoit les raisons qui les poussent. En province pour une femme qui, n'étant pas mariée, n'a pas les occupations de son ménage, c'est une vie mortellement vide et ennuyeuse. Dans la grande ville au contraire, les distractions abondent et surtout, nous le répétons, c'est dans la grande ville seulement qu'à l'heure actuelle, la jeune fille douée d'une certaine instruction trouvera une occupation conforme à ses goûts et qui lui permettra de gagner sa vie.

Mais à côté de ces avantages, que d'inconvénients ! La jeune fille quitte sa ville natale pour le grand centre, pour Paris le plus souvent, Paris qui à l'heure actuelle est le refuge de presque toutes; elle y vit dans un isolement qui la rendra plus faible si un jour la tentation se présente, dans des conditions d'hygiène déplorables, d'une vie fiévreuse ; ce sera préjudiciable, et pour elle dont la santé et la moralité peut-être se perdront, et pour la France qui verra par là ses campagnes se dépeupler un peu plus.

Pour y remédier, il n'y a qu'un moyen: ouvrir aux femmes seules, qui ne se marieront pas, des carrières qui leur permettront d'avoir chez elles, dans leur petite patrie, une vie active et intéressante. Le notariat, me semble-t-il, est la carrière rêvée à ce point de vue. Cela est si vrai que l'année dernière un notaire de petite ville est venu nous voir et nous a dit qu'il serait désirable que les Ligues féministes émissent un vœu pour demander que l'accès du notariat fût ouvert aux femmes; qu'il était assuré, pour avoir suivi les congrès de notaires, que ce vœu, s'il laissait indifférents les notaires des grandes villes, serait appuyé par les notaires des petites villes.

Une profession qui permet à la femme cultivée de rester dans sa famille et dans sa province, voici à notre avis les principaux avantages du notariat.

Une deuxième question vient alors se poser. Les femmes, physiquement et intellectuellement, sont-elles aptes à l'exercer? Cela ne nous paraît pas douteux.

Physiquement, un notaire n'a pas de travaux pénibles à accomplir et qui exigent une force particulière. Le notariat exige bien moins d'endurance et de moyens physiques que, par exemple, les professions d'avocat ou de commissaire-priseur qu'il est loisible aux femmes d'exercer aujourd'hui.

Il n'exige pas non plus, répétons-le, les sorties fréquentes qui peuvent être préjudiciables à la bonne tenue du ménage et qui constituent une fatigue réelle.

Pour faire un notaire il faut :

1º Un diplôme que des études de droit permettent d'acquérir et dont de très nombreuses jeunes filles sont titulaires.

2º Un capital plus ou moins gros suivant l'importance de l'étude que l'on veut acheter, et nous avons déjà signalé que dans les petites villes surtout un capital dont le revenu est insuffisant pour vivre pourra servir à acheter une étude.

3º Il faut certaines qualités dont les principales nous paraissent être surtout beaucoup d'ordre dans les affaires, de la conscience professionnelle, un jugement sain, un grand bon sens et une application scrupuleuse. Ces qualités sont précisément celles de bien des femmes. Quant au secret professionnel, puisque les femmes peuvent être avocates et médecins, c'est qu'on les a jugées capables de le garder, et cette objection ne peut pas être faite. Nous ne voyons donc pas quelle raison valable peut s'opposer à ce que l'on ouvre aux femmes l'accès du notariat.

Pendant la guerre, de nombreuses femmes de notaires ont en fait mené et très bien mené l'étude de leurs maris alors que ces derniers étaient mobilisés, fournissant ainsi la meilleure preuve que rien ne s'oppose à la réforme que nous sollicitons.

Une proposition de loi a été déposée dans ce sens le 9 décembre 1920 par M. Proust, député d'Indre-et-Loire, mais elle n'a pas été encore votée. Quelques Directeurs d'écoles de notariat et Présidents de Chambres de notaires se déclarent favorables à cette loi ; notamment M. Moreau, directeur de l'Ecole de notariat de la rue Notre-Dame-des-Champs à Paris, considère que « pour la femme obligée de travailler, cette profession est la plus digne, la plus sûre et la plus conforme à ses aptitudes, qu'aucune autre ne lui offre autant de garanties matérielles et morales, et par le milieu où elle s'exerce, et par la nature de son action. Mais on ne saurait se dissimuler, ajoute-t-il, qu'il y aura encore des préjugés à vaincre et que, pour en triompher pleinement, les femmes doivent s'affirmer en n'abordant la profession que munies de connaissances techniques qui leur permettront de prouver leur capacité, sans quoi elles se heurteront longtemps aux idées préconçues qui diminuent leur rôle. »

Signalons aux jeunes filles qu'intéresserait le notariat que, dès à présent et en attendant que la loi que nous espérons soit votée, elles peuvent, d'une part suivre les cours des Ecoles de notariat, lesquelles leur sont ouvertes : à Angers, Bordeaux, Clermont-Ferrand, Dijon, Limoges, Lyon, Marseille, Montpellier, Nantes, Paris, Rennes, Rouen, Toulouse ; d'autre part, elles peuvent également chercher une situation de clerc de notaire, bien des femmes le sont déjà, qui leur permettra de se familiariser avec la pratique des affaires.

Nous avions également envisagé dans notre rapport la question des femmes avoués et des huissiers, mais la suppression des petits tribunaux nous amène à reporter l'étude de cette question à plus tard.

Je veux, avant de passer à une autre carrière, examiner la législation des divers pays civilisés, en ce qui concerne celle que nous venons d'étudier.

En Angleterre, les femmes peuvent être notaires et solicitors ou law agent, ce qui correspond à peu près à avoué ou agréé.

En Hollande, les carrières d'avocat et d'avoué, qui sont généralement combinées, leur sont ouvertes.

En Allemagne, un décret du 11 juillet 1922 a permis aux femmes d'accéder à toutes les carrières et à tous les emplois du droit.

En Norvège, il y a sur ce point, comme sur tous les autres, égalité complète entre les deux sexes, puisque toutes les professions, carrières et situations, sont accessibles aux femmes qui se voient interdire seulement le sacerdoce et l'armée.

Aux Etats-Unis enfin, c'est un peu plus compliqué. La pratique de la loi n'est pas divisée en deux groupes et il n'y a pas de distinction entre le barreau et la procédure. Les plaideurs sont assistés d'une seule personne appelée « attorney » (avoué) ou « counsellor at law » (conseiller en lois). Tous sont membres du barreau. Un grand nombre d'hommes de loi sont aussi notaires, mais le notariat n'est pas considéré comme une carrière du droit.

Dans la plupart, sinon dans tous les états des États-Unis, les femmes sont admises au barreau comme attorney ou counsellor at law. Dans certains États, comme le Massachusets, des femmes ont été nommées notaires.

Nous soumettons à l'approbation du Congrès le vœu suivant :

« Que la proposition de loi déposée par M. Proust, député d'Indre-et-Loire, le 9 décembre 1920 soit promptement mise à l'étude par le Parlement, et qu'en France comme en d'autres pays, l'accès du notariat soit ouvert aux femmes ».

Je veux maintenant étudier la carrière de magistrat.

En France, la carrière de magistrat, (nous mettons de côté les magistrats consulaires et les magistrats de prud'hommes), est interdite aux femmes, et cela fournit un exemple des anomalies dont les réformes incomplètes obtenues jusqu'à présent fournissent l'occasion.

Lorsqu'une cour ou un tribunal ne sont pas au complet, le Président remplace le magistrat absent par un avocat, à qui il demande de venir siéger à ses côtés et qui remplit ainsi les fonctions de magistrat. Il suffit pour cela d'être majeur et avocat. Une avocate majeure ne le pourra pas, parce qu'une femme ne le peut, et bien que cette charge de remplacer un magistrat rentre dans les attributions de l'avocat dont on lui a conféré le titre et les droits sans restriction aucune.

Il nous paraît que la carrière de magistrat pourrait être ouverte aux femmes. Elles font les études suffisantes, elles ne manquent pas de la conscience et du zèle nécessaires, elles ont le sens de l'équité et au cours de l'histoire, dans l'ancienne France notamment, des femmes ont souvent servi d'arbitres pour trancher des différends ou ont rempli de véritables charges de magistrat.

Nous croyons que s'il leur était permis de siéger dans nos tribunaux modernes, leur influence se ferait sentir sur la famille si attaquée de nos jours.

En matière de divorce, de séparation de corps, de garde d'enfant, d'adoption, leur action serait utile et bienfaisante à la société. Cela pour les tribunaux civils.

Pour les tribunaux correctionnels, il en est un où leur place est marquée : c'est le tribunal pour enfants. Une femme au moins devrait toujours siéger dans le tribunal qui juge un enfant.

Les femmes dans la magistrature comme dans le notariat trouveraient un milieu qui les traiterait avec respect.

A côté de ces fonctions de magistrat de profession, nous voulons parler aussi, bien que ce ne soit pas à proprement parler une carrière, du jury des Cours d'assises. Là aussi les femmes devraient être admises.

Une des objections que l'on fait valoir contre cette réforme est que la Cour d'Assises a parfois à connaître des affaires de mœurs qu'une femme sera gênée de suivre. Répondons à cela qu'en fait, un juge n'est pour ainsi dire jamais obligé de juger et de suivre une affaire qui lui déplaît. Il lui suffit de demander soit à l'avocat général, soit à l'avocat, de le récuser. Quand la femme faisant partie d'un jury saura que tel jour on doit juger une affaire à huis clos, elle n'aura qu'à se faire dispenser ce jour-là. Les jeunes avocates savent s'arranger pour ne pas suivre ces débats, la femme juré fera de même.

Son rôle pourra être bienfaisant. Sans entrer dans une étude approfondie, signalons que presque toujours les jurys masculins se montrent d'une indulgence révoltante pour les crimes commis contre les enfants. On les voit acquitter des parents dénaturés qui ont fait mourir de faim et de mauvais traitements leurs enfants. Un exemple récent a été donné à Versailles, et de tous les côtés en France, les femmes se sont indignées contre un tel verdict. Mesdames Yvonne Sarcey, Blanche Vogt, Simone Ratel entre autres, se sont fait les interprètes de cette indignation des mères françaises. Il n'est pas douteux que les femmes qui feront partie d'un jury jugeront autrement que les hommes dans des cas de ce genre.

De même, quand elles auront à juger, soit jugés de carrière au tribunal pour enfants, soit jurés en Cour d'assises, de jeunes criminels, elles pourront constater pour la combattre ensuite l'influence que négligent trop les hommes, de la mauvaise littérature et du mauvais cinéma sur la criminalité des jeunes gens. Bordeaux a vu récemment condamner à mort deux jeunes gens dont le crime odieux avait été évidemment influencé par le cinéma. La Section Girondine du Conseil National des Femmes Françaises a tenu à le signaler.

De ces quelques observations, on peut déduire que l'accession des femmes aux fonctions de juges et de jurés est désirable aussi bien pour la société que pour elles-mêmes.

De nombreux pays l'ont compris.

En Angleterre, les femmes peuvent être magistrats, jurés, juges de paix. De même en Allemagne, depuis le décret du 11 juillet 1922 dont nous avons déjà parlé à propos des femmes notaires.

En Norvège, là comme en tout, l'égalité est complète.

Aux Etats-Unis, dans certains cas, des femmes ont été nommées juges dans les divers tribunaux. Elles sont jurés dans 22 Etats et la question est à l'étude dans les 26 autres.

Sur ce point comme sur bien d'autres, la France est en retard sur bien des pays de grande civilisation. Il convient qu'il n'en soit plus ainsi. Et dans ce but, je me permets de présenter au Congrès les vœux suivants :

1er vœu.

Que l'accès aux fonctions de magistrat soit ouvert aux femmes en France aux mêmes conditions qu'aux hommes.

• 2e vœu.

Que les femmes puissent faire partie des jurys de la Cour d'Assises en France de la même façon et dans les mêmes conditions que les hommes.

Communications et Discussions

M. le chanoine Vendeuil estime que l'on sort de la question de l'Orientation professionnelle, en émettant le vœu que les femmes soient jurés et qu'il serait préférable de demander seulement qu'elles aient l'accès aux fonctions de magistrat.

Mlle Manon Cormier accepte la suggestion de M. le chanoine Vendeuil et modifie son vœu dans ce sens.

Mme Grandjean signale que le droit n'ouvre pas encore beaucoup de carrières aux femmes, mais qu'il existe cependant des débouchés intéressants dans ce domaine pour des femmes instruites ayant de sérieuses connaissances en droit; notamment l'enregistrement des plaidoiries, carrières presque exclusivement féminines qui ne demandent qu'une présence assez courte au Palais, tout le travail de mise au net pouvant se faire chez soi.

L'Association des Sténotypistes reçoit beaucoup d'offres d'emploi pour ce genre de travail.

Enfin, la situation de secrétaire auprès d'un avocat peut convenir parfaitement à des femmes ayant au moins la licence en droit et capables de prendre des notes soit en sténographie, soit en sténotypie.

LES CARRIÈRES LITTÉRAIRES
LA CARRIÈRE DE JOURNALISTE A L'HEURE ACTUELLE

Rapporteur Général : **Mlle Jeanne L. Cappe**
Publiciste, Rédacteur littéraire en chef au journal « Le XX⁰ Siècle »
de Bruxelles[1]

I. — Le journalisme, envisagé comme une profession éventuellement féminine.
Le reportage.
La rédaction.
Le secrétariat de rédaction.

II. — Le journalisme envisagé comme un heureux débouché pour d'autres professions féminines.
La chronique ménagère.
La chronique de la mode.
Les pages pour enfants.

III. — Les carrières littéraires.

Le journalisme devient, dans la société, un instrument d'une puissance toujours croissante. En Belgique, pendant la guerre, lorsque les journaux qui avaient quelque sens de leur dignité, durent cesser de paraître, on s'aperçut à quel point le journal est indispensable à la vie d'un peuple et combien il intéresse ses moindres réactions.

L'action du quotidien est telle, que l'heure de l'édition change complètement l'aspect, sinon les idées de l'homme dans la rue.

Mais c'est peut-être parce que, chez nous, le journal est né de l'opinion et pour l'opinion, plutôt que d'un but pécuniairement intéressé, que l'on songe rarement à y faire une carrière proprement dite, à y orienter, au sortir des humanités, filles ou garçons.

Aussi bien, dans le journalisme, on n'acceptait guère autrefois que d'anciens avocats, des diplômés universitaires. Ce n'est que depuis peu, qu'au grand dam de sa valeur, il devient fréquemment le « refugium peccatorum » des demi-lettrés, des écrivains à la dérive.

[1] 11, boulevard Bischoffsheim, Bruxelles.

La situation de la profession est, d'autre part, si souvent lamentable que bien des gens n'ont aucun scrupule à collaborer à des journaux d'opinions contradictoires et à faire bon marché de toute probité intellectuelle.

Bien lancé, bien dirigé et bien soutenu, le journal peut et doit cependant offrir des carrières suffisamment rémunératrices.

Le journalisme peut être envisagé comme une profession proprement dite et éventuellement féminine.

Il peut, par ailleurs, constituer un heureux débouché pour d'autres professions féminines. Dans certaines de ses attributions, la profession est parfaitement adaptée aux aptitudes féminines, et peut même étendre l'influence de la femme dans des domaines qui ne l'éloignent pas de son rôle naturel, de ses fonctions d'épouse et de mère.

Le reportage. — La profession de journaliste comporte des attributions bien diverses. Il est assez curieux de constater que c'est précisément celle qui, parmi ces dernières, convient le moins aux femmes, qui les a le plus attirées. Depuis l'armistice, nombre de femmes font chez nous du reportage.

Mais, quoique cela paraisse simple de « reporter » un accident, une cérémonie, une catastrophe, le métier demande des aptitudes bien définies. Il faut avant tout, pour faire du reportage, une excellente santé générale, une grande résistance à la fatigue à cause des voyages auxquels on est quotidiennement astreint.

Le coupe-file ne garantit pas toujours à la Presse les places assises. Il faut savoir attendre, debout, des heures durant, le bon plaisir des personnages et la fin des cérémonies que l'on est venu filmer, pour en donner, en dernière heure, une relation plus exacte, plus rapide que celle du confrère voisin.

Une bonne vue et une bonne audition sont aussi indispensables au point de vue physique qu'une bonne faculté d'observation et un grand sens des détails le sont au point de vue psychologique.

Il importe également de ne pas posséder une trop grande émotivité. Les crimes, les suicides, les accidents sont, pour l'ordinaire, des spectacles qui ne laissent pas d'être impressionnants — surtout pour une femme — et cependant, le lecteur voudra savoir fort exactement en combien de morceaux l'assassin a découpé sa victime.

Etre très débrouillard est une qualité essentiellement requise chez le reporter. De même doit-il être dans une tenue toujours impeccable. Ceci d'ailleurs augmente singulièrement les frais de toilette, lesquels, se majorant davantage chez le reporter féminin, diminuent d'autant ce qu'elle gagne.

« Reporter » ne consiste pas uniquement à « aller voir ». Il faut encore relater ce que l'on a vu, non seulement avec le respect de l'objectivité, mais d'une manière émouvante, susceptible de donner au lecteur l'impression qu'il a été, lui-même, au premier rang des spectateurs.

Le choix des titres, la mise en évidence du détail palpitant, qui ont une telle importance dans la rédaction des faits divers, n'exigent pas seulement une grande facilité de rédaction et beaucoup d'imagination. Ce qu'il importe encore, c'est de connaître à fond la psychologie du lecteur et de le toucher à l'endroit sensible par un récit adroit.

Ceci touche d'ailleurs à des qualités morales, tout premièrement exigées.

On ne remue pas impunément les bas-fonds de la Société. Sans devenir des sermons, les faits-divers ne peuvent être relatés de telle sorte qu'ils exploitent le psittacisme des lecteurs ou exaltent dangereusement l'imagination de certains.

Il faut, pour exercer ce métier, le prestige de l'âge, une grande maturité d'esprit et l'expérience de la vie. Une toute jeune fille n'y sera jamais à sa place, encore qu'elle possède les aptitudes physiques et intellectuelles requises.

Ce qui est dit du reportage des faits-divers reste également vrai pour les sports.

La femme est, à mon avis, moins qualifiée encore pour y faire du reportage. Je ne la vois point, par exemple, aux courses, se mêlant au monde interlope des parieurs, y faisant figure au nom d'une Presse se respectant et respectant ses collaborateurs.

La rédaction. — Etre « rédacteur » est déjà une position plus stable, plus qualifiée, plus rémunératrice aussi que celle de reporter.

Reste à savoir s'il convient à la psychologie féminine de se faire l'écho de la mêlée politique, — souvent de la politicaille — de créer ou d'entretenir une atmosphère de parti. Le prestige d'une signature féminine l'emportera-t-il jamais — et avec quelques raisons — sur le prestige d'une signature masculine ?

La question n'est pas là. Si des femmes ont des motifs exceptionnels pour écrire et publier dans un domaine qui est si peu le leur, il faut qu'elles y témoignent d'une valeur morale et intellectuelle qui les excusent plus ou moins de n'être pas à leur place.

Aussi bien, l'atmosphère des salles de rédactions n'est pas toujours excellente. On y retrouve tous les inconvénients des bureaux mixtes. Quelques femmes sont *secrétaires de rédaction* ou *rédacteurs en chef*, et ceci semble faire ressortir davantage certaines aptitudes féminines en même temps que constituer une profession plus équitablement rémunérée. Elle est toutefois plus absorbante qu'une autre et demande d'autant une santé robuste.

Pour le journaliste — homme ou femme — il n'y a, en effet, ni jour, ni nuit. La « dernière heure » n'a, en réalité, pas d'heure et oblige à veiller tardivement, à être toujours sur la brèche, toujours prêt à improviser, à remplacer, à intercaler, à supprimer à propos.

Dans ce sens, les qualités intellectuelles, absolument indispensables à la femme journaliste, sont nombreuses. Outre une culture générale étendue, il est nécessaire qu'elle ait acquis, par de fortes études et par l'expérience, une grande faculté de synthèse et de coordination en même temps qu'un jugement très sûr. Il est essentiel qu'un journal ne se contredise en aucune de ses pages, et c'est le rôle du secrétaire de rédaction d'y veiller.

De même ce dernier devra-t-il posséder une mémoire supérieure — logique et mécanique — afin d'éviter les répétitions et de saisir l'opportunité des diverses insertions.

La force du journaliste réside en outre dans la spéculation adroite de l'actualité, dans sa promptitude à la mettre en évidence et à en tirer tout ce qu'il peut, dans l'intérêt des lecteurs ; ceci ne s'acquiert pas dans des livres ni même à « l'école des journalistes », mais dans une documentation toujours nouvelle. En plus d'une besogne écrasante, le secrétaire de rédaction est d'autant obligé de voir du monde, d'être partout où son journal doit être représenté, de beaucoup lire, de savoir utiliser toutes les compétences dont il dispose.

Dans certains journaux, le rédacteur en chef ou le secrétaire de rédaction ont encore la charge de veiller à la mise en pages du journal. Cette dernière exige, généralement, la station debout, dans une atmosphère saturée de plomb.

Elle implique des connaissances spéciales au moins sommaires, comme, par exemple, la connaissance de la technique typographique. Le jugement et le sens esthétique y interviennent également. Il faut savoir juger de l'importance diverse des articles, les mettre à la place qui leur convient et, pour ce faire, posséder une compétence dans les domaines les plus divers.

Il est évident que la surcharge et l'irrégularité d'une telle existence sont absolument incompatibles avec les devoirs et les charges d'une femme mariée.

Une jeune fille peut cependant s'y faire une situation. Certaines de ses aptitudes naturelles ne laissent pas d'y trouver un judicieux emploi : aptitude à l'organisation pratique, qualités d'ordre, de goût et surtout le sens si féminin de l'opportunité.

Il ne faut pas croire, toutefois, qu'une jeune fille puisse s'improviser journaliste professionnel. C'est une profession à laquelle des études spéciales ne peuvent complètement préparer. Elle demande de longs stages et beaucoup de maturité.

La pratique préalable ou concomitante de certaines professions libérales — comme le droit, la magistrature, l'enseignement par exemple — paraissent être les meilleurs adjuvants d'une formation complète et adéquate.

II. — Le journalisme
débouché de professions féminines diverses.

La chronique de la mode. — Si le journalisme, comme profession exclusive, n'est que fort exceptionnellement accessible aux femmes, et ne saurait vraisemblablement l'être au même titre que les professions libérales, il peut constituer, par contre, un excellent débouché pour d'autres professions féminines.

La chronique de la mode, dans la plupart de nos grands quotidiens, est tributaire de la publicité. Il est difficile — du moins en Belgique — de trouver des dessinatrices de la Mode.

Le dessin au trait, qui est un dessin convenant mieux au journal que la photogravure, exige un apprentissage spécial; en outre (ce qui est un don), la faculté de s'assimiler rapidement ce qui constitue la nouveauté, la vogue, la silhouette moderne, et beaucoup d'imagination créatrice.

Il serait souhaitable que la chronique de la mode fût rédigée par celle-là même qui l'illustre. Au reste, toutes les lectrices d'un journal s'intéressent-elles à cette rubrique et la veulent-elles écrite, tout aussi bien qu'un article de fond, dans une forme plaisante s'alliant à la grâce ailée de ce sujet.

Ceci implique donc également une grande facilité de style.

Chronique ménagère. — Encore un domaine où la femme peut intervenir. Depuis quelque temps, les questions ménagères reprenant leur place — une place importante comme il a été dit par ailleurs — les lectrices ne se contentent plus d'une modeste rubrique où s'égrènent deux, trois recettes de cuisine.

Il est curieux de constater l'intérêt croissant que le public prend à toutes ces questions d'organisation ménagère, aux articles sur la simplification du travail ménager, sur l'outillage moderne, sur le budget. Chaque fois que, dans la page de la femme, j'ai inséré l'un ou l'autre de ces articles, les lettres demandant des explications complémentaires et priant la rédaction d'élargir cette rubrique sont arrivées nombreuses. Les femmes bourgeoises, dont on s'est toujours beaucoup trop peu occupé et auxquelles on a toujours paru décerner un brevet d'incapacité, sont heureuses qu'on s'intéresse à leur sort de ménagères. Ce sort n'est pas aujourd'hui tellement heureux qu'il ne faille pas songer à l'améliorer. A ce point de vue, le quotidien, pénétrant partout, a sur la revue spécialisée une supériorité incontestable.

Les pages pour les enfants. — Les quotidiens qui font paraître des pages spécialement destinées aux enfants sont rares. Comme toutes les pages spéciales, elles coûtent cher et demandent une organisation très particulière.

Très grand pourtant est leur succès. Elles atteignent plus d'enfants que l'illustré et leur sont en bien des points supérieures. Là vente au numéro augmente dans des proportions considérables le jour de la semaine où le journal publie la page pour les enfants. Cette dernière constitue un moyen excellent pour arriver à faire du journal le journal des familles, qui sera nécessairement le meilleur journal, le journal bienfaisant.

Les pages pour les enfants sont toutes indiquées pour être dirigées et rédigées par des femmes qui savent tout naturellement parler aux enfants et les intéresser. Il serait souhaitable que des jeunes filles et des mamans s'y employassent davantage. A cet effet, j'ai sollicité souvent la collaboration de plusieurs d'entre elles, collaboration qui leur eût apporté un sérieux appoint. Je me suis presque toujours heurtée au manque de ténacité et surtout de régularité, contre lesquels on ne lutte peut-être pas assez dans la formation des jeunes filles de la classe bourgeoise qui doivent exercer un métier.

III. — Les carrières littéraires dans leur rapport avec le journalisme.

Puisqu'il est parlé, par ailleurs, et in extenso, des carrières libérales, je ne m'en occuperai pas ici, sinon pour souligner les rapports accidentels qu'elles ont avec le journalisme.

Il est manifeste que la profession d'écrivain peut s'exercer chez soi, et est, par conséquent pour la femme, plus praticable que d'autres professions. Par ces temps difficiles, l'appoint éventuel que ce travail apporte dans le budget n'est pas à dédaigner. Collaboratrice éventuelle de son mari, la femme n'en est que meilleure épouse.

Cependant, toutes les femmes ne naissent pas écrivains, encore que la majorité d'entre elles se croient douées de ce don rare et précieux.

Les journaux accepteraient volontiers de lancer bien des talents littéraires féminins s'ils n'étaient découragés par le nombre incalculable de jeunes filles résolues — malgré les conseils — à gagner leur pain à la pointe de leur plume et à traiter invariablement le même sujet. Poussées par la dangereuse manie de l'analyse, toutes veulent écrire leurs impressions. Ce qui est, pour elles senti est suffisamment pensé.

Je ne dis point que les quelques douzaines de jeunes filles qui envoient chaque semaine au journal des enveloppes lourdes de copie, écrivent mal. Certaines écrivent même fort gentiment. Ce qu'il importerait, à mon sens, de leur faire comprendre, c'est qu'il faut savoir écrire dans bien des métiers parce qu'il faut savoir faire un rapport, écrire des lettres, rédiger des comptes rendus.

Écrire pour en faire une profession est un art exceptionnel. Savoir écrire ne sert au surplus à rien, si l'on n'a pas appris à penser.

LA PROFESSION DE BIBLIOTHÉCAIRE

par **Mlle M.-M. Famin,**
éléguée de l'Ecole des Bibliothécaires de Paris[1].

C'est une des professions jusqu'alors « masculines » dont la femme a forcé l'entrée depuis la guerre.

Mon rapport devant être très court, je vais essayer de le diviser en trois parties, vous donnant une vue d'ensemble de la question.

1º Qu'est-ce que la profession de bibliothécaire? Les femmes ont-elles les aptitudes nécessaires à cette profession?

2º Quelles sont les études à faire?

3º Quels débouchés peut-on espérer?

Les bibliothèques peuvent se diviser en deux grands groupes :

1º Les bibliothèques d'études comprenant :

les bibliothèques nationales : la Nationale, Ste-Geneviève, Mazarine, Arsenal, Alger ;

les bibliothèques universitaires ;

les bibliothèques municipales classées (c'est-à-dire qui possèdent un fonds d'Etat) ;

les bibliothèques municipales non classées (c'est-à-dire qui ne possèdent pas de fonds d'Etat) ;

2º Les bibliothèques de formation comprenant :

les bibliothèques générales, improprement dénommées « populaires » et qui devraient être appelées « publiques » ;

les bibliothèques enfantines ;

les bibliothèques spéciales : d'hôpitaux, de casernes, de prisons, bibliothèques techniques, professionnelles devant offrir une documentation spécialisée (établissements publics ou privés, financiers, commerciaux ou industriels comme : banques, usines, etc...).

Cette énumération suffit à vous faire comprendre combien le travail du bibliothécaire peut être complexe et divers.

Là, deux conceptions s'opposent :

La conception ancienne qui assimilait le bibliothécaire à un conservateur de livres, et faisait de la bibliothèque un organe mort ou tout au moins bien peu vivant.

La conception moderne qui veut organiser la bibliothèque suivant une formule nouvelle, encore peu appliquée, mais formule d'avenir suivant laquelle cette bibliothèque combine l'étude et la formation. Là, le rôle du bibliothécaire n'est plus seulement intellectuel, mais devient aussi social ; le bibliothécaire n'est plus un conservateur, mais un professeur de lecture ; en d'autres termes,

1. 10, rue de l'Elysée, Paris.

c'est lui qui doit apprendre au public à se servir des livres, qui doit lui donner le désir de se cultiver.

Le rôle du bibliothécaire ainsi compris n'est pas toujours facile, mais combien intéressant, et les qualités de la femme la rendent particulièrement apte à ce travail.

Un exemple : dans mon énumération, j'ai cité les bibliothèques enfantines — on ne saurait donner trop tôt le goût de la lecture intelligente et saine — n'est-ce pas la femme qui peut le mieux s'occuper des enfants ? C'est une vérité si bien reconnue, que ce sont des jeunes filles qui dirigent les quelques bibliothèques enfantines existant en France.

Je n'ai malheureusement pas le temps d'entrer dans le détail du travail du bibliothécaire dans les différents genres de bibliothèques ; je tiens cependant à signaler une erreur très fréquente : il ne suffit pas d'aimer les livres pour faire un bon bibliothécaire, il faut aussi les connaître et savoir les faire connaître et aimer par les autres.

Quelle préparation faut-il avoir pour être bibliothécaire ?

D'une manière générale, pour les bibliothèques d'études, (sauf pour les bibliothèques municipales non classées), il faut avoir le baccalauréat et une licence ; il est bon aussi de passer par l'Ecole des Chartes et de posséder le diplôme d'archiviste-paléographe, qui confère le privilège des emplois d'archivistes départementaux.

Pour entrer dans les bibliothèques universitaires, il faut posséder le Certificat d'aptitude aux bibliothèques universitaires, qui donne aussi accès aux Municipales classées. On peut entrer dans ces dernières, si l'on possède le certificat d'aptitude aux bibliothèques classées, mais il ne donne pas accès aux bibliothèques universitaires. L'enseignement de l'Ecole de Bibliothécaires est une excellente préparation à ces certificats.

En résumé, pour ce premier groupe, il faut avoir fait des études supérieures, longues et coûteuses, avec un nombre d'emplois relativement restreint.

La femme qui a une vocation pour les bibliothèques, et qui, pour des raisons de diplômes, de fortune, etc... ne peut envisager les bibliothèques d'études en général, peut cependant se tourner vers :

1° Les bibliothèques municipales non classées dans une ville de province où elle se trouve avoir des relations lui facilitant une nomination du maire. L'enseignement de l'Ecole de Bibliothécaires la prépare à cet emploi parfois mis au concours par la Municipalité.

2° Les bibliothèques du deuxième groupe.

Pour celles-ci encore, c'est l'Ecole de Bibliothécaires qui lui donnera la meilleure formation. L'admission des élèves à cette Ecole, (on en prend trente au maximum) dépend d'un examen écrit et de l'appréciation de leurs titres (diplômes, curriculum vitæ, emploi, connaissances des langues, pratique des bibliothèques, aptitudes personnelles, etc...). Il faut en outre posséder pour la France, ou le brevet supérieur, ou le diplôme de fin d'études secondaires, ou le baccalauréat, ou tout autre diplôme supérieur aux précédents ; et, pour les autres pays, des diplômes correspondants.

Et quand on songe à ce que doit être le rôle du bibliothécaire, on ne peut trouver que la préparation demandée soit trop importante.

Il faut avouer malheureusement que la France est particulièrement en retard pour l'organisation de la lecture publique, contrairement, non seulement à l'Amérique et à l'Angleterre, mais à l'Allemagne, aux pays scandinaves, à la Suisse, à l'Italie. Nous avons, sur le papier, des bibliothèques populaires, scolaires, intercommunales, circulantes... ; en fait, tout cela est peu de chose, faute d'une organisation rationnelle et scientifique basée sur les deux principes suivants :

La bibliothèque doit être gérée par un agent sachant son métier pour l'avoir appris.

Il faut apprendre au public à se servir des livres ; en d'autres termes, il faut un enseignement de la lecture, donné par un bibliothécaire professionnel.

C'est pourquoi j'insiste sur l'importance de la formation du bibliothécaire.

Quels débouchés la femme peut-elle trouver dans les bibliothèques ?

Dans les bibliothèques du premier groupe, je l'ai déjà dit, le nombre d'emplois est relativement restreint. En outre, dans l'état actuel des règlements, sauf pour les bibliothèques universitaires, on ne peut passer d'une bibliothèque dans une autre sans perdre ses droits acquis à la retraite, s'il s'agit d'une Municipale classée ; et pour les Nationales, si la chose est théoriquement possible, en fait, elle n'est ni praticable ni pratiquée, sauf de très rares exceptions.

Dans les bibliothèques du deuxième groupe aussi, le nombre d'emplois est assez restreint, et cependant s'accroît depuis quelques années.

En même temps que l'Ecole de Bibliothécaires prépare ses élèves à une conception moderne de leur tâche, à côté d'elle l'Association des Bibliothécaires français et le Comité français de la Bibliothèque moderne, s'efforcent de propager la doctrine nouvelle et de poursuivre la transformation des œuvres existantes et la création d'œuvres nouvelles, sur le modèle de la bibliothèque Fessart et de la bibliothèque enfantine de l'Heure Joyeuse, rue Boutebrie, toutes deux à Paris.

Evidemment il peut paraître paradoxal de préparer des bibliothécaires professionnels, alors qu'en France du moins la « bibliothèque publique » n'est pas encore très connue. Mais le paradoxe n'est peut-être qu'apparent, car si le besoin crée l'organe, l'existence d'un organe supérieur provoque et intensifie le besoin; le besoin a créé la diligence, le chemin de fer a multiplié à l'infini le besoin et le désir du voyage.

Un progrès, du reste, se manifeste déjà : des bibliothèques adoptent la formule moderne (Levallois-Perret, Issy-les-Moulineaux, Saint-Denis); d'anciens élèves de l'Ecole de Bibliothécaires, déjà pourvus d'un emploi avant leur scolarité, ont orienté leur bibliothèque dans la voie nouvelle (Montluçon, Bayonne); on réorganise ailleurs encore, à Tarbes, à Nevers. Des mouvements se créent, tels que les bibliothèques des cités des cheminots des chemins de fer du Nord, etc...

Et les progrès ne pourront aller qu'en s'amplifiant, de sorte que si, actuellement, les bibliothèques n'offrent pas beaucoup d'emplois aux femmes, on peut croire que, d'ici à quelques années, elles ouvriront un beau champ à leur activité.

LES CARRIÈRES SOCIALES

(En l'absence de **Mme Gounouilhou**, **Mme Baudeuf** préside).

Rapporteur général : **Mlle de Roo**,
secrétaire des Œuvres Sociales Féminines Chrétiennes de l'arrondissement
de Bruxelles[1].

Rapport lu, en l'absence de Mlle de Roo, par Mlle Rose Delrue,
Docteur ès Lettres et Philosophie, de l'Université de Louvain (Belgique)

La lutte contre les différents fléaux sociaux a donné naissance
à des activités de plus en plus nombreuses qu'on désigne sous le
nom un peu vague de « Carrières sociales ». La *bienfaisance* organisée plus scientifiquement, l'*assistance* curative devenant de
plus en plus préventive, l'*hygiène* se vulgarisant et s'appliquant
à tous les âges et à toutes les conditions, ouvrent sans cesse de
nouvelles perspectives aux dévouements et aux compétences
dans le domaine qu'il est convenu d'appeler « le service social ».
Ces fonctions exercées d'abord gracieusement par les personnes
bénévoles et charitables sont rétribuées depuis que leur utilité
sociale se précise. Et des « écoles de service social » y préparent
méthodiquement, par des cours théoriques, des exercices pratiques
et des stages souvent prolongés, les candidates que des aspirations
vers l'apostolat social y amènent.

La plupart de ces « Carrières sociales » ont fait l'objet de monographies plus ou moins fouillées, analysant le « travail social »
demandé et les qualités et les connaissances requises pour y réussir :

Infirmière ;
Surintendante d'usine ;
Directrice de foyer ;
Directrice de restaurant féminin ;
Secrétaire d'une œuvre d'action sociale ;
Inspectrice du travail ;
Sous-inspectrice de l'assistance publique [2].

---

1. 44, rue des Eperonniers, Bruxelles.
2. Bibliographie. — Pour les carrières précitées voir monographies très
étudiées dans la *Rose des Activités Féminines*, Louise Mauvezin, 1925. Edition des Roses, 16-18-20, rue du Peugue, Bordeaux. Prix 30 fr.

Afin de donner une idée de la diffusion marquée des « Carrières sociales », voici pour notre pays quelques situations occupées par les auxiliaires sociales sorties des écoles de service social :

Directrices de secrétariats populaires, de restaurants féminins, Conseillères d'Orientation professionnelle, Directrices de bureaux de placement, Attachées à des Caisses de Compensation pour allocations familiales, Secrétaires de Mutualités, Attachées à la ligue des familles nombreuses, Surintendantes d'usines, Directrices et éducatrices de Foyers d'orphelins, Sous-directrices et Educatrices d'instituts pour anormaux, Educatrices dans les colonies scolaires, Directrices et adjointes de Homes pour enfants de justice, Inspectrices, Directrices et Monitrices de plaines de jeux, Inspectrices à l'Office de la Protection de l'Enfance, Déléguées à la Protection de l'Enfance, Directrices et adjointes de l'Internat pour enfants de Bateliers, Œuvre de la Protection de la jeune fiile; Service des gares, Inspectrices de consultations de nourrissons, Auxiliaires attachées à des consultations de nourrissons, Auxiliaires sociales à l'hôpital, au sanatorium, au dispensaire, au Centre neurologique, Secrétaires de dispensaires, Auxiliaires sociales aux Offices d'identification, Enquêteuses sociales, Secrétaires et économes de foyers pour jeunes filles, Econvmes de Homes pour infirmières, Secrétaires de Bourse patronale, Surintendantes d'usines et de grands magasins, Directrices, secrétaires, monitrices d'Ecoles de Service social, Bibliothécaires, Attachées à l'Œuvre nationale de l'Enfance, à la Croix Rouge de Belgique, aux écoles de Service social, à la Ligue d'Hygiène mentale, etc.

A côté de ces « services sociaux » créés, soit par des pouvoirs publics, soit par des groupements professionnels, il existe de plus en plus, tant en Belgique qu'à l'étranger, des « secrétariats sociaux » qui sont le siège d'organisations sociales, nationales, régionales ou locales, unissant les membres d'un même milieu social ou de même condition ou classe sociale visant un but d'éducation, d'entr'aide et de représentation.

Organisations ouvrières, agricoles, des classes moyennes, inspirées par un idéal de paix ou de lutte des classes, elles cristallisent en elles le mouvement social contemporain, mouvement ouvrier, agricole et petit bourgeois. Au fur et à mesure que leurs tâches de réforme sociale se précisent, elles se subdivisent en organisations masculines et féminines, en organisation de jeunes et d'adultes, tout en formant un ensemble autonome, un corps social organisé, animé par une doctrine de solidarité, de justice et de relèvement intégral. Ces organisations, tout en se centralisant de plus en plus nationalement et en reconnaissant une direction et un programme unique, décentralisent de plus en plus leurs centres d'activité par région, par sexe et par âge. En leur sein se développent les différents services d'assurance mutuelle contre tous les risques de chômage, de maladie, d'invalidité, de vieillesse et de mort; les formes multiples de coopératives de consommation et de production, les organismes variés d'épargne et de crédit; et, par-dessus tout, les institutions les plus adaptées pour l'éducation et la formation religieuse, morale, professionnelle, sociale de leurs différentes catégories de membres (ligues, cercles, écoles, journées d'études). Se proposant avant tout de lutter contre les injustices et les inégalités sociales exagérées, elles constituent en même temps des foyers éducatifs et récréatifs qui réagissent contre l'irréligion, l'immoralité, le trafic éhonté des plaisirs antifamiliaux et antisociaux. Ces organisations sociales tendent d'ailleurs à substituer leurs services d'assistance et d'hygiène à ceux qui furent créés par les pouvoirs publics, et à revendiquer l'organisation et l'autorité sur l'enseignement public à tous les degrés.

Au fur et à mesure que ces organisations se développent, elles offrent des « carrières sociales » nombreuses et variées : propagandistes, infirmières, administratrices, dirigeantes bénévoles ou rétribuées, permanentes des différents services d'assurances, de finance, de coopération, d'éducation et de récréation.

Les quelques remarques qui suivent, forcément incomplètes, concernent surtout les « carrières sociales » qui s'ouvrent de plus en plus dans nos organisations sociales chrétiennes, une expérience déjà longue m'ayant permis d'y faire des constatations peut-être utiles à celles qui voudraient y orienter des jeunes filles.

Il est évident que ces organisations sociales auront une influence décisive sur l'avenir religieux, moral et social de notre société. Les autorités religieuses et laïques voient clairement que la masse perd fatalement les fruits de l'éducation scolaire et familiale, si cette éducation n'est pas soutenue, prolongée et développée par une organisation sociale qui prend le jeune homme et la jeune fille dès l'école et qui les suit et les influence partout où leur âge, leur travail et leur vie les conduisent. Le règne de l'individualisme est passé. Le « laissez-faire, laissez-passer » a fait faillite. Le « chacun pour soi » est non seulement antichrétien, mais antisocial. Seule « l'entr'aide sociale organisée » peut faire régner avec la justice et la charité, plus de paix et plus de bien-être social.

Tous ceux que préoccupe l'avenir de la société et qui ont la responsabilité de l'éducation de la jeunesse doivent chercher les moyens d'inspirer à une élite des aspirations plus conscientes vers ces « carrières sociales » nouvelles et surtout, tâcher de développer en elles les qualités et les connaissances requises à cet apostolat social aussi impérieux que fécond.

Hélas, peu d'établissements d'éducation et d'œuvres de jeunesse développent chez leurs élèves et chez leurs membres cette trempe de caractère, cette mentalité sociale, cette préparation positive à la vie de travailleuses sociales. L'esprit d'association n'est pas inculqué d'une façon méthodique et positive, par un apprentissage concret et une lutte persévérante contre l'égoïsme, l'individualisme exagéré, la peur des responsabilités, l'apathie et la lâcheté.

Pour orienter en effet vers les carrières sociales des candidates capables, il faut développer en elles le plus tôt possible les qualités morales et les connaissances sociales qui les mettent à même de promouvoir et de développer partout les organisations sociales nécessaires.

Parmi ces qualités morales, il en est d'intérieures et d'extérieures.

Une personnalité très développée avec des idées et des convictions contrôlées et raisonnées, capables d'être communiquées aux autres; une discipline intérieure assez forte pour se dominer, s'oublier et se prêter aux démarches les plus humbles comme aux attitudes les plus énergiques, une confiance et un optimisme qui apprend à oser, à prendre des initiatives et des responsabilités; le sens de l'apostolat qui désire propager la vérité et les organisations nécessaires afin d'y arriver; une vie intérieure intense capable d'observer le recueillement, la sérénité, la joie intérieure au milieu de l'encombrement des tâches et des sollicitations; l'amour du travail et des travailleuses; le sens social qui fait comprendre les réalités sociales, les maux sociaux, les besoins sociaux et qui inspire le désir de s'y consacrer entièrement, l'esprit de persévérance et d'endurance qui permet la victoire sur les échecs, les désillusions et les crises inévitables.

Ces qualités intérieures doivent se doubler chez l'apôtre social de qualités extérieures qui lui permettront d'avoir non seulement du prestige et de l'autorité, mais aussi d'inspirer confiance, de s'attacher les cœurs, d'entretenir l'enthousiasme et d'éveiller autour d'elle les dévouements, les collaborations et l'esprit d'apostolat nécessaires.

Sa sociabilité et sa serviabilité, son tact et sa délicatesse, son entrain et sa bonne humeur, son égalité d'humeur, son impartialité et son équité, sa régularité, son ordre, son esprit d'organisation, sa tenue et son maintien éloignés de la familiarité comme de la froideur, sa jeunesse de cœur faite d'optimisme et d'enthousiasme, tout doit tendre à augmenter son influence sur les membres de son organisation.

Maîtresse de maison modèle, bonne ménagère même si elle est directrice de foyer féminin, de secrétariat populaire, aussi accueillante que simple et que pondérée, elle sera l'animatrice inlassable de toutes les activités qui y ont leur siège, la conseillère de toutes ses collaboratrices, souvent la confidente et même la directrice de conscience d'infortunées et d'éplorées, la pêcheuse d'âmes qui ont fait naufrage, si elle a un idéal chrétien.

Cette longue nomenclature de qualités nécessaires devrait évidemment être illustrée d'exemples, de cas vécus, pour en montrer toute l'importance et l'efficacité. Qu'elle ne décourage cependant pas les éducatrices, les directrices d'œuvres de jeunesse et toute bonne volonté agissante !

Bien des éducations livresques ou purement superficielles et maniérées ont laissé peu de traces sur les âmes d'adolescentes et de jeunes. D'autre part, il est frappant de constater combien de vocations solides et fécondes parviennent à susciter le vrai éducateur et la vraie éducatrice qui possèdent le secret et l'art d'apprendre à leurs élèves et à leurs disciples ces trois choses qui résument une formation sérieuse : apprendre à voir, à juger et à agir. Quand l'éducatrice a appris à agir dans et par l'organisation sociale, elle a donné la meilleure préparation pratique pour les « carrières sociales » au sein des différentes œuvres ou organisations sociales.

Certes, la formation en vue des carrières sociales est une chose difficile, parce que les carrières sociales sont elles-mêmes choses difficiles vers lesquelles il ne faut pas orienter les âmes lâches, efféminées, sensuelles et égoïstes. Celles qui s'y adonnent par dilettantisme ou par caprice, si elles n'y causent pas toujours de grands ravages, sont toujours cause de scepticisme et de stagnation par leur inconscience ou leur incapacité. Elles scandalisent d'autant plus vite que leur devoir d'état était d'édifier les autres.

Il va de soi qu'il est impossible de comparer les carrières sociales à d'autres métiers ou professions, et de s'imaginer que l'on peut embrasser une carrière sociale uniquement dans le but de gagner sa vie. Il est impossible d'être à sa place dans une carrière sociale avec un esprit mercenaire. Le travail social constitue une véritable mission haute et noble et doit être considéré comme tel.

Les qualités essentielles requises en vue d'une bonne orientation vers les carrières sociales ont été suffisamment étudiées dans « La Rose des activités féminines » de Mlle Mauvezin pour qu'il ne soit pas nécessaire d'y revenir. En Belgique, depuis la guerre surtout, les « carrières sociales » se sont subdivisées en spécialisations diverses. Les écoles de « Service social » répondent à une réelle nécessité dans notre pays tout au moins; en raison précisément de la préparation indispensable qu'elles estiment nécessaire en vue des carrières sociales.

En Belgique, il existe huit écoles de service social dont 4 sont catholiques, 2 sont socialistes et 2 neutres.

L'organisation de ces écoles est sensiblement la même dans les différents pays puisqu'elles répondent au même but.

Les études de service social supposent une certaine formation intellectuelle préalable. Aussi, toutes les écoles posent-elles des conditions d'admission, telles qu'un examen d'entrée ou un certificat d'études antérieures. Les connaissances exigées répondent généralement à celles que donne un bon enseignement moyen. Cependant, comme les ouvriers n'ont généralement reçu qu'une instruction primaire, l'examen d'entrée ou l'épreuve éliminatoire dans les écoles ouvrières a surtout pour but de s'assurer, moins des connaissances scolaires que de la maturité d'esprit de l'élève, de son développement intellectuel et de son aptitude au service social.

Les études comprennent en général deux années, pendant lesquelles l'élève doit se consacrer exclusivement à ces études.

La première année est une année de formation générale, comprenant dans la plupart des pays : Notions de droit civil dans ses rapports avec le service social, économie politique et sociale, législation du travail, institutions publiques et organisations privées d'éducation, de prévoyance et d'assistance, hygiène individuelle et collective, soins à donner aux malades, aux blessés, aux enfants, éléments de psychologie pratique appliquée à la vie sociale, méthodes de statistique, documentation et enquête, technique de bureau.

Ces cours sont complétés par des cercles d'études; l'internat est recommandé.

Les élèves doivent visiter des organismes sociaux. Ils peuvent être interrogés sur ces visites à l'examen.

Les études de seconde année ont pour but de spécialiser les élèves dans une branche du service social.

Nous retrouvons dans les différents pays les spécialisations suivantes :

Enfance : pour préparer des délégués à la protection de l'enfance auprès des juges des enfants et le personnel des œuvres d'éducation ou de protection de l'enfance, tutelle des orphelins;

Assistance : pour former des employés d'administration de bienfaisance, secrétaires d'œuvres privées d'assistance, enquêteurs sociaux, visiteurs sociaux, inspecteurs des cités ouvrières;

Foyers : pour préparer à la direction et à l'économat d'établissements hospitaliers, foyers, restaurants, hôtelleries populaires, cantines;

Industrie : pour former des surintendantes d'usines et préparer à l'inspection du travail, secrétaires ou inspecteurs de caisses de compensation;

Assurances sociales : pour préparer aux secrétariats de mutualités, d'œuvres d'assurances sociales, d'institutions de placement et d'assurance contre le chômage;

Bibliothèques : pour former des bibliothécaires;

Ces emplois ne sont indiqués qu'à titre exemplatif.

Les études de seconde année comportent des cours théoriques, en rapport avec la spécialisation, et des stages pratiques dans plusieurs institutions sociales rentrant dans le cadre de la spécialisation.

Les examens de seconde année confèrent aux élèves un diplôme, privé dans certains pays, officiel dans d'autres.

En France, les divisions sont plus simples que dans notre pays.

1° a) Carrières médico-sociales : aptitudes de l'infirmière, formation complète d'infirmière. Une fois les études terminées, la jeune fille a le choix entre les très nombreuses spécialités qui lui sont ouvertes.

b). Les surintendantes. Les surintendantes doivent avoir les aptitudes des infirmières et avoir reçu la formation d'infirmière. Cependant, d'autres qualités et une formation particulière spéciale leur sont en outre nécessaires.

2° Les foyers. Il y a, en France, peu de débouchés dans cette situation, parce que les foyers ont, en général, un caractère confessionnel. Les foyers catholiques sont tenus par des religieuses. Dans les foyers protestants, ainsi que dans les foyers du soldat, la direction est confiée à des dames d'âge mûr. Ce n'est pas une situation convenant bien à une jeune fille.

3° L'action sociale proprement dite : propagande, documentation, diffusion des idées, défense de la classe ouvrière, organisation du travail, tout ce qui touche aux Unions des Syndicats professionnels féminins et aux secrétariats sociaux.

Le nombre de personnes employées dans ces carrières est beaucoup moins élevé que le nombre de personnes employées dans les carrières médico-sociales.

Comme écoles de service social, il existe en France : l'Ecole normale Sociale Catholique[1], l'Ecole des surintendantes d'usines[2], l'Ecole Pro Gallia dont le siège est au Musée Social[3].

Aux Etats-Unis, en 1914, se créa une Association des écoles de service social professionnel. Dès cette époque, elle contrôlait 15 écoles de service social rattachées à des universités et 5 instituts indépendants.

Ces diverses institutions sont organisées d'une manière sensiblement analogue; mais elles présentent des différences marquées au point de vue de l'orientation.

Les unes, comme les centres d'éducation ouvrière, ont un caractère essentiellement professionnel, cherchant avant tout la formation et l'avantage des ouvriers pour lesquels elles sont instituées.

D'autres cherchent à former des travailleurs sociaux qui seront utiles à la communauté, tout en se créant une carrière.

D'autres enfin, comme l'école annexée à l'Université Loyola, à Chicago, veulent répondre au besoin pressant d'un idéal catholique dans la science sociale et de travailleurs catholiques dans le champ social. L'école du « National Catholic Welfare Council » à Washington, se donne pour mission de former des travailleurs catholiques et d'offrir aux dirigeantes des organisations féminines l'occasion d'apprendre l'interprétation catholique du travail social. Cette préoccupation n'est pas isolée : « The catholic Charities Review » de décembre 1922 écrit : «...que le catholique ne peut comprendre aucun service social en dehors de sa conception religieuse, et comment par conséquent, l'école dans laquelle l'esprit et la doctrine catholique se trouvent à la base de l'enseignement, doit

1. 56, rue du Docteur Blanche, Paris.
2. 43, rue Pernéty, Paris.
3. 5, rue Las-Cases, Paris.

former au vrai service social, car elle possède le secret qui rend toute l'activité sociale efficace ».

En Angleterre, en 1919, se créa le « Welfare Workers's institute » qui contrôle les cours donnés par 9 universités pour la formation de travailleurs sociaux industriels.

En France, les besoins multiples de la population occupée dans les usines de munitions pendant la guerre et la création d'œuvres nouvelles dans les régions dévastées, ont fait sentir aussi la nécessité de travailleurs sociaux et d'écoles pour les former. (Voir écoles déjà citées.)

En Hollande, nous trouvons 2 écoles de service social à Amsterdam et 1 à Sittard.

En Allemagne, les écoles sociales sont souvent en relation avec le gouvernement des différents états, soit en suivant certaines règles dans l'organisation de l'enseignement, soit en recevant des subsides. Citons notamment les écoles d'Aix-la-Chapelle, Fribourg-en-Brisgau, Francfort, Berlin.

En Suisse il y a des écoles sociales à Fribourg, Lucerne, Genève et Zurich.

De même qu'en Allemagne, plusieurs ont été créées par de grandes associations charitables telles que le « Katholische Frauenbund Deutschlands », etc. [1]

L'importance accordée dans ces divers pays à la préparation aux carrières sociales nous montre assez la nécessité de celles-ci. Je ne crois pas que l'encombrement y soit à craindre de si tôt, étant donné que plusieurs d'entre elles devront souvent être confiées à des personnes bénévoles, faute d'une haute rémunération, et, qu'en général, il faut une véritable vocation pour y être appelée.

S'il m'était permis de déposer quelques vœux dans ce Congrès International d'Orientation professionnelle féminine, je souhaiterais :

1º Que les éducatrices s'intéressent davantage à toutes les formes d'activité sociale et se préoccupent de préparer des éléments pour les carrières sociales.

2º Que, dans la mesure du possible, l'orientation vers les carrières sociales soit réservée de préférence aux jeunes filles qui, au cours de leurs études, se sont distinguées par leur caractère, leurs qualités d'initiative et de dévouement.

LE TRAVAIL MÉDICO-SOCIAL DE LA CROIX-ROUGE ITALIENNE

par **Mme le Dr Maria Diez Gasca**,
déléguée du Gouvernatorat de Rome et de la Croix-Rouge italienne.

On ne peut pas traiter des infirmières sans parler des infirmières bénévoles de la Croix-Rouge italienne.

---

1. *Revue Catholique sociale et juridique*, avril-mai 1924. Louvain, rue des Flamands, 1.

Les infirmières en service actif sont enrôlées pour la durée de trois ans et doivent prêter un service de deux mois chaque année dans les Institutions de la C. R.

Rôle de la réserve. Les infirmières bénévoles inscrites à ce rôle ne prêtent aucun service en temps de paix et sont requises seulement en cas de guerre ou de calamités publiques.

En Italie actuellement, grâce à un décret-loi de mai 1925, les écoles d'infirmières professionnelles se sont multipliées.

L'organisme le plus qualifié pour la création de ces écoles était naturellement la Croix-Rouge qui a maintenant 3 grandes écoles pour infirmières professionnelles.

1º *Scuola « Principessa Jolanda », Milan.* — Fondée en 1912. Dirigée par la C. R. I. depuis 1918. Un petit hôpital est annexé à l'Ecole.

2º *Scuola Convitto, Rôme.* — Fondée en 1924, réside dans une nouvelle maison depuis 1925. L'Ecole est attachée au Policlinico Umberto Iº, dans les Cliniques de Médecine et de Chirurgie, suivant la règle adoptée par la Ligue des Sociétés de la Croix-Rouge, d'annexer autant que possible les Ecoles d'infirmières aux Cliniques Universitaires.

Le cours est de deux années, après lesquelles on donne un diplôme de capacité à la profession d'infirmière. Un troisième cours facultatif est réservé aux spécialisations. La C. R. I. dispose d'un certain nombre de Bourses d'études.

3º *Scuola Convitto C. R. I.*, Bari. — Fondée en 1924. Attachée à l'Université, dans les Cliniques de Médecine et de Chirurgie. Le logement des infirmières est dans l'Université même.

La Croix-Rouge italienne ne se désintéresse pas des infirmières sociales que l'on appelle en Italie : Assistenti Sanitarie de la Croix-Rouge italienne.

Les « Assistenti Sanitarie » ont reçu, jusqu'à maintenant, leur instruction dans les Ecoles d'hygiène publique instituées par la Croix-Rouge italienne dans les villes de Rome, Florence, Milan, Turin, Bologne et Naples. La préparation technique et morale de nos écoles a eu toujours comme principal but, de former des infirmières visiteuses aptes à tous les services d'assistance, de façon à se rendre utiles au bien-être de la Société.

Nous comptons aujourd'hui 263 A.S. Le nombre n'est pas du tout imposant, mais nous pouvons quand même nous réjouir d'avoir pu, dès le début, répondre aux plus pressants devoirs de l'assistance, dans presque toutes ses branches.

Avec des résultats satisfaisants on a établi depuis quelques années l'assistance hygiénique sociale dans les quartiers pauvres des grandes villes, et le travail se déroule en parfaite union avec les médecins de la Municipalité. A Rome, le service est aux frais de la Commune avec l'aide de la Croix Rouge et de plusieurs Comités privés.

Les A. S. donnent aussi leur concours dans la lutte contre le paludisme; leur vie au milieu des populations arriérées et pauvres est faite de difficultés sans nombre. Pour mieux préparer ce groupe qui se dévoue à une cause si grande, la Croix Rouge italienne, d'accord avec la Direction Générale de l'hygiène publique, organise chaque année, à l'Ecole gouvernementale de Nettuno, un cours de préparation spéciale.

Il est facile de considérer combien est importante la tâche confiée à ces missionnaires de l'hygiène et la santé publique à travers les résultats splendides produits par leur œuvre. Soit qu'elles travaillent dans les postes de premier secours, ou bien dans les dispensaires, soit qu'elles se dédient pour la lutte contre la tuberculose, contre le paludisme, ou contre le tracoma, soit qu'elles prêtent leur assistance aux nouveau-nés, ou bien aux enfants des écoles, elles réussissent à établir partout où elles passent un niveau de vie supérieure qui est à la hauteur de la civilisation moderne.

Ci-joint le tableau des services où sont employées nos A. S.

Direction Ecoles A. S.	5
Inspection et Secrétariat	4
Direction Ecoles Infirmières, Hôpitaux, Cliniques, Colonies	14
Lutte antituberculeuse	19
Lutte contre le paludisme	13
Lutte contre le tracoma	12
Assistance dans les Usines	15
Assistance scolaire	14
Dispensaires	17
Assistance à domicile	34
Assistance rurale	8
Assistance aux nouveau-nés et à la maternité	26
Assistance aux Invalides de guerre	10
Poste de premier secours	8
Service dans les Hôpitaux	12
Assistances privées	25

Je suis chargée par l'Unione Femminile Nazionale de Milan[1] et par l'Assistenza Sociale al Lavoratore de Milan[2] également, de présenter au Congrès les vœux suivants :

1º Qu'en Italie, ainsi que dans d'autres pays, la fonction sociale de la femme soit reconnue et appréciée.

2º Que les carrières sociales assument en Italie l'importance des carrières militaires, des carrières de la magistrature et de l'enseignement, là où les valeurs culturales et techniques indispensables sont renforcées par les valeurs morales.

3º Qu'on institue au plus tôt des écoles de service social pour

____

1. 20, Corso Porta Nuova, Milan.
2. 6, Via Vigna, Milan.

l'instruction technique et pratique des travailleuses sociales, et que les méthodes d'improvisation et d'empirisme qui déforment la conception sociale du travail féminin soient abandonnées au plus tôt.

4° Que, pour les carrières sociales, on effectue le principe de l'Orientation professionnelle non seulement sur les aptitudes physio-psychiques des candidates, mais sur la base des sévères conceptions de préparation spirituelle, morale et culturale.

A PROPOS DE L'ORIENTATION PROFESSIONNELLE FÉMININE
VERS LES CARRIÈRES SOCIALES

par Mlle J. Delagrange, Chevalier de la Légion d'Honneur,
Directrice du Bureau central des Infirmières[1],
Ministère du Travail, de l'Hygiène, de l'Assistance et de la Prévoyance sociales.

Si dans son très intéressant livre la Rose des Activités féminines pour l'orientation professionnelle des Jeunes filles vers, etc. etc... Mlle Louise Mauvezin met en tête de son chapitre « quelques considérations sur l'orientation professionnelle » :

N'importe qui n'est pas apte à faire n'importe quoi,

Je crois nécessaire d'affirmer aussi au début de cette communication :

N'importe quelle jeune fille, quelle jeune femme, n'est pas apte à embrasser une carrière féminine sociale.

Si l'orientation professionnelle des jeunes filles soulève dans sa généralité des problèmes complexes et délicats, il est certain que l'orientation professionnelle vers les carrières sociales comporte les difficultés les plus grandes, les surprises les plus graves.

Plaçons-nous au point de vue pratique, et examinons successivement les phases de la question.

L'orientation professionnelle s'adresse, à quelques exceptions près, aux jeunes avant leur sortie des écoles, lycées, collèges, pensions, etc., afin que documentés, orientés, le chemin nouveau dans lequel ils s'engagent, soit apprentissage, soit études complémentaires, puisse être parcouru sans tarder.

La préparation aux carrières sociales féminines comprend deux parties : un enseignement théorique, un enseignement pratique inséparables, et auquel on ne peut prétendre avant un âge fixé généralement au plus tôt à 20 ans.

Ajoutons immédiatement qu'il n'est pas désirable d'abaisser la limite d'âge, bien au contraire ; nous verrons pourquoi au cours de cette étude.

---

1. Office National d'hygiène sociale, 26, boulevard de Vaugirard, Paris.

De quel niveau minimum d'instruction générale doit-on justi-
fier pour être admise dans les écoles spécialisées préparant à ces
carrières?

D'une instruction générale équivalente au minimum à celle
sanctionnée par le diplôme du brevet élémentaire obtenu à 16
ou 17 ans.

La première difficulté apparaît sur ce point, car le plus souvent,
les jeunes filles quittent les établissements d'enseignement général lorsqu'elles ont atteint cet âge, elles choisissent leur voie
et, une fois orientées, engagées, prises par leurs occupations, elles
sont perdues pous ces missions faites pour la femme où le rôle
admirable qu'elles accomplissent au profit d'autrui donne libre
carrière à leur sens de la bonté, de la persévérance, de l'oubli de
soi, tout en leur assurant une place importante dans la société,
place d'autant plus importante que leur action sera toujours ad-
mirée et respectée en raison des qualités professionnelles qu'elles
déploieront dans l'exercice de leurs fonctions.

Toutes les femmes ne se sentent pas indistinctement appelées
à ces missions toutes faites de savoir, de tact, de délicatesse, de
dévouement qui sont : ou les soins aux malades; ou le rôle de monitrice d'hygiène au profit des mères, des tuberculeux, des écoliers,
de tous ceux qui sont par leur vie de labeur, parfois de détresse
maternelle, la proie des fléaux sociaux; ou la direction, l'organisation du bien-être physique, moral, intellectuel de jeunes filles,
de familles ouvrières; ou la protection et la surveillance des enfants
assistés, etc., etc...

Seules celles qui, tout en jouissant d'une excellente santé physique et morale, ont pitié et respect de la souffrance humaine;
ont le noble désir d'y apporter en toute neutralité quelque trève
et adoucissement; ont la prescience de ce que leurs qualités naturelles (la bonté, le dévouement), affermies et cultivées en même
temps que les qualités professionnelles, peut rapporter à la Société;
ont enfin le sentiment précis que nulle autre utilisation de leurs
forces personnelles ne saurait leur apporter calme et satisfaction;
seules, celles-là, doivent venir à ces carrières sociales,

Combien de jeunes filles à 16 ou 17 ans peuvent sentir tout
le sérieux, tout le profond d'une telle détermination, à moins que
bercées dans les œuvres sociales, vivant dans un milieu averti,
leur destination se dessine dans une ambiance de dévouement au
prochain!

Et alors, que fait la jeune fille en attendant l'âge auquel elle
peut être admise dans les écoles où elle acquerra les connaissances nécessaires à son utile-action?

Difficile problème qui n'est que partiellement résolu, mais qui
est à l'étude, et dont je vous exposerai plus loin la possible et pratique solution.

Supposons qu'elle puisse attendre, admettons, et cela est chaque jour, que les jeunes filles, les jeunes femmes se décident plus tard à embrasser ces carrières, cela suffit-il pour éviter les méprises?

Il n'est pas rare, dans nos écoles, que des étudiantes quittent après deux ou trois mois d'enseignement; mal orientées, elles se découragent. C'est là évidemment le moindre mal. Mais plus grave, plus désastreux, est le cas de celles qui, intelligentes, instruites, mais non véritablement appelées par le rôle qu'elles auront à jouer, le comprenant plus intellectuellement que socialement, le jugeant à la manière d'une situation, d'une fin, vont à travers la souffrance, sans enthousiasme, sans douceur, sans dévouement, et donnent aux humains une fausse image de ce que sont réellement les femmes destinées et préparées à la guérison, à la prévention de la misère physique et sociale.

Quoi donc alors de plus grave, de plus sérieux que l'orientation professionnelle féminine vers les carrières sociales?

Mais qui doit orienter et comment orienter pour éviter, autant que faire se peut, les erreurs, les déceptions?

La famille? Peu nombreuses sont celles qui documentées, averties, peuvent encourager les jeunes filles à choisir cette voie que seules les femmes sont capables de parcourir avec utilité et rendement social.

Les directrices d'établissement d'enseignement? La plupart ignorent que nos institutions d'assistance, d'hygiène et de prévoyance sociales réclament du personnel professionnellement préparé.

Les médecins? Certains, et notamment ceux qui donnent le meilleur de leur science pour préserver notre pays des fléaux sociaux et qui, responsables d'un service hospitalier, apprécient les excellentes collaboratrices que sont les infirmières instruites et capables? Et n'est-il pas logique que les Docteurs directement intéressés à voir nos hôpitaux, nos cliniques, nos institutions d'hygiène sociale se peupler de collaboratrices conscientes du rôle qu'elles ont à assurer, de l'esprit avec lequel elles aideront à la guérison du malade, du respect qu'elles doivent avoir des prescriptions médicales et de l'intérêt pour la société d'amener plus régulièrement et plus fréquemment les familles à s'assurer les avertissements et les conseils médicaux, que les Docteurs, dis-je, orientent eux-mêmes les jeunes filles vers cette noble mission féminine?

Les Travailleuses sociales? En effet, il appartient à celles qui ont su choisir une mission à laquelle se trouve consacré le meilleur d'elles-mêmes, d'assurer à la France le corps professionnel sans lequel les efforts des médecins pour guérir et prévenir la maladie ne sauraient avoir leur plein effet.

Elles seules sont parfaitement documentées sur ces missions féminines généralement peu ou mal connues.

Je me souviens d'une conversation avec une directrice de lycée, quelques instants avant une causerie devant un auditoire d'élèves.

« Il est à craindre, me disait-elle, que vous n'obteniez pas grand succès ; les jeunes filles vont vers d'autres carrières que celles dont vous vous disposez à leur exposer l'utilité. Elles se sentent attirées, et les parents sont leurs complices, ou vers le droit, ou vers la médecine : l'amour-propre des unes et des autres y rencontre plus de satisfaction. Trop souvent encore les infirmières, les travailleuses sociales, sont placées moralement, socialement et matériellement, dans des conditions qui ne donnent aux parents aucune sécurité ».

Ces quelques paroles à elles seules prouvent la nécessité de vulgariser par tracts, par causeries, par films, par visites dans les institutions sociales, les différentes missions qui s'offrent au savoir et au dévouement féminin, sans que puisse être invoquée la concurrence à l'activité masculine et où « les connaissances que la jeune fille acquerra dans l'exercice de ses fonctions pourront lui être utiles dans la vie familiale au cas où elle abandonnerait son emploi en se mariant ».

En effet, qui est mieux préparé, par ses études, par les expériences acquises au cours de l'exercice de ses fonctions, au rôle de mère, de maîtresse de maison, que la jeune fille venant aux carrières médico-sociales ? Nous enregistrons chaque année, avec joie, un nombre important de mariages parmi les élèves de nos écoles, parmi nos travailleuses sociales et c'est là une des raisons qui font que des postes restent sans titulaires et qu'il est indispensable de préparer à ces carrières un plus grand nombre de femmes.

Et ne pensez-vous pas que ces jeunes femmes une fois mères seront à la fois d'excellentes puéricultrices et d'admirables éducatrices ? Pourvues de connaissances spéciales en ce qui concerne les soins aux malades, en hygiène infantile, en hygiène sociale, elles sauront soigner et prévenir la maladie dans le milieu familial, munies d'expériences inoubliables, ayant souvent remédié à la misère physique, morale et sociale, elles sauront éveiller dans le cœur et l'intelligence de leurs enfants le respect de la souffrance humaine, le désir de l'alléger, le sentiment de fraternité, de solidarité pour tous ceux qui naissant et vivant dans des milieux différents ignorent le privilège ou de la santé, ou de la richesse, ou de l'intelligence ; préparant ainsi l'ère de paix et de concorde si ardemment souhaitée par tous ceux qui mesurent chaque jour l'abîme d'incompréhension qui sépare les êtres humains.

Les fonctions exercées par ces travailleuses sociales : directrices et monitrices d'Ecoles d'Infirmières, directrices et assistantes de Service social à l'hôpital, directrices et assistantes de centres médico-sociaux dans l'industrie, directrices de personnel ou infirmières hospitalières dans les hôpitaux, cliniques, sanatoria, préventoria, maisons maternelles, pouponnières, salles d'allaitement, infirmières auxiliaires de médecins spécialistes, orthopédistes, radiologues, infirmières gardes-malades, infirmières militaires, infirmières des colonies, infirmières visiteuses d'hygiène sociale, monitrices d'éducation physique, surintendantes de services sociaux et de services d'usine, directrices de foyers, de cantines féminines, de bibliothèque populaire, sous-inspectrice des Enfants assistés, etc., etc., etc... sont-elles toujours compatibles avec la maternité? Non, dans bien des cas, une jeune maman ne peut, sans péril pour la santé de son enfant, mener de front sa vie d'activité sociale et son devoir de mère de famille. A de rares exceptions près (postes sédentaires dans cliniques, crèches, maisons maternelles), il faut abandonner son poste et ce n'est que plus tard, lorsque les enfants sont à peu près élevés, que la mère peut reprendre professionnellement son action de dévouement au profit de ceux qui sont dans la détresse.

Il est coutume, lorsqu'il s'agit d'orientation professionnelle, de considérer les facteurs *offre* et *demande*. A ce sujet il peut être répondu que nous manquons en France d'infirmières de toute spécialisation, de jardinières d'enfants, de directrices de services sociaux, de surintendantes sociales, etc., etc... qu'un très grand nombre de jeunes filles, de femmes peuvent venir aux écoles, qu'elles seront toutes assurées d'une situation lorsqu'elles auront accompli les études spécialisées sans lesquelles elles ne peuvent avoir une action utile et efficace.

A tel point que ces études sont aussi nécessaires aux jeunes filles et aux jeunes femmes qui s'intéressent, non professionnellement, aux problèmes d'assistance, d'hygiène, de prévoyance sociales; je veux parler des « bénévoles », appellation désuète qui devrait disparaître de notre vocabulaire social.

Il semble qu'en face de la souffrance humaine, personne n'a le droit de se dire « bénévole », chacun a des devoirs, des responsabilités vis-à-vis du prochain, et toute action exercée pour diminuer les misères de toute nature n'est en réalité qu'une dette contractée vis-à-vis de ceux mis en état d'infériorité par les conditions spéciales de leur existence.

Pour celles dont la situation autorise l'acquis gracieux de cette dette, s'impose également une préparation sérieuse de même que le devoir, vis-à-vis de leurs sœurs moins privilégiées, de faire valoriser au budget des institutions auxquelles elles se dévouent, au chapitre recettes et au chapitre dépenses, le montant de cet acquis.

Bien que mon intention soit de rester en harmonie avec les travaux de ce congrès, je ne crois pas utile de vous donner successivement lecture d'une monographie relative à chaque carrière sociale féminine. Ces monographies existent, fort bien établies, dans le livre de Mlle Mauvezin, cité au début de cette étude.

Sur un seul point, je me permets une légère remarque. Ne semble-t-il pas que la caractéristique « *n'aimant pas la vie mondaine* » peut prêter à confusion?

Il serait peut-être utile, afin de ne pas effaroucher les parents, les jeunes, de nous mettre d'accord sur la « *vie mondaine* », et de bien spécifier qu'assister journellement à des réceptions, à des thés, à des concerts, à des matches de tennis, etc., etc. là n'est pas l'emploi du temps des femmes qui veulent apporter un adoucissement, une trêve à la souffrance, mais que pourtant, celles qui journellement voient de près les misères de toutes catégories, ont droit à une vie extérieure à leurs fonctions, organisée de telle façon, en ce qui concerne les relations, les distractions artistiques, le développement des facultés intellectuelles et professionnelles, la culture physique, qu'elle régénère les forces qui leur sont nécessaires pour accomplir avec enthousiasme leur mission.

Et ensuite, peut-on parler d'orientation professionnelle, alors qu'il s'agit de *vocation*, et que la seule orientation serait de vérifier si celles qui se sentent appelées possèdent bien les qualités fondamentales, physiques, morales et sociales, qu'elles doivent présenter afin que leur *vocation*, après études spécialisées, apporte à l'humanité le réconfort, l'aide, attendus d'elles. Mais ces *vocations*, il convient de les faciliter, de les éveiller, et cela pendant la période consacrée à l'instruction générale.

Des cours de puériculture avec exercices pratiques font partie du programme des écoles primaires de filles; espérons que bientôt les institutions secondaires n'en seront plus dépourvues. Voilà de bonnes occasions d'appeler l'attention des jeunes filles sur le rôle social qu'elles peuvent jouer dans la protection de la mère, de l'enfant, de la famille, de leur faire visiter des organisations de protection, d'hygiène sociale où elles reconnaîtront elles-mêmes la nécessité d'une activité féminine. Et la vocation suscitée, éveillée, que faire de ces jeunes filles désireuses de venir augmenter le nombre de celles qui sont les précieuses collaboratrices du corps médical dans ce grand'œuvre entrepris pour la sauvegarde de notre Race?

Les admettre, avant 20 ans de préférence, aux écoles spécialisées, serait une erreur, à quelques rares exceptions près.

Il faut donc utiliser *leur vocation naissante*, l'affermir, en les initiant à titre d'auxiliaire, aux fonctions qu'elles exerceront plus tard, et en les faisant bénéficier d'un enseignement préparatoire qui doit avoir pour bases *l'enseignement ménager*, afin de développer en elles les qualités d'ordre, de méthode et de les munir de connaissances précises qu'elles répandront heureusement dans les milieux où elles pénétreront ensuite.

La culture physique, les jeux, les sports, afin que leur endurance physique soit amplifiée, fortifiée.

Le développement de leurs facultés artistiques (musique, littérature, dessin, peinture, etc.), afin que leurs possibilités de rayonnement en soient accrues.

Le développement de leurs qualités morales et sociales.

La participation au fonctionnement d'institution d'assistance, d'hygiène et de prévoyance sociales.

Soit que cet enseignement préparatoire se donne dans des écoles créées à cet effet à proximité d'institutions de protection de la mère et de l'enfant;

Soit, ce qui serait plus rapidement réalisé, dans des organisations d'hygiène maternelle et infantile déjà existantes, à la tête desquelles se trouve un médecin à esprit social, aidé dans sa tâche par des travailleuses sociales capables de semer la bonne semence, de faire germer au cœur des jeunes la plante merveilleuse du dévouement, du don de soi, à ceux visités par la souffrance ou physique, ou matérielle, ou sociale.

Nous aurions ainsi des centres de triage des énergies, des possibilités, une véritable orientation professionnelle pratique qui ne laisserait arriver aux écoles spécialisées que les vocations nettement déterminées, les volontés éprouvées, les intelligences et les cœurs avertis de la mission à accomplir dans la société.

Mais pour que les jeunes, même attirées par ces activités si féminines, se décident ou soient autorisées par leur famille à suivre la voie dans laquelle elles estiment pouvoir se rendre utiles il faut, qu'en notre pays, se répandent plus généralement le respect moral, le respect social, le respect matériel des carrières sociales féminines.

Grande œuvre de propagande qu'accomplissent journellement celles qui par leurs qualités personnelles, leur savoir professionnel, créent, dans les milieux où elles pénètrent, le respect, l'admiration, la compréhension si parfaite du rôle de la femme dans la souffrance humaine, dans l'amélioration des conditions sociales de la famille.

Notre devoir est de les y aider, de leur préparer des collaboratrices en demandant que :

Une propagande active soit faite autour des carrières sociales féminines au moyen de tracts, causeries, cinéma, visites d'institutions d'assistance, d'hygiène, de prévoyance sociales; des mesures soient rapidement prises pour l'utilisation, l'orientation des jeunes filles, vers ces carrières, avant l'âge de sortie des écoles d'enseignement général et celui d'admission dans les écoles spécialisées.

Des situations morales, sociales et matérielles en équivalence avec les services rendus à la Société soient faites à toutes celles qui donnent le meilleur d'elles-mêmes, soit pour la guérison des malades, soit pour la prévention des misères physiques et morales, — et dans tous les cas — pour la paix, la sécurité, le bien-être des familles des travailleurs.

LES FONCTIONS D'INFIRMIÈRE VISITEUSE ET D'ASSISTANTE SOCIALE DOIVENT-ELLES ÊTRE DISJOINTES ?

par Mlle Y. Fritsch,
Directrice des Infirmières Visiteuses de la Fédération des Œuvres girondines
de Protection de l'Enfance.

C'est dans la lutte contre la tuberculose que l'infirmière visiteuse a fait son apparition en France. Les services qu'elle y a rendus, ceux qu'on a cru pouvoir lui demander, l'exemple de l'étranger n'ont pas tardé à lui donner peu à peu un rôle beaucoup plus étendu : soins donnés à domicile aux malades indigents confiés par les médecins, particulièrement aux enfants; diffusion de l'hygiène générale et, en particulier, de l'hygiène infantile; prophylaxie des maladies contagieuses et évitables; enquêtes sociales dans les familles visitées; application des lois d'assistance; distribution des secours donnés par les œuvres diverses; liaison entre les divers organismes d'assistance, etc. etc.

Aussi, actuellement, l'infirmière visiteuse remplit, en France, une triple fonction. Elle est infirmière soignante, monitrice d'hygiène et assistante sociale.

Le cumul de ces trois fonctions, adopté chez nous, n'est pas la règle à l'étranger. En certains pays, chacune de ces trois fonctions est remplie par une personne différente. Dans d'autres, l'infirmière visiteuse est en même temps monitrice d'hygiène, mais n'est pas assistante sociale.

Une telle distinction, souhaitée par certains, est-elle nécessaire? Serait-elle même utile en France? Je ne le crois pas, pour les raisons suivantes :

Tout d'abord j'estime que l'infirmière visiteuse, ayant reçu une instruction spéciale, peut faire une excellente assistante sociale.

Certes, au début de l'institution des infirmières visiteuses d'Etat, — les seules dont je veuille parler ici — l'instruction donnée par les diverses écoles portait surtout sur les soins à donner aux malades et sur l'hygiène. L'assistance sociale était souvent reléguée au second plan. Peut-être même, encore, quelques écoles ont-elles une tendance à négliger un peu ces questions sociales. Mais c'est une affaire d'évolution, et cette évolution s'accomplit rapidement. Les écoles qui comprennent le véritable rôle de l'infirmière visiteuse font une place de plus en plus grande au programme social. A Bordeaux, en particulier, les Ecoles d'infirmières visiteuses reconnues par l'Etat ont, à ce point de vue, un enseignement complet : enseignement théorique constitué par l'étude des lois, des règlements administratifs, de fonctionnement des Œuvres, etc.; enseignement pratique constitué par des stages prolongés dans les centres d'assistance.

Ainsi armée, la visiteuse d'hygiène sociale est prête à exercer en même temps et avec une égale compétence, les fonctions d'infirmière soignante, d'éducatrice d'hygiène et d'assistante sociale.

Peut-on trouver chez une même femme une égale aptitude à jouer ces différents rôles ? Oui, car ils ne se contrarient nullement. Au contraire, la formation de la visiteuse, la prépare bien à cette tâche un peu complexe : l'étude des lois, en particulier, lui donne une habitude de méthode et de raisonnement qui combat très heureusement les tendances souvent trop charitables de l'infirmière et modère sa sensibilité.

D'ailleurs la maladie et la misère s'associent bien souvent. C'est la maladie qui mène à la misère, dans les milieux peu fortunés. C'est la misère qui, par privation et mauvaise hygiène, engendre la maladie. Au cours de sa carrière, l'infirmière visiteuse les rencontre presque toujours associées. Elle ne peut lutter efficacement contre l'une qu'en luttant contre l'autre.

Or, en France, les familles n'aiment pas beaucoup qu'une personne étrangère se mêle de leurs affaires. La plupart n'aiment pas à montrer leur pauvreté. L'intrusion d'une étrangère, qui n'arrive que pour s'en rendre compte, risque d'être mal accueillie.

Seule, la maladie ouvre la porte de l'indigent. L'infirmière qui entre alors est accueillie avec reconnaissance. Sa compétence vite reconnue, sa patience qui touche les plus endurcis, son autorité vite imposée gagnent tous les cœurs. Elle devient l'amie que l'on respecte, dans laquelle on a confiance et dont on attend tous les bienfaits. Le plus souvent d'ailleurs, grâce à ses habitudes professionnelles d'observation, elle étudie le milieu dans lequel elle se trouve, tient compte peu à peu, à chaque visite médicale, de la véritable situation sociale de la famille et de l'étendue de ses besoins. Elle fait son enquête sans en avoir l'air et je crois que ces enquêtes faites ainsi autour du lit du malade sans même que la famille s'en rende compte, sont bien les plus exactes.

Renseignée sur les besoins de la famille, la visiteuse peut-elle ne pas s'appliquer à améliorer ses conditions d'existence ? Et non seulement elle fait tout ce qu'il faut pour l'aider, mais encore, et surtout, elle ne fait rien qui puisse lui nuire, parce qu'elle ne cesse jamais d'être infirmière. J'estime que ce point est très important. Une infirmière peut, plus que toute autre, faire de la bonne assistance sociale, parce qu'elle ne perd jamais de vue le côté médical.

Du reste la visiteuse qui a pour mission de jouer le double rôle d'infirmière et d'assistante sociale a beaucoup plus de chances de réussir parce qu'elle est libre d'exercer ses fonctions, selon les circonstances, dans un sens ou dans l'autre : tantôt il lui faut procurer des secours pour faire accepter des conseils d'hygiène ennuyeux à suivre, tantôt c'est en donnant des soins qu'elle persuade peu à peu ses protégés de la nécessité de modifier leurs conditions d'existence.

En outre, la plupart du temps, les deux fonctions sont si intimement liées qu'il serait impossible de les dissocier. Privée à un moment donné de l'une ou l'autre de ces fonctions, la visiteuse risquerait de rester désemparée et de déclarer sa tâche impossible.

Cette méthode — association des fonctions d'infirmière visiteuse et assistante sociale — assure aux services qui l'adoptent le maximum de rendement. Avec un nombre de visiteuses relativement restreint, travaillant chacune dans un secteur limité, on obtient, avec le minimum d'efforts et de frais, des résultats très importants que sont unanimes à reconnaître toutes les œuvres françaises qui emploient des infirmières visiteuses.

Autre argument en faveur de cette association : grâce à elle, la profession d'infirmière visiteuse offre, par la diversité de son travail, un attrait tout particulier. Que de choses faites en une journée par une visiteuse : visites aux malades dont la guérison vous tient à cœur, aux familles qui vous accueillent avec reconnaissance, présence à des consultations toujours intéressantes, étude de problèmes sociaux souvent passionnants, démarches auprès des pouvoirs publics : Préfecture, Mairie, Bureau de Bienfaisance, Assistance Publique où vous êtes toujours bien reçues, ou auprès des dirigeants des œuvres privées, des directrices de crèches des pouponnières avec lesquelles vous entretenez d'excellents rapports... Cette variété d'occupations donne à la profession ce charme si prenant qui entretient chez la visiteuse sa satisfaction personnelle, son entrain, sa bonne humeur et qui, par rayonnement, peut entraîner les jeunes filles à embrasser cette carrière. Cette remarque me paraît avoir quelque importance, au moment où la plupart des écoles d'infirmières visiteuses signalent les difficultés de leur recrutement.

Enfin la visiteuse unique (infirmière, monitrice d'hygiène et assistante sociale) est la seule qui puisse remplir d'une façon parfaite le rôle d'agent de liaison entre le corps médical, les services d'hygiène, les pouvoirs publics, les administrations et les œuvres privées d'assistance. Or, l'union de ces divers organismes est, nous le savons, de plus en plus considérée comme absolument nécessaire.

A Bordeaux, la réalisation de cette union, en ce qui concerne la protection de l'Enfance, a été cherchée par la Fédération des Œuvres Girondines de Protection de l'Enfance; mais elle n'a pu devenir effective, intime et efficace qu'au moment où cette Fédération a créé un corps d'infirmières visiteuses, mises à la disposition de tous les médecins de la ville, de toutes les œuvres privées, de tous

les hôpitaux, dispensaires et consultations d'enfants, et, d'une
façon générale, de toutes les institutions s'occupant de l'enfance.
Partout les infirmières visiteuses ajoutent à leur fonction d'infirmière, celle d'assistante sociale. Les résultats obtenus par cette
méthode sont tels que je n'hésite pas à la considérer comme devant
être la formule définitive.

L'ÉCOLE PRATIQUE DE SERVICE SOCIAL ET LES CARRIÈRES SOCIALES

par **Mlle Oberkampf**,
Chevalier de la Légion d'Honneur, Présidente du Comité de l'École pratique
de Service social de Paris.

Mesdames, Messieurs,

Dès avant la guerre, l'École pratique de Service Social dont
le siège est maintenant à Paris au 139 du boulevard Montparnasse,
s'était préoccupée de donner une préparation pour toutes les
carrières du Service Social.

Elle s'est beaucoup développée avec les besoins de la guerre
et de l'après-guerre; chaque jour, actuellement, sont créées de nouvelles organisations officielles et privées d'hygiène ou d'assistance;
par une lente évolution, la *charité* est devenue le *Service Social*.

Il ne s'agit pas seulement de recueillir quelques déchets sociaux,
de sauver de la faim et de la mort quelques débiles et miséreux,
mais de remettre sur pied des familles chancelantes, de prévenir
leur chute, de les rendre comme forces à la Société.

Pour cela il faut des ouvrières qualifiées qui connaissent toutes
les ressources des lois et des institutions. Il faut une préparation,
des études.

Ces études se font en deux années à l'École pratique de Service
Social.

La première année est réservée à la *culture générale*, la seconde
à la *spécialisation*.

Si nous insistons sur la culture générale en premier, c'est que
nous estimons que toute personne s'occupant d'une activité à
caractère social doit avoir avant tout une formation sociologique
complète, une vue d'ensemble sur le vaste champ social, pour
elle-même d'abord, pour mieux comprendre les problèmes qu'elle
doit traiter, mais aussi, parce qu'une organisation éducative et
sociale ne peut être fragmentaire; toutes les branches d'activités

se tiennent, et le rendement du travail sera décuplé si ces différentes branches cessent de s'ignorer dans leurs domaines respectifs, tout en admettant les variations indispensables dans les détails du travail.

Voici donc le programme d'études de la *première année* :

1º Des notions sur l'Orientation générale de l'esprit du Service Social.

2º L'étude de l'organisation des ressources sociales.

3º Des principes d'hygiène sociale.

4º Des principes d'enseignement technique du Service Social.

5º Des travaux pratiques ; les élèves s'initient au travail social en entrant comme stagiaires dans différents centres sociaux. Ce programme de stages a pour but de montrer aux élèves au moins trois activités différentes, afin de les orienter vers leur spécialisation.

Il y a trois groupements de stages :

A. *Dans une institution.* — Abris temporaires ; maisons de convalescence ; maisons de relèvement ; asiles municipaux ; asiles pour femmes enceintes ; hôpital.

B. *Dans une œuvre s'occupant d'une famille directement.* — Office public d'hygiène sociale ; service social à l'hôpital, à l'école, à l'usine, à la mairie, au tribunal des enfants ; orientation professionnelle et placement.

C. *Centres d'activité sociale s'occupant d'un groupe.* — Centres sociaux ; bibliothèques ; maisons de vacances ; foyers ; garderies ; sports et récréations.

Ces trois groupements sont en relations constantes et doivent se compléter. Il doit y avoir une étroite collaboration entre le travail extérieur auprès des familles : l'assistante qui, par ses enquêtes, visites, conseils, placements, fortifie la famille ; le travail des centres sociaux qui essayent, par de saines distractions physiques et morales, par de l'hospitalité donnée à certains bien portants, de prévenir le mal qui rôde autour de chacun ; et enfin le travail intérieur des institutions où on cherche à guérir, à atténuer ce mal ou à l'isoler.

La deuxième année est consacrée au choix d'une carrière sociale, à sa spécialisation ; beaucoup de très attachantes s'offrent aux élèves de notre école et nous ne pouvons suffire à toutes les demandes d'emplois qui nous sont adressées telles que : directrice de maison maternelle, jardin d'enfants, visiteuse d'hygiène, assistante d'hygiène mentale, assistante de tribunal d'enfants, bibliothécaire de bibliothèque populaire, secrétaire de foyer, etc...

Notre programme pour l'exercice 1926-1927 vous dira les conditions d'admission à l'école. Ses portes sont largement ouvertes à toutes celles qui veulent recevoir..... et donner : à toutes celles qui veulent vivre une vie faite de dévouement éclairé.

DE L'UTILITÉ DE DIRIGER LA JEUNESSE FÉMININE VERS LES CARRIÈRES DE PUÉRICULTURE

par **Mme Gonse-Boas**,
présidente-fondatrice du Comité central de la *Nouvelle Etoile* des petits Enfants
de France[1].

L'orientation des carrières féminines dans la puériculture n'ayant pas encore été traitée, je serais heureuse d'attirer l'attention du Congrès sur cette question.

Ces situations si intéressantes, tant au point de vue moral que pécuniaire, ne sont pas encore assez connues dans le grand public et il serait souhaitable que, faisant suite à ce Congrès, des mesures soient prises afin d'indiquer à la jeunesse la marche à suivre pour s'y consacrer.

Voici un exemple d'enseignement de la puériculture à l'école primaire.

La puériculture étant maintenant incorporée aux programmes de l'école primaire, on doit trouver un recrutement important parmi les élèves ayant obtenu leur certificat d'études.

Ce qui nous paraît primordial, c'est la façon dont cet enseignement est donné.

Je me permettrai de faire ici une brève digression, pour montrer de quelle manière la puériculture bien comprise à l'école primaire orienterait la jeunesse féminine vers des débouchés nombreux. J'apporte les résultats obtenus depuis sept ans par l'Œuvre de la Nouvelle Etoile (Section de la pouponnière reconnue d'utilité publique). Comme suite à ses premiers essais, elle a été chargée par le Ministère de l'Instruction publique d'enseigner la puériculture aux fillettes de toutes les écoles primaires du 13e arrondissement à Paris.

C'est au fur et à mesure que le professeur spécialisé dans cette matière s'est rendu compte de la méthode la meilleure, qui fut toujours choisie d'accord avec les directrices des écoles. Cette méthode consiste principalement à rendre les leçons vivantes et attrayantes. Grâce à un matériel fourni dans les écoles par notre œuvre, les enfants peuvent mettre de suite en pratique, ce qui vient de leur être enseigné. En dehors de cela, elles sont conduites au dispensaire le plus voisin, où elles assistent et prennent part elles-mêmes aux exercices de puériculture, qui sont dirigés par une infirmière experte. Elles se rendent compte ainsi de l'importance des moindres soins à donner aux nourrissons.

Par une heureuse entente avec le professeur de dessin, le cours est illustré, ce qui frappe vivement l'esprit des enfants.

---

1. 14, rue Saint Guillaume, Paris.

Des tableaux coloriés circulent dans les classes pendant les leçons.

Enfin, elles notent journellement ce qu'elles remarquent de défectueux autour d'elles, tant au point de vue de la puériculture que de l'hygiène.

Vous voyez ainsi combien cet enseignement diffère de la lecture monotone des dix leçons contenues dans l'opuscule du Comité National de l'Enfance, qui ne doit servir que de base, la puériculture n'étant surtout pas une science livresque. En faisant seulement une leçon, on n'éveillera chez l'enfant aucun goût pour la puériculture, ni le désir de choisir cette carrière, résultat dont notre professeur a plusieurs fois, et à juste titre, été très fière.

Je signale que des méthodes similaires ont été employées à Lyon et par les infirmières des Régions libérées. L'instruction de la puériculture devrait faire partie du programme de l'enseignement secondaire.

Il serait souhaitable que la puériculture devienne également obligatoire dans l'enseignement secondaire, souvent les fillettes étant trop jeunes au moment de leur certificat d'études pour faire le choix de leur carrière.

Une nouvelle branche d'application professionnelle

Nous apportons à ce Congrès un projet d'école d'apprentissage de la puériculture; celui-ci a reçu l'approbation du sous-secrétaire d'Etat de l'enseignement technique et nous serions heureuses que la Ville de Bordeaux en soit la première dotée. On nous a parlé d'une école du foyer. Celle-ci pourrait comprendre le programme que nous vous proposons.

Pourquoi la puériculture n'aurait-elle pas, au même titre que la couture, la chaussure ou tous les dérivés de la mode, son école d'apprentissage ?

Alors que cette question est primordiale pour l'avenir de notre pays.

Comment concevons-nous cette école d'apprentissage ?

L'âge d'admission serait de 15 ans. On exigerait à l'entrée le certificat médical et les références familiales.

La durée des études serait d'une année scolaire et divisée en deux périodes :

La première de trois mois qui comprendrait des cours théoriques avec démonstrations pratiques au moyen de bébés mannequins.

La deuxième période de six mois où les enfants seraient conduites par petits groupes, sous la direction d'une monitrice, tant à la crèche qu'à l'école maternelle et où elles feraient l'office de berceuses expertes. Elles s'occuperaient du déshabillage, de la toilette et de l'alimentation des bébés.

L'après-midi serait consacrée au nettoyage hygiénique des

locaux, à l'enseignement ménager, à l'entretien des layettes, au lavage, repassage et aux interrogatoires.

Les élèves ayant passé avec succès l'examen de fin d'année seraient envoyées en stage de six mois au pair dans des œuvres de puériculture.

Cet essai a été tenté et réalisé par notre œuvre et il a donné les résultats les plus encourageants.

Nous demandons le concours des œuvres pour la formation de gouvernantes françaises.

Quelles sont les qualités essentielles pour les jeunes filles qui doivent s'occuper d'enfants : le dévouement, l'ordre, la douceur, la gaieté et une excellente santé.

Les stagiaires que nous avons instruites dans nos infirmeries, rattachées au centre d'élevage, sont ensuite placées par nos soins dans des familles où elles ont des situations excellentes.

Il serait à souhaiter que toutes les œuvres ayant des enfants à demeure et même les crèches, instituent des stages analogues pour pouvoir répondre aux nombreuses demandes de personnel, car il est dommage que les familles françaises aient le plus souvent recours à des personnes étrangères pour s'occuper de leurs enfants.

D'autre part, les œuvres de puériculture, qui se créent heureusement plus nombreuses chaque année, sont toujours à court de personnel.

Ne pourrait-on pas à l'issue de ce Congrès organiser une propagande intensive (visites d'œuvres, articles, causeries, cinémas), tant à l'école primaire que dans les écoles d'enseignement secondaire, dans les bulletins des anciennes élèves des lycées, dans le but de recruter des stagiaires pour les œuvres et d'augmenter également le nombre d'élèves des écoles d'infirmières, dont votre ville de Bordeaux a les plus remarquables.

Pourquoi ne créerait-on pas pour la femme l'année d'apprentissage au futur devoir de mère et de service social obligatoire qui serait l'équivalent du service militaire et s'effectuerait entre 15 et 20 ans ?

Je souhaite très vivement que les membres du Congrès s'associent aux vœux suivants que je leur soumets :

Vœux.

Le Congrès International d'Orientation professionnelle féminine désirant, d'une part faciliter la vie du foyer ; d'autre part, favoriser le choix des carrières infantiles, demande :

1° Que la puériculture soit inscrite au programme de l'enseignement secondaire ;

2° Que le Sous-Secrétariat d'État de l'enseignement technique aide la Ville de Bordeaux à réaliser la première école d'apprentissage de la puériculture.

3° Qu'une propagande soit faite auprès des œuvres pour qu'elles instituent des stages destinés à la formation de gouvernantes d'enfants.

4° Que, d'accord avec la Direction de l'Enseignement primaire et secondaire, on oriente les jeunes filles des lycées et des écoles vers les carrières d'infirmières et de puéricultrices.

LES PERMANENCES D'ENTR'AIDE SOCIALE DE PARIS

par **Mme Deysson**, Secrétaire de ces Permanences

Je tiens à faire connaître au Congrès qu'à Paris, existent dans chaque Mairie, des Permanences d'Entr'aide Sociale, où chaque jour, une secrétaire reçoit toute personne ayant besoin d'un conseil, d'un secours moral ou matériel, quel que soit le cas.

La Secrétaire écoute avec bienveillance et étudie jusque dans ses plus petits détails, les situations qui lui sont exposées. Suivant les besoins, elle dirige les familles vers les dispensaires, les hôpitaux, les consultations de nourrissons, ou bien, s'il y a misère, et en collaboration avec les œuvres privées et l'Assistance publique, elle aide les familles à sortir de l'embarras momentané dans lequel elles se trouvent.

Soit par les conseils donnés, soit par les secours procurés, l'Œuvre des Permanences redonne à ces pauvres gens courage et espoir, et permet souvent la réorganisation de leur vie familiale.

LE PROFESSORAT D'ENSEIGNEMENT MÉNAGER

par **Mlle A. de Velna**,

Déléguée de l'Institut normal familial ménager de Paris.

(Voir Appendice N° 3.)

QU'EST-CE QU'UNE SURINTENDANTE?

par **Mlle Y. Malan**,

déléguée de l'Association des Surintendantes de France.

Le souci louable de procurer à leur personnel un minimum de bien-être matériel et moral a, depuis longtemps, suggéré aux gros industriels et aux chefs de grandes administrations, l'idée de créer, autour de leur entreprise, des œuvres sociales aux multiples buts : dispensaires, crèches, pouponnières, cantines, foyers, bibliothèques, bains-douches, coopératives d'alimentation, sociétés sportives, etc., etc...

Ces organismes, utiles certes, ont satisfait de leur mieux aux besoins des ouvriers, des employés et de leurs familles, mais, trop souvent, ils sont demeurés de simples voisins étrangers à la vie intime de l'administration, à l'âme profonde de l'usine. Ces œuvres n'ont pas répondu à ce qu'attendaient d'elles leurs créateurs et n'ont pas rendu tous les services souhaitables; elles n'atteignent que les misères qui viennent à elles; toutes n'y viennent pas et ce ne sont pas les moins émouvantes; certaines y viennent trop tard quand le mal n'est plus curable.

Certains chefs d'entreprise ayant généreusement sacrifié des capitaux pour le mieux-être de leurs employés ont été profondément déçus en constatant qu'après quelques semaines d'engouement, les ouvriers délaissaient le foyer-bibliothèque mis à leur disposition où ils trouvaient cependant, entre midi et deux heures, d'excellent café et de confortables fauteuils. D'autres industriels découvraient avec le même découragement que les mignons lits bleus de leur crèche-pouponnière restaient vides, tandis que leur installation si onéreuse de bains-douches ne servait qu'aux rares amateurs d'hydrothérapie.

Faut-il croire que les ouvriers n'aiment pas les créations patronales à leur intention? et qu'ils n'en veulent pas? Non; à de très rares exceptions près.

Les ouvriers ne connaissent pas « le patron » lointain et absorbé, ni la bienveillance et l'intérêt qu'il leur porte le plus souvent. Ils ne peuvent pas davantage apprécier des œuvres sociales qu'on leur ouvre froidement, sèchement en disant : « Venez-y, si cela vous plaît », et ils ne devinent pas quels innombrables profits ils pourraient en tirer.

Avant de créer des œuvres sociales, un chef d'entreprise avisé doit songer à préparer d'abord l'esprit de son personnel à les recevoir et à savoir en profiter utilement. Il n'ouvrirait une consultation médicale d'adultes ou de nourrissons qu'après avoir la certitude que ces consultations seront bien accueillies et régulièrement suivies par le personnel.

Il n'installerait une crèche-pouponnière que lorsqu'il pourrait garantir à ses ouvrières qu'une vraie tendresse de femme veillera sur leurs tout-petits pendant leur absence, les soignera comme il convient et les protégera véritablement.

Il n'organiserait un foyer d'ouvriers ou d'ouvrières que lorsqu'il aurait l'assurance qu'à côté des jeux, des journaux et des livres, les ouvriers y trouveront la présence continuelle de quelqu'un qui jouera avec eux parfois, lira, discutera quelque idée, maintiendra le bon ordre, la tenue toujours.

Il ne suffit pas de donner aux ouvriers des œuvres sociales mortes. Il faut donner à ces œuvres une âme : celle de la surintendante.

Associée morale et sociale du patron, la surintendante le décharge des nombreux soucis qu'entraîne pour lui le bien-être de ses employés. Tandis que la partie technique et commerciale de sa direction absorbe le patron et le tient éloigné de son personnel et ignorant de ses besoins, la surintendante est en relation constante avec la famille ouvrière, en connaît les misères comme les joies, car elle a bientôt, au bout de quelques visites, gagné toute la confiance des ouvriers dont elle devient la conseillère écoutée, l'amie dévouée.

A l'infirmerie de l'usine, la surintendante reçoit les ouvriers blessés au cours du travail, leur donne des soins immédiats, puis avec le médecin traitant, elle suit l'évolution de la plaie, soucieuse d'en hâter la guérison, suivant le double intérêt du souffrant et de son employeur.

Dans certaines usines, particulièrement dans celles où les maladies professionnelles sont à redouter, la surintendante est chargée de l'embauche du personnel. Un examen attentif du postulant, une enquête rapide sur ce qu'elle peut connaître de ses antécédents physiques et moraux lui permettent de désigner pour certains travaux des sujets susceptibles de les supporter sans compromettre leur santé et sans risquer de contaminer leurs voisins d'atelier de leurs maux ou de leurs vices contagieux. Cette manière de procéder a d'heureux résultats : les travailleurs sont protégés, l'industriel voit s'accroître son rendement-travail par la bonne adaptation des ouvriers à leur ouvrage et par la plus grande stabilité du personnel ainsi obtenu.

En rapport direct avec le service médical, la surintendante collabore avec lui dans le dépistage précoce des maladies contagieuses et la lutte contre ces terribles fléaux qui déciment la population : tuberculose, cancer, alcoolisme, syphilis.

Affectée à la direction du service social, la surintendante peut mieux que personne organiser et diriger les œuvres qui en relèvent, car elle sait dans quelle mesure ces œuvres correspondent aux besoins des ouvriers et elle a les moyens pratiques d'y amener les uns, d'y retenir les autres. Avec la surintendante, point d'œuvre sociale déserte ; si l'œuvre est créée, elle correspond à un besoin qui lui a été manifesté ; la surintendante veillera donc à ce que ceux pour qui l'œuvre est née sachent en tirer tout le profit voulu.

Comment devenir surintendante ?

Pour remplir dignement les fonctions multiples et délicates de surintendante, il faut des femmes sérieusement préparées, offrant toutes les garanties d'honorabilité, de dévouement éclairé, d'expérience. A cet égard, les établissements ou les administrations

qui emploient des surintendantes sorties de l'Ecole de la rue Per
nety donnent témoignage de leur satisfaction (attestations rapides
prises dans le bulletin de l'Association).

Beaucoup de femmes sont séduites par le rôle de la surintendante
et nombreuses sont celles qui se présentent chaque année à l'Ecole.
Pourtant, une sélection rigoureuse en écarte le plus grand nombre
et les sessions n'ont guère dépassé 10 élèves. C'est peu nous direz-
vous : si elles sont de qualité moyenne et banale, c'est trop, pour
tant d'efforts; c'est trop surtout si leurs qualités ne conviennent
pas à leur rôle; c'est beaucoup si toutes sont à sa hauteur.

La spécialisation qui se fait à l'Ecole des Surintendantes réclame
des candidates certaines dispositions d'esprit et de cœur absolument indispensables à leur réussite. Aux familles, aux éducatrices
qui songent à diriger dans cette voie des jeunes filles, je conseil'e
d'étudier soigneusement les aptitudes intellectuelles, morales et
sociales de ces futures candidates, en se reportant à la monographie
de la surintendante publiée par Mlle Mauvezin dans sa Rose des
Activités féminines [1]. Cette monographie très complète, résultat
d'une étude attentive, renseignera les jeunes cerveaux prompts
à l'enthousiasme sur l'effort sérieux, sans cesse renouvelé,
qu'exigera d'eux une profession qui est bien plutôt un apostolat.

Il ne faut pas aller à l'Ecole des Surintendantes pour s'y faire
« une belle situation ». Si les débouchés qui s'ouvrent aux surintendantes sont nombreux, si les industriels qui les emploient leur
consentent, en raison des mille difficultés de leur service, des appoin-
tements convenables, il n'en est pas moins certain que de terribles
déceptions attendraient celles qui ne sauraient pas aborder une
tâche de continuelle abnégation, celles qui ne voudraient pas s'y
donner toute par amour profond des humbles, des êtres souffrants et déshérités, des travailleurs qui peinent et qui ne sont
mauvais souvent que parce qu'ils sont aigris par la douleur; celles
qui ne voudraient pas être toujours prêtes à réconforter de leur
affection un frère malheureux, et chercher toujours leur bonheur
dans les joies qu'elles créeront autour d'elles.

A celles qu'un avenir de dévouement et de sacrifice ne rebutera
pas, l'Ecole de la rue Pernety ouvrira largement ses portes et
l'Association des surintendantes joyeusement son cœur.

Le programme de l'école se répartit sur deux années d'étude.
La première année reçoit, sans limite d'âge, les personnes se destinant à toutes les carrières sociales, possédant ou non des diplômes
d'infirmières. On y donne aux élèves une préparation générale sur
le travail social. La seconde année est consacrée aux études spéciales des surintendantes. On n'y peut être admise que de 25 à

---

1. Rose des Activités Féminines. Editions des Roses, 16, 18, 20, rue du
Peugue, Bordeaux. Prix : 30 fr.

45 ans. Il faut de plus être titulaire d'un diplôme d'infirmière et posséder une culture intellectuelle supérieure : brevet supérieur, diplôme de fin d'études secondaires, baccalauréat.

Pour d'autres renseignements, s'adresser à Mme la Surintendante, directrice de l'Ecole sociale des Surintendantes, 43, rue Pernety, Paris, 14e arrondissement, ou mieux encore, aller la voir les mardis et vendredis de 9 h. à 11 h. Soyez assurées de trouver auprès d'elle le plus bienveillant accueil.

MOYENS PRATIQUES D'ORGANISER L'ORIENTATION PROFESSIONNELLE FÉMININE

par Mlle Marguerite Labadie,
Conseillère des Syndicats professionnels féminins de *La Ruche*,
Directrice du Centre féminin d'O. P. de Bordeaux[1].

L'organisation d'un office d'O. P. et le rôle de la Conseillère de vocation ne sont pas compris partout de la même façon.

Les méthodes varient suivant les doctrines, suivant les circonstances et on procède à la recherche des aptitudes par des moyens divers dans le détail desquels je n'ai pas l'intention d'entrer.

Je veux cependant faire deux remarques sur les méthodes employées par différents bureaux d'O. P. qui, durant le Congrès, nous ont fait part de leurs travaux.

1° Communément, dans nos bureaux d'O. P., les parents amènent leurs enfants à la Conseillère. Presque toujours alors, l'enfant a quitté l'école, et ses parents sont *pressés* de la placer.

Dans cette entrevue, la Conseillère essaye de rechercher les aptitudes de l'enfant. Mais elle ne peut faire qu'un examen rapide, incomplet, peu sûr, car le temps est court et l'enfant en présence d'une inconnue peut se troubler et n'être pas elle-même.

Dans la même séance, la Conseillère fait connaître aux parents et à l'enfant les avantages et les inconvénients du métier envisagé et qu'ils vont accepter ou refuser définitivement.

C'est cela qu'on a coutume d'appeler Orientation professionnelle. Erreur !!! C'est tout simplement du placement ! du placement intelligent sans doute, mais du placement !

En effet, la Conseillère ne peut que signaler les contre-indications les plus marquantes et utiliser au mieux les aptitudes de l'enfant dans un cadre restreint.

Si l'enfant a 13 ans, elle n'aura devant elle que les métiers manuels ne demandant pas grande instruction. Si elle en a 15, elle limitera elle-même son horizon aux seuls métiers de bureau, car, en général, une enfant qui a quelque instruction refuse les professions manuelles.

Or, l'O. P., pour être complète, doit envisager toute la gamme des professions.

1| 34, rue de Grassi, Bordeaux.

Ce n'est donc pas à la sortie de l'école, mais *durant la scolarité*, que l'on doit faire l'O. P. Dès l'enfance, on doit chercher à discerner les aptitudes de la fillette pour l'éduquer et l'aiguiller vers la branche d'activité qui lui conviendra le mieux.

2º Je tiens aussi à attirer l'attention du Congrès sur l'emploi du *questionnaire*.

Dans plusieurs Offices, le questionnaire est considéré comme une source de documentations utiles à la Conseillère.

Pour nous, il est un moyen d'éducation. Il va nous permettre de faire réfléchir l'enfant sur ses aptitudes, il l'aidera ainsi à choisir plus judicieusement son métier.

De plus, certaines Conseillères font remplir ce questionnaire séance tenante. Erreur encore, nous semble-t-il.

Le questionnaire est un examen de conscience, dit M. Mauvezin ; c'est vrai ! C'est pourquoi il doit être rempli à la maison, dans le calme, le recueillement. L'enfant pourra se faire aider de ses parents, voire même de son institutrice.

Le questionnaire rempli sur place risque d'être mal rempli... ; l'enfant n'ayant presque jamais pensé aux choses qui lui sont demandées et perdant ses moyens devant une personne qui l'intimide toujours un peu, parce qu'elle ne la connaît pas.

J'ajoute que cette visite rapide des parents et de l'enfant constitue cependant un progrès puisqu'elle permet d'éviter des erreurs graves... mais n'oublions pas que l'O. P. est essentiellement un *problème d'éducation* et que nous ne devons pas le réduire à n'être qu'un problème de placement.

Les syndicats professionnels féminins de la Ruche de Bordeaux n'ont pas voulu s'arrêter à ce placement judicieux des apprenties, ils ont essayé d'organiser l'O. P. proprement dite et je vais très simplement vous exposer leur essai.

Les principes de base sont ceux que M. Mauvezin a appliqués ; la recherche des aptitudes s'y fait comme à la Chambre des Métiers, c'est-à-dire sans le concours d'appareils compliqués.

Les Principes. — Tout d'abord, la Ruche reconnaît que la vocation normale de la femme est d'être épouse et mère. Aussi, elle considère toutes les professions non seulement au point de vue individuel et économique, mais aussi au point de vue familial et social.

De plus, elle croit que l'O. P. n'est pas l'acte d'un seul, mais la résultante de plusieurs efforts combinés :

la profession qui dit les exigences du métier, ses débouchés ;

l'école qui connaît les aptitudes de l'enfant ;

le docteur qui donne les détails utiles sur la santé ;

la famille dont la situation sociale, les possibilités, les besoins seront à considérer, et qui peut compléter les renseignements de l'école et du docteur.

l'enfant qui fait part de ses goûts, de ses aspirations et qui se lancera dans un métier avec d'autant plus de bonne volonté qu'il en aura compris et ratifié le choix.

La Conseillère. — A la Ruche, le rôle de la Conseillère n'est donc pas de prendre une décision, de fixer un choix, mais seulement d'établir un lien entre la profession, l'école et la famille, de mettre entre les mains des parents et de l'enfant les éléments nécessaires pour faire un choix rationnel.

La Conseillère ne se substitue pas aux parents pour guider l'enfant, elle ne doit en rien leur enlever de leur responsabilité. Son rôle n'est pas de conduire, mais de projeter la lumière.

Actuellement, la fiche scolaire, n'étant pas établie en France, n'apporte pas à la Conseillère les renseignements sur l'enfant.

La famille, ne sachant pas les dangers qu'une mauvaise orientation peut faire courir, s'en désintéresse.

L'enfant, non préparé, arrête ses désirs au hasard d'un caprice, de l'exemple d'une camarade.

La profession elle-même se recrute sans souci des qualités ou défauts de ses apprenties.

Que va être alors le rôle de la Conseillère ?

Son rôle actuellement. — Elle tâchera d'obtenir que la profession recrute bien son personnel et elle enquêtera non seulement sur les exigences du métier, mais encore sur ses besoins de main-d'œuvre.

Dans des causeries aux parents et aux institutrices, elle va leur montrer la collaboration qu'ils doivent apporter à l'Orientation professionnelle.

Enfin, elle va aider l'enfant à rechercher ses aptitudes et la préparer à son Orientation professionnelle, et par elle, un peu sa famille.

Pour cette éducation de l'enfant, la Ruche est allée dans les patronages et les colonies de vacances organiser l'Orientation professionnelle, par des causeries et des séances de préapprentissage.

Causeries et Cercles d'études. — La causerie vient détruire les préjugés de l'enfant (mépris du travail manuel, par exemple), défendre la fillette contre les caprices de la mode (car il y a aussi une mode pour les professions), et la préparer à comprendre l'importance du choix du métier.

La causerie, à condition qu'elle soit émaillée d'histoires, peut bien intéresser la fillette et attirer son attention sur l'O. P. ; mais, à mon avis, l'enfant, y étant passive, ne retient pas beaucoup.

La causerie reste cependant le seul moyen, s'il y a beaucoup d'enfants et qu'on dispose de peu de temps.

Je lui préfère le Cercle d'études, plus vivant, où les enfants prennent une part active, sont obligés de réfléchir et retiennent davantage.

Naturellement, c'est à l'aide d'histoires que la Conseillère va faire travailler son petit monde. Des exemples concrétiseront les principes et les feront mieux comprendre.

Dans ces cercles, l'enfant apprendra qu'il n'y a pas de sots métiers, que tout métier rapporte bien à celui qui peut bien l'exercer, que n'importe qui n'est pas apte à faire convenablement n'importe quoi, etc...

Quand l'enfant aura compris ces vérités élémentaires, on commencera la recherche des aptitudes.

Recherche des aptitudes avec l'aide de l'enfant. — Pour que l'enfant se fasse une idée juste sur ce qu'elle vaut, il faut lui permettre de se comparer à ses compagnes du même âge. Nous allons donc opérer sur un groupe de 8 à 10 fillettes.

Pour certaines qualités ou tendances : discrétion, amour du travail, etc... les enfants qui se connaissent, jouent, travaillent ensemble, n'auront qu'à mettre en commun leurs observations.

Pour d'autres : adresse manuelle par exemple, des examens de préapprentissage auront lieu dont les enfants compareront les épreuves.

Sur des petits *tableaux* où sont marquées les différentes aptitudes ou connaissances, le groupe inscrit, après entente, de la plus agile à la moins agile, de la plus bavarde à la moins, de la plus forte en calcul à la moins, etc...

Ensuite, quand l'enfant étudiera la monographie du métier désiré, elle consultera utilement ces tableaux qui lui rappelleront sa véritable valeur.

Ajoutons que la Directrice de patronage est toujours là pour donner son avis si les enfants se trompent... mais nous avons remarqué que partout, les enfants jugeaient très sûrement.

Aptitudes physiques. — L'on commence par l'examen des aptitudes physiques. C'est la conseillère qui dirige.

A propos de cet examen, je dois dire que tout Office d'O. P. doit s'assurer le concours de docteurs (médecine générale, oculiste, laryngologiste). J'ai grand plaisir à remercier officiellement au nom de « la Ruche » et des enfants, le dispensaire St-Michel qui accueille si aimablement les futures apprenties.

Le classement par taille comparé au classement par âge sera simple et rapide.

Quant à la santé, quelques explications attirent l'attention des enfants sur les rhumes, la nervosité, l'anémie, etc... on trouve là l'occasion d'envoyer au docteur des fillettes dont la fatigue, la transpiration anormale, décèlent des santés chancelantes.

Une simple montre et le chuchotement à distance nous permettront de mesurer l'audition de l'enfant.

Quant à l'examen de la vision, il est d'autant plus important que beaucoup de métiers féminins réclament une vue très claire et très solide.

Le tableau optométrique des docteurs Ginestous et Fromaget[1] va nous permettre de mesurer l'acuité visuelle de l'enfant.

« On place ce tableau à hauteur d'homme, en pleine lumière, « et à 5 mètres de l'enfant qui aura le dos tourné à la lumière. « Chaque œil est examiné séparément, l'autre étant couvert par « la paume de la main ».

« Tout enfant qui ne lit pas avec chaque œil au moins la ligne « marquée du trait rouge sur le tableau a une vision défectueuse.

« Il est des enfants qui ont une bonne vision de loin et non « de près; alors on fait faire une deuxième épreuve en leur faisant « lire un texte fin à 30 ou 35 centimètres, suivant la grandeur « des caractères.

« Tout enfant qui ne lira pas ce texte sans difficulté sera envoyé « à l'oculiste ».

De même, il faut envoyer au docteur toutes les enfants qui se dirigent vers des métiers exigeant une vue solide : brodeuse, lingère, etc... même si elles ont subi avec succès les deux épreuves.

En effet, acuité visuelle et solidité visuelle font deux et si nous pouvons mesurer la première, c'est le docteur oculiste seul qui peut déterminer la seconde.

On ne saurait apporter trop de soin à l'examen de la vue quand on songe à ces pauvres ouvrières dont les yeux faibles, usés très vite, se refusent soudain à continuer un travail qui était le seul moyen d'existence de ces travailleuses.

Qu'il nous soit permis de formuler ici le vœu suivant : « Que, dans toutes les écoles, l'examen de la vue soit rendu obligatoire. » Cet examen qui ne demande aucun frais, mais seulement la bonne volonté des instituteurs, permettrait d'éviter bien des dangers.

Quant à l'enfant daltonien qui confond les couleurs, son infirmité sera vite découverte à l'aide du tableau spécial dont nous nous servons[2].

(Explications avec tableau optométrique et tableau des daltoniens).

Séances de préapprentissage. — Des séances très simples de préapprentissage vont nous permettre ensuite de découvrir quelques autres des principales aptitudes de l'enfant :

des exercices de français et calcul nous renseigneront sur son enseignement général;

---

1. Ce tableau muni de deux baguettes et d'un anneau de suspension peut être obtenu à la Chambre de Métiers de la Gironde, 57, rue des Trois-Conils, au prix de 1 Fr. 20, franco.

2. Le Tableau pour la Recherche des Daltoniens peut être obtenu à la Chambre de Métiers de la Gironde, 57, rue des Trois-Conils, Bordeaux, au prix de 12 Francs franco.

des épreuves de dessin dénonceront le goût de l'enfant même
sous un coup de crayon qui n'est pas exercé[1];

un chapeau et une robe de poupée diront l'imagination, le goût,
voire même le chic ou simplement les soins et l'application[1];

les petits objets en papier montreront la précision des gestes, la
dextérité des mains et des doigts;

à l'aide de jeux de toutes sortes, on découvrira l'agilité de l'une,
la maladresse de l'autre.

Enfin, des observations peuvent être faites utilement au cours
de ces diverses expériences. Telle se révèle indécise en passant tout
son temps à chercher quel dessin elle pourra bien exécuter telle
autre, étourdie, s'aperçoit, une fois son travail terminé, qu'elle a
cousu à l'envers une partie de la robe; une se montrera persévérante,
l'autre molle, etc...

Quand les séances de préapprentissage se font dans une colonie
de vacances, la vie en commun permettra au petit groupe de faire
des déductions intéressantes à la suite des mille observations
recueillies le long du jour. Les divers soins du ménage auxquels
les enfants collaborent sont, à leur façon, du préapprentissage : faire
sa chambre, laver sa lingerie, la repasser, la réparer, dresser la
table, faire le service, etc... sont autant d'expériences qui facilitent
la découverte des aptitudes.

Résultats : l'enfant apporte un jugement intelligent à son O. P.
— Une fois les séances terminées, l'enfant sait un peu mieux ce
qu'elle est. Rentrée chez elle et avec l'aide de ses parents, elle remplit plus facilement et plus exactement le questionnaire établi
par M. Mauvezin. Il suffit alors de lui présenter les monographies
des métiers pour qu'aussitôt elle se reconnaisse apte ou inapte.

D'elle-même, elle repousse la profession qu'elle avait rêvé et
me dit parfois :

« Mademoiselle vous viendrez voir maman, je lui avais demandé
« d'être brodeuse et elle le voulait bien elle aussi. Mais je ne peux
« pas puisque je n'y vois pas assez. Vous lui expliquerez pour
« qu'elle ne croit pas que ce sont des manières et qu'elle me force
« à entrer à l'atelier de broderie. »

Une autre veut faire profiter de la leçon une de ses compagnes;
elle amène une enfant disgraciée de la nature et me dit avec la
franchise dure des jeunes :

« En voilà une qui veut être coiffeuse, mais ça ne peut vraiment
« pas marcher. D'abord, elle n'a pas l'allure, et puis regardez ses
« grosses mains qui écrasent tout ce qu'elles touchent et qui sont
« toutes suantes. Il faut lui trouver autre chose ».

---

1. Mademoiselle Labadie illustre son exposé en faisant circuler dans
la salle des petits travaux exécutés par de jeunes écolières qui fréquentent
des patronages dans lesquels l'Orientation professionnelle a été organisée.

Cette méthode n'a pas sa forme définitive. — Suivant les possibilités et les besoins, ces séances de préapprentissage peuvent se multiplier et s'échelonner sur plusieurs mois.

Un jour, sans doute, et nous appelons ce jour de tous nos vœux, l'école fera elle-même ce préapprentissage et l'expérience qui s'étendra alors sur toute la scolarité de l'enfant permettra un jugement plus certain.

Tant que l'école ne préparera pas l'enfant à la vie professionnelle, tant qu'elle ne cherchera pas à découvrir en lui, dès le premier âge, ses aptitudes et dispositions, pour les éduquer et les diriger vers le genre d'activité qui leur permettra de s'épanouir pleinement... le problème de l'O. P. ne sera pas complètement résolu.

En attendant, nous essayons d'attirer l'attention des familles et des enfants par les cours du jeudi. Ils n'ont pas la prétention de juger très exactement les aptitudes, mais seulement de dévoiler à l'enfant ou un don particulier ou un vice rédhibitoire, et par suite, d'élargir l'horizon qui s'ouvre devant l'enfant et d'éviter une erreur grave.

Peut-être, cet essai d'éducation s'adressant à des enfants d'un autre milieu, d'une autre région, d'un autre pays, ne porterait aucun fruit; à Bordeaux, dans sa forme encore imparfaite, il produit de bons résultats. Espérons que chaque année lui permettra, par le secours de son expérience, d'y apporter un perfectionnement nouveau.

Placement et O. P. — J'ajoute simplement pour mémoire que le centre d'O. P. assure le placement des enfants qu'il a éclairées. Son action n'est complète qu'à cette condition. Si la famille est laissée à ses seuls moyens pour trouver une place et qu'elle n'y réussisse pas, elle finira par envoyer l'enfant à la première situation qui se présentera.

Puisse la Ruche syndicale collaborer par cet humble effort à l'œuvre éminemment sociale de l'O. P. féminine dont elle a fait sien l'idéal :

aider au relèvement économique et par suite au bien-être général par une meilleure utilisation des énergies.

essayer de sauver la famille et favoriser le véritable progrès de la femme par l'épanouissement de ses facultés jouant librement dans le cadre qui leur convient.

enfin, tenter de réaliser en ce monde, non pas seulement l'équilibre des forces individuelles diverses, mais leur harmonie qui sera génératrice de Beau et de Bien.

Communications et Discussions

M. René Kempf, représentant le Comité central Interprofessionnel de l'Apprentissage, propose au vote du Congrès le vœu suivant destiné à donner aux œuvres d'orientation professionnelle, le nerf de la guerre :

« Que les subventions accordées aux œuvres d'orientation professionnelle par les assujettis à la taxe d'apprentissage, obtiennent exonération pour la totalité des sommes versées, que ces œuvres soient existantes ou en voie de formation. »

M. Chaintreau fait en quelques mots l'éloge de la femme française.

Mme Saint-Supéry, déléguée de l'Association des anciennes élèves de la Légion d'honneur, regrette que, dans ce Congrès, la question de l'orientation professionnelle des jeunes filles qui n'ont pas de santé n'ait pas été agitée.

APPENDICES

APPENDICE N° I
Note présentée au rapporteur général de la 7e Section.

LA CARRIÈRE DE GARDE-MALADE
Aptitudes, Formation, Débouchés, Situation actuelle, Modifications désirables
par Mlle C. Mignot,
Sous-Directrice de l'Ecole Florence-Nightingale à Bordeaux[1].

1° Aptitudes à la carrière de garde-malade.

Il est regrettable que si souvent, en France, on oriente vers la carrière de garde-malade les jeunes filles qui ont été reconnues inaptes à poursuivre leurs études (brevets d'enseignements, baccalauréats, licences, etc...). Il est au contraire indispensable, pour réussir dans la carrière hospitalière, que les candidates soient exceptionnellement bien douées.

Pour devenir une garde-malade qui soit bien à la hauteur de ses fonctions si complexes, une jeune fille doit posséder une excellente santé, des sens parfaitement normaux et des qualités de cœur qui sont fondamentales dans cette carrière, telles que la bonté, la patience, la sympathie, la sincérité, la conscience, l'empire sur soi-même, et infiniment de tact.

Il faut également qu'elle possède l'esprit d'observation, beaucoup de mémoire, de réflexion, de présence d'esprit, de l'habileté, ainsi que la compréhension intelligente de la discipline, base de toute bonne organisation. Il ne faut pas oublier que, dans les hôpitaux ainsi que dans toute chambre de malade, la discipline à l'égard des soins et tout ce qui comporte le service du malade est indispensable à sa guérison.

Il est bon que toute garde-malade soit convaincue que sa carrière est une de celles qui demandent le plus d'élévation d'esprit, qu'elle la poursuive avec enthousiasme, et qu'elle place toujours très haut le but qu'elle poursuit. C'est par l'amour profond de l'humanité souffrante qu'elle arrivera à consacrer toutes ses facultés à l'accomplissement du devoir.

2° Formation Professionnelle.

Les progrès de la science réclament de la garde-malade des connaissances qui ne lui étaient pas demandées autrefois, tant au point de vue pratique que théorique.

L'instruction théorique a été considérablement développée grâce aux cours assurés par les médecins; mais l'instruction pratique encore plus importante a été malheureusement compromise par le fait même de l'absence de garde-malades très capables pour assurer cet enseignement à l'hôpital.

Cette instruction ne devant compromettre en aucune façon le service des

1. Domaine de Bagatelle, 215, route de Toulouse, Talence.

malades, il est indispensable de faire passer, au préalable, les candidates par
des cours théoriques et pratiques dits « préliminaires », afin que, pénétrant ensuite dans les services hospitaliers, elles puissent d'emblée, sans danger pour
eux, assurer tous les soins routiniers.

C'est en travaillant effectivement dans les salles d'un Hôpital-Ecole que
les élèves pourront acquérir l'expérience la plus précieuse, et voir les cas divers
qui se présenteront au cours des deux années de stage hospitalier.

C'est ainsi qu'elles comprendront combien le service hospitalier doit être
consciencieusement assuré pour donner satisfaction aux médecins responsables
du traitement des malades.

La garde-malade qui n'a pas été soigneusement préparée est un danger pour
les docteurs et pour les malades. Elle peut, par ignorance ou par manque de
conscience, leur donner par exemple des instruments mal stérilisés, ne pas
appliquer les médications avec précision, présenter comme bouillie de l'eau qui
ne l'a pas été, et réduire à néant toute la haute compétence des chirurgiens,
médecins et accoucheurs...

Il faut donc qu'une candidate choisisse avec soin l'Ecole où elle fera ses études
afin de s'assurer cette instruction pratique si importante donnée par des chef-
taines-monitrices qui ont été elles-mêmes préparées très soigneusement.

Cette organisation, qui est des plus logiques, a donné à l'Etranger, où ces
Ecoles sont extrêmement importantes, des résultats très satisfaisants.

La candidate, désireuse de faire ses études dans les meilleures conditions
possibles, choisira de préférence une école éloignée du milieu où elle habite, car,
dans un centre nouveau, elle ne sera pas tentée de sacrifier ses études à ses obligations mondaines et familiales, ou de mener de front les deux vies, ce qui pourrait occasionner une fatigue exagérée.

Au point de vue de l'utilité du stage, il est préférable de choisir un Hôpital-
Ecole qui ne soit pas également fréquenté par de nombreux étudiants stagiaires. Il est évident que plus les élèves en médecine seront nombreux, moins
les élèves garde-malades apprendront à seconder les médecins. Elles devront
toujours céder la place aux futurs médecins. Il est à désirer que les Ecoles de
Garde-Malades réalisent ce principe, et comprennent combien elles pourraient
bénéficier du fait d'assurer le service de tant d'hôpitaux de petites villes où des
services hospitaliers très variés sont absolument dépourvus de stagiaires. Les
futures garde-malades pourraient acquérir là une compétence tout à fait satisfaisante, sans gêner le moins du monde les étudiants en médecine.

Pour assurer la bonne formation des élèves, il faut que la directrice de l'Ecole
ait tout pouvoir sur tout ce qui concerne l'ordre intérieur de l'établissement,
le choix du personnel soignant et domestique; elle doit avoir toute l'autorité
nécessaire pour le choix et le renvoi des candidates.

Il faut bien réaliser qu'une carrière telle que celle qui nous occupe, ne peut
être bien exercée que par les jeunes filles qui possèdent les qualités fondamentales que nous avons désignées « aptitudes ».

La directrice a une responsabilité considérable en ce qui concerne l'instruction des élèves. Elle devra se rendre compte si les élèves possèdent les qualités
de propreté, d'ordre, de ponctualité, d'économie qui sont indispensables dans
ces fonctions. La préparation de la bonne garde-malade n'est pas superficielle,
il est difficile de se rendre compte de tout ce que comporte sa formation actuellement.

La question « tenue » est une des plus importantes, qu'il s'agisse des rapports
avec le Corps médical, avec les malades, et avec le public qui fréquente l'hôpital.

3° Les Débouchés.

La carrière de garde-malade est une des plus variées des carrières féminines; elle doit, comme le médecin, après des études très complètes, pouvoir se spécialiser.

Elle pourra choisir de devenir :

1° Cheftaine hospitalière avec spécialisations variées;
2° Cheftaine d'un Hôpital-Ecole;
3° Monitrice de Cours Préliminaires;
4° Cheftaine de l'Internat des Elèves Garde-Malades;
5° Directrice d'un Hôpital-Ecole;
6° Directrice d'Hospice, de Sanatorium, de Clinique privée, de Dispensaire, de Pouponnière, etc...
7° Employée d'administration hospitalière;
8° Infirmière militaire;
9° Infirmière coloniale;
10° Infirmière d'asile d'aliénés;
11° Infirmière sanitaire;
12° Visiteuse scolaire;
13° Visiteuse d'Hygiène sociale de la Tuberculose;
14° Visiteuse d'Hygiène sociale de l'Enfance;
15° Visiteuse d'Usine;
16° Assistante de cabinet médical, de chirurgien, de dentiste;
17° Garde privée, garde-couches.

Il est aisé de constater par cette énumération qu'une diplômée, selon son caractère ou selon ses goûts, trouvera sans peine le genre de travail qu'elle préférera.

Actuellement, la « demande » est de beaucoup supérieure à l'« offre », ce qui permet aux diplômées de choisir les postes qu'elles préfèrent.

Mais il est certain que, du côté des services hospitaliers, un grand obstacle se dresse à la pénétration des diplômées bien préparées. La plupart des établissements possèdent encore un personnel peu éduqué, ce qui rend difficile et pénible la vie des diplômées sortant d'une bonne Ecole. Ce fait est cause que beaucoup de bonnes garde-malades acceptent plus volontiers des postes dans les services où elles travaillent seules ou en petits groupes.

Au point de vue de la rétribution, les gardes-malades, recevant l'entretien matériel de l'Administration qui les emploie, se trouvent dans les meilleures conditions matérielles. Les diplômées qui doivent assurer par leur traitement tout leur entretien, sont parfois surprises de constater qu'elles n'ont pas la possibilité de vivre avec le même confort dont elles jouiraient à l'hôpital.

Un petit ménage coûte toujours beaucoup plus cher, et souvent la garde-malade finit par faire pour son alimentation des restrictions nuisibles à sa santé.

Les traitements ont été considérablement augmentés ces dernières années, faisant de cette carrière une de celles où la femme peut le mieux gagner sa vie. De plus, en cas de maladie, les garde-malades jouissent constamment de certains privilèges. La plupart des Administrations assurent une retraite.

4° Situation actuelle en France.

Il existe actuellement une très grande divergence dans l'organisation des écoles préparant des gardes-malades.

Depuis le décret du 27 juin 1922, les écoles ont été obligées de se ranger dans des catégories déterminées, soit :

Préparation d'Infirmières hospitalières;

Préparation de Visiteuses d'Hygiène sociale de l'Enfance;

Préparation de Visiteuses d'Hygiène Sociale de la Tuberculose.

Certaines Ecoles ont déclaré vouloir assurer la préparation aux trois diplômes d'Etat.

Malgré une conformité apparente et malgré l'acceptation des mêmes programmes pour la préparation aux trois examens d'Etat, les Ecoles diffèrent en réalité d'une façon très marquée, au point de vue de l'organisation du stage hospitalier.

Actuellement, le stage hospitalier présente, selon les Ecoles, les conditions suivantes :

1° Les élèves sont internes dans l'hôpital où elles font leurs stages et constituent une partie du personnel hospitalier assurant le service des malades; elles passent par roulement dans les diverses sections de l'hôpital, pendant les deux années de stage; elles ne sont pas rétribuées puisqu'elles reçoivent un enseignement constant, soit théorique, soit pratique.

Dans la plupart de ces Ecoles, l'entretien est accordé gratuitement à titre de « bourse » aux élèves qui ne peuvent pas payer leur pension. Nous considérons cette organisation de stage comme la meilleure.

2° Les élèves à titres de *payantes* ou de *boursières*, habitent un internat qui n'est pas annexé à l'hôpital, et vont faire leur stage dans des hôpitaux dont l'Administration est étrangère à leur Ecole. Dans ces conditions, ces élèves ne font pas partie officiellement du personnel qui assure le service des malades; elles ne peuvent avoir en conséquence la même responsabilité, ni porter le même intérêt aux malades.

3° Les élèves restent dans leur famille et sans cesser leurs obligations mondaines, assistent à des cours organisés dans divers établissements.

Les élèves inscrites comme stagiaires dans des hôpitaux où elles vont suivre la visite du chef de service, ne font parfois qu'une apparition dans les salles (spécialement chez les contagieux), dans le but d'obtenir la signature du chef de service dans le carnet de stage obligatoire pour les examens d'Etat.

Il est à noter que, dans bien des hôpitaux, le personnel permanent responsable du service, n'accepte pas volontiers l'introduction de ces élèves provenant d'écoles étrangères; aucun effort n'est fait pour les initier au service; elles sont souvent réduites au rôle de simples spectatrices.

Par contre, dans certaines sections, le personnel permanent cherche à se décharger sur les stagiaires d'une bonne partie du service le moins agréable.

Pour réagir contre ces inégalités de stage, certaines écoles ont adopté le système de faire accompagner les élèves stagiaires par une monitrice, ce qui est compliqué, et dispendieux si les élèves sont nombreuses. Il est certain que le rôle de cette monitrice vis-à-vis de la surveillante, seule responsable du soin aux malades, est plein de difficultés.

Modifications à apporter.

Il découle de ce qui précède que le point le plus important à l'égard des modifications à apporter concerne :

1° la diversité des diplômes;

2° le stage hospitalier, la durée des études;

3° la délivrance de bourses par le ministère.

1° Il est à regretter que trois diplômes aient été créés. Tout comme les médecins, la garde-malade doit pouvoir, après avoir fait des études complètes, choisir le genre de service qui l'attire et, s'il y a lieu, quelques années plus tard, se spécialiser pour un autre genre de travail si les circonstances l'exigent.

Il n'est pas juste de lui imposer à ce moment-là de reprendre des études pour passer des examens afin d'avoir le diplôme consacrant une nouvelle activité, si, par exemple, après avoir été enrôlée dans un hôpital, elle désire devenir visiteuse d'un dispensaire anti-tuberculeux.

Le Corps médical a revendiqué depuis nombre d'années l'unité du diplôme repoussant toutes créations de diplômes de spécialisation; aussi on s'explique difficilement pourquoi à l'égard des gardes-malades on a créé, d'emblée, trois diplômes. Les spécialisations si variées de cette carrière entraîneraient facilement la création d'un nombre encore plus considérable de diplômes d'Etat.

2° Le stage pratique par conséquent devrait préparer toutes les candidates à un seul diplôme d'Etat. Il est évident qu'on ne pourrait préparer pendant ce stage les élèves à toutes les spécialisations, pas plus que cela ne se fait pour les médecins, mais le programme devrait être tel que, comme pour les docteurs, il permette aux futures diplômées d'adopter ensuite la spécialisation qu'elles préféreront.

Il devrait être entendu que le stage hospitalier devrait être, pour toutes, exactement le même, et que les stages accomplis sans obligation et sans responsabilité devraient être interdits. Ce stage devrait durer trois années pour toutes les élèves.

3° Il est à regretter que le Gouvernement paraisse favoriser les *Ecoles de spécialisation actuelles* au détriment des Ecoles d'hospitalières, n'accordant des bourses d'études qu'aux seules écoles préparant des visiteuses d'Hygiène pour la Tuberculose et pour l'Enfance.

Dans l'organisation des Ecoles, il ne faut jamais perdre de vue certains préceptes donnés, il y a plus de cinquante ans, par Florence Nightingale, la grande pionnière de cette carrière.

1° Les gardes-malades ne sont pas des docteurs, elles ne sont que leurs collaboratrices et doivent s'appliquer constamment à exécuter leurs ordres.

2° Leur rôle personnel consiste à entourer le malade de sollicitude et d'hygiène, et de tout ce qui peut concourir à l'allègement de ses souffrances et à la réussite du traitement prescrit.

3° L'expérience a prouvé que ce sont les femmes d'éducation et de haute valeur morale qui accomplissent le mieux ces fonctions complexes.

4° Par conséquent, le recrutement devra être fait de manière à attirer les candidates les plus aptes à faire honneur à cette carrière, en se souvenant que cette corporation ne doit pas être compromise par l'inconduite, la légèreté, le manque de conscience et de probité, qui ont malheureusement trop souvent éloigné d'elle les sujets d'élite qu'elle devrait attirer.

C'est par la manière dont elle fera son recrutement que la directrice assurera le succès de son Ecole; sa responsabilité considérable exige une autorité incontestée à l'égard du choix et du renvoi des candidates, son but doit être *de prévenir plutôt que de sévir*, éliminant à temps les sujets qui ne sont pas à la hauteur.

Seule, une directrice d'expérience pourra juger ce qu'il y a lieu de faire dans certains cas très difficiles; seule, elle pourra estimer si certaines candidates sont susceptibles d'acquérir les qualités qui feront d'elles plus tard des gardemalades extrêmement satisfaisantes.

Toute directrice soucieuse de son recrutement hésitera toujours à éliminer des élèves; son intérêt direct est de ne pas les renvoyer. Ces questions sont souvent très délicates et il est extrêmement difficile de présenter certains cas à des groupements administratifs.

Aussi, toute administration soucieuse de la marche satisfaisante de son école, devrait borner son rôle au choix d'une bonne directrice.

————

Appendice n° 2

Note présentée au rapporteur général de la 7e section

L'ORIENTATION VERS LA CARRIÈRE DES INFIRMIÈRES PROFESSIONNELLES

par **Mlle Chaptal,**
Vice-Présidente du Conseil de Perfectionnement des Ecoles d'Infirmières.

Si, dans la plupart des professions féminines, la conscience et la force morale sont nécessaires à la réalisation d'une carrière, on peut affirmer que ces deux éléments deviennent, lorsqu'il s'agit de la carrière d'infirmière, l'essentiel et l'indispensable.

On a vu, en effet, dans d'autres professions, réussir des personnes à qui l'aptitude physique ou intellectuelle a suffi pour ce résultat. On ne verra pas une infirmière atteindre par ces seuls moyens au niveau supérieur qui est le niveau normal où elle devra vivre.

Un simple mot pour éclairer notre chemin. Qu'est la mission d'une infirmière? La lutte contre la maladie, le secours à la souffrance, un contact ininterrompu avec la douleur humaine, pour diminuer de plus en plus le mal et la misère.

Voyons brièvement quelles *aptitudes* lui sont nécessaires? Quelle *formation* elle doit recevoir; quel *avenir* est le sien?

* *

Aptitudes nécessaires. — Du type de fiche qu'on utilise généralement dans l'œuvre d'orientation professionnelle, essayons de tirer quelques traits communs à d'autres professions féminines. Nous y trouverons d'assez grandes difficultés. Il semblerait que, pour être capable de devenir infirmières, toutes les qualités soient nécessaires.

La santé doit être bonne, bien équilibrée.

La force physique en est la conséquence : elle doit être exercée pour devenir une sérieuse résistance.

Les poumons, bien entendu, seront indemnes.

La vision normale, quoique la myopie corrigée par des verres ne soit pas un obstacle.

L'ouïe doit être excellente.

L'adresse manuelle est nécessaire.

Une tenue calme, nette, ordonnée, une possession de soi-même allant jusqu'au parfait sang-froid dans le danger.

L'esprit de suite, la ténacité;

L'esprit d'observation très développé;

Un jugement droit;

L'esprit de dévouement allié à la patience;

seront parmi les éléments moraux essentiels; mais par-dessus tout, il est indispensable qu'elle possède la *vocation.*

Quant à l'instruction première de la candidate, elle sera bonne, à peu près l'équivalent des brevets d'enseignement primaire ou secondaire. On n'est jamais trop instruite pour être infirmière. Ce qu'il est préférable d'éviter, c'est qu'une jeune fille croie se préparer à la profession en acquérant d'avance par les livres des notions d'ordre médical : elle ne ferait ainsi que se bourrer de théorie-hors-cadres dont l'application ne lui serait, pendant ses études spéciales, qu'un inutile encombrement du cerveau.

* *

Mais ici nous touchons à la deuxième partie de cette brève étude : **quelle formation doit-elle recevoir ?**

Avant l'entrée à l'Ecole d'Infirmières, étant donné qu'elle ne doit pas être acceptée avant 21 ans au plus tôt, que fera la candidate ?

Nous pensons qu'une préparation ménagère lui est fort utile. L'infirmière hospitalière doit s'entendre aux soins du ménage; être experte en économie domestique, aussi pratique et vécue que possible. La tenue d'une salle exige tous les raffinements dans cet ordre d'idées. Et quant à l'infirmière visiteuse, comment pourrait-elle instruire utilement une mère de famille ouvrière en matière d'hygiène du logement, si elle n'est elle-même parfaitement fondée en ces notions ? Tout ce que peut savoir une femme de ce qui sert dans la vie du foyer sera précieux à une infirmière.

On peut aussi conseiller, comme préparation éloignée, notamment pour les candidates dont la situation matérielle leur commande de travailler de bonne heure pour vivre, une ou deux années dans un établissement d'enfants : préventorium *bien dirigé* ou pouponnière de bébés bien portants. Ces œuvres si utiles acceptent volontiers le concours d'auxiliaires jeunes et les rémunèrent à un taux intéressant.

Quant à la formation donnée par l'Ecole elle-même, elle a été souvent définie dans des rapports et des articles fort lus, principalement dans l'excellente revue, *L'Infirmière française*[1]. On n'ignore plus aujourd'hui quelles sont les matières du programme officiel adopté par l'Etat : stages successifs, sagement gradués, s'échelonnant dans toute leur variété sur deux années entières au minimum. On y passe en revue, mettant ainsi l'élève à pied d'œuvre pour le travail de toute sa vie, les soins de tout ordre à donner aux malades de toute catégorie, médecine, chirurgie, enfants, femmes, spécialités diverses, sans rien excepter d'essentiel. Les cours professés suivent la même gradation, s'adaptant rigoureusement au rôle de l'infirmière, si bien qu'après deux ans ainsi employés, sous la direction experte de monitrices qualifées, l'élève est devenue une « hospitalière » ou une « soignante », selon les expressions consacrées.

Si elle possède l'attrait nécessaire pour devenir infirmière visiteuse, le travail hospitalier sera accompagné et suivi d'une préparation en hygiène sociale, laquelle viendra ainsi se greffer sur une branche déjà résistante. On ne peut séparer ces enseignements : une visiteuse qui n'aurait pas commencé par être hospitalière, au moins pendant les années d'école, manquera son but.

Mais ceci exposé, nous devons encore insister sur la très solide formation morale que donnera l'Ecole à ses élèves professionnelles. Là seulement, la future infirmière puisera la force de résistance nécessaire à une vie de dévouement continuel. Ce n'est qu'en ancrant dans son âme, dans son cœur, dans son esprit, les principes très élevés sur lesquels elle devra s'appuyer, que la directrice de l'Ecole pourra se dire, avec une conscience tranquille : « J'ai fait mon devoir vis-à-vis de mes élèves ». De plus, cet enseignement moral devra être étroitement adapté, appliqué sur mesure, pour ainsi dire, à l'exercice de la profes-

---

1. Poinat, éditeur, 21, rue Cassette, Paris VIe.

sion. Il faudra tout prévoir des occasions qui pourront se présenter, et fournir par avance à l'infirmière les armes dont elle aura besoin. Le programme des leçons utiles a été fort abrégé, réuni en un volume. Nous n'y insisterons donc pas davantage. Mais ce que nous devons dire avec force, c'est ceci : Tant vaudra la Directrice ou la monitrice enseignante, tant vaudra l'élève. On ne prêche efficacement que par l'exemple, surtout en matière professionnelle.

* *

Et que sera **l'avenir** de l'infirmière, ainsi formée ?

On peut dire qu'elle n'aura que le choix entre les diverses situations, toutes intéressantes, toutes entourées de considération et de mieux en mieux rémunérées, à mesure que s'impose davantage l'utilité indéniable de cet agent du bien qu'est l'infirmière. Le médecin et le chirurgien n'envisagent plus l'exercice de leur profession, tant en ville qu'à l'hôpital, sans son concours journalier. L'hygiéniste, le « médecin social », ne peut étendre ni affermir l'œuvre de prévention sans elle. Les spécialistes de tous les soins que réclame la variété infinie des maux humains, demandent son aide, de plus en plus adaptée par une collaboration constante; radiologie, radiumthérapie, diathermie, applications de tous les agents physiques, héliothérapie, on ne peut tout énumérer; quel choix se présente devant une infirmière qui ne veut pas se borner aux limites, pourtant déjà si vastes, d'une salle d'hôpital.

Nous ne croyons pas utile d'insister davantage sur les débouchés innombrables qui s'offrent ainsi à l'infirmière professionnelle solidement formée et munie du diplôme conféré par l'Etat. D'autres communications doivent aborder le sujet dans ce Congrès. Mais qu'on nous permette de ne pas terminer sans rappeler que le meilleur attrait de la profession d'infirmière, c'est le fait que toute sa vie, quelque champ de travail qu'elle ait choisi ou qui lui ait été imposé par les circonstances, elle aura à pratiquer l'oubli de soi, à sacrifier tout égoisme, à donner à tous le plus bel exemple qu'une femme puisse laisser après elle.

Appendice n° 3

LE PROFESSORAT D'ENSEIGNEMENT MÉNAGER ET FAMILIAL

par Mlle **A. de Velna**, déléguée de l'Institut Normal Familial Ménager de Paris.

L'Institut familial ménager (12, rue Monsieur, Paris), joint au côté proprement ménager une orientation éminemment sociale, qui complète ou supplée le rôle des surintendantes ou des infirmières visiteuses dans les agglomérations populaires, et sert largement dans les diverses régions de France la grande industrie comme les petites localités rurales.

Le *cours normal* de l'Institut familial s'adresse à des sujets de culture intellectuelle et morale déjà acquise. Ne sont reçues que celles qui ont plus de 18 ans.

Les *études* durent 8 mois et se terminent par un examen donnant droit à un diplôme.

Une *carrière* largement rémunérée est assurée à tous les sujets diplômés de l'Institut, qui, au cours de l'année, auront été reconnues aptes à cette action familiale ménagère.

L'Institut familial ne se borne pas à assurer une carrière aux sujets sortants; il les suit dans leur action et garde la responsabilité des organisations qu'il fonde.

Aptitudes nécessaires pour réussir dans cette profession.

L'Enseignement familial est envisagé comme une formation complète de la femme dans tous les domaines de son activité. Il demande, plus qu'aucune autre branche peut-être, des aptitudes d'ordre *pratique, intellectuel*, en même temps que de *solides qualités éducatives et morales*.

Au point de vue **pratique**, cet enseignement embrasse les cours les plus divers: coupe, cuisine, alimentation, repassage, raccommodage, économie domestique, petits métiers, organisation d'une maison, etc..., hygiène.

Il requiert spécialement :

bonne vue, santé suffisamment robuste pour l'ensemble des travaux demandant souvent la station debout; adresse manuelle (dextérité et coup d'œil, rapidité des réflexes); sens pratique et facilité d'adaptation; initiative et goût du perfectionnement.

Le tout soutenu par des connaissances scientifiques suffisantes : physique, chimie, sciences naturelles qui doivent — du domaine théorique des sciences pures — passer tout naturellement dans le domaine des applications pratiques.

Ceci permettant au professeur d'Enseignement familial ménager une certaine initiative d'action et un effort de recherches et de progrès incessant qui brisera la routine d'où :

Qualités intellectuelles nécessaires : culture générale scientifique, pour soutenir le niveau des cours pratiques et les perfectionner; philosophique et sociale, etc., pour donner à la formation générale que poursuit l'Enseignement familial ménager toute son ampleur de développement.

Il est entendu que cette culture générale est faite moins de connaissances théoriques accumulées que d'une ouverture d'esprit venant du niveau d'éducation et de la formation secondaire.

Qualités morales : jugement, équilibre moral; sens éducatif et de l'adaptation; un certain allant qui ne mesure pas l'effort; une hauteur de vues et de vie morale qui élève de suite le niveau général de l'action et qui s'impose comme une force supérieure.

SEANCE PLENIÈRE

Dimanche 26 Septembre à 10 heures

En l'absence de Mme Gounouilhou, Mme Baudeuf préside.

Après un échange de vues auquel prennent part : MM. Delmas, de la Chambre syndicale des patrons imprimeurs de Bordeaux; M. Théry, directeur de l'Office d'orientation professionnelle de Nantes; M. Chaintreau; M. Paul Carde, président de la Chambre de Métiers de la Gironde; M. Breton; M. Kempf; Mlle Manon Cormier; M. P. de Vuyst; Mlle Taxain, directrice d'école; M. Belliard, membre de la Chambre de Commerce de Bordeaux; M. Mauvezin, les vœux suivants sont votés par l'Assemblée :

Vœu concernant la suppression du travail professionnel de la Mère de Famille

Considérant que la prospérité d'un pays dépend en majeure partie de la quantité et de la qualité physique et morale de sa population;

Considérant que les problèmes de la continuation et de la conservation de la race, de la protection et de l'éducation de l'enfance, jouent dans les destinées des pays, des rôles de premier plan;

Considérant que la mission sociale d'une mère de famille est de soigner et d'élever convenablement ses enfants et qu'une société civilisée doit lui permettre de remplir cette tâche;

Considérant que la travailleuse mère de famille est astreinte à cumuler son travail ménager et son travail professionnel;

Le Congrès International d'Orientation professionnelle féminine demande :

1º Que les programmes d'éducation et d'instruction des jeunes filles prévoient à la base une formation ménagère sérieuse et une formation morale solide, afin que les jeunes filles puissent comprendre la noblesse de leur mission future, et se trouver à même, lorsqu'elles deviendront épouses et mères, de la remplir convenablement.

2º Que le gain du père soit suffisant pour faire vivre sa famille et que, dans les pays où les salaires ne sont pas très élevés, l'appoint soit fait par les Caisses de Compensation pour allocations familiales.

3º Que les femmes sans enfants, et davantage encore les hommes, acceptent de faire l'effort de production nécessaire pour permettre la suppression progressive du travail salarié des mères de famille.

4° Qu'une protection et des secours efficaces soient assurés aux enfants des veuves pauvres, soit par des lois d'assurances sociales, soit par des lois de pensions nationales.

5° Enfin que, dans les divers pays, les groupements religieux, sociaux, civiques, familiaux et professionnels, et tous ceux qui peuvent avoir une influence sur l'opinion publique, entreprennent une campagne active de propagande par la plume et par la parole pour faire pénétrer ces idées dans l'esprit de la masse et arriver ainsi à la suppression progressive du travail salarié des mères de famille.

6° Qu'un premier acheminement vers cette réalisation soit recherché par l'emploi du travail de mi-temps et que, dans ce but, des organismes bénévoles et libres se créent pour en étudier les modalités.

Vœu concernant l'Orientation Professionnelle Féminine en général

Considérant qu'il est désirable pour l'intérêt général et pour leur intérêt particulier, que les jeunes filles jusqu'à leur mariage, les célibataires d'âge mûr, et même les femmes mariées sans enfants, se livrent à un travail productif et rémunéré, à condition toutefois que ce travail ne risque pas de compromettre leur santé;

Considérant qu'il est indispensable que toute jeune fille soit mise en situation d'assurer ses moyens d'existence;

Considérant que l'Orientation professionnelle est à la base d'une vie heureuse et largement productrice;

Considérant que l'Orientation professionnelle doit viser toutes les professions;

Considérant que la richesse d'un pays dépend surtout de l'abondance des produits, et qu'en conséquence, il est désirable d'orienter la jeunesse plutôt vers les métiers de production réelle que vers les emplois d'intermédiaires;

Considérant que l'enfant qui n'a pas pour l'étude des dispositions spéciales et que l'on maintient à l'école jusqu'à 14 ou 15 ans, ne veut plus envisager de s'orienter que vers les emplois du commerce ou du bureau, et cela, parce que, d'une part, un métier manuel lui paraît méprisable et que, d'autre part, l'usage du porte-plume et la station assise n'ont pas assez développé ses muscles;

Considérant qu'un déchet social énorme est la résultante de la non utilisation des qualités personnelles des individus, et que tous ceux qui, non seulement collaborent à la production, mais même en lirent simplement profit, ont intérêt à ce que les énergies humaines soient orientées de façon à produire leur rendement maximum;

Considérant qu'il est du devoir des parents ou tuteurs de mettre leurs enfants ou pupilles à même de gagner leur vie et que, pour cette raison, ils doivent les aider de leurs conseils dans le choix d'une carrière;

Considérant que la majorité des parents, mal renseignés sur les aptitudes de leurs enfants, sur les activités qui s'ouvrent à ceux-ci, sur l'état du marché du travail, « placent » leurs enfants mais ne les « orientent ». pas, alors qu'ils devraient s'efforcer de les guider vers des activités pouvant réellement leur convenir et leur plaire;

Considérant que l'aide nécessaire doit être apportée à la famille par ceux qui en sont les auxiliaires normaux : médecin de la famille, éducateurs de toutes sortes, membres de l'enseignement, ministres du culte, directeurs et directrices de patronages, travailleuses sociales etc...

Le Congrès International d'Orientation professionnelle féminine demande :

1º Que l'Orientation professionnelle ne soit pas considérée comme un problème de placement intelligent au moment où l'enfant quitte l'école, mais comme une œuvre profonde d'éducation devant s'étendre sur toute la scolarité et au cours de laquelle les enfants apprendront surtout à mieux se connaître physiquement et moralement.

2º Qu'une campagne de propagande soit entreprise pour faire comprendre aux masses que n'importe qui n'est pas apte à faire convenablement n'importe quoi, et qu'une orientation raisonnée des enfants est une nécessité aussi bien au point de vue individuel qu'au point de vue général.

3º Que l'attention des pères et mères de famille de toutes conditions soit attirée sur l'intérêt que présente pour leur enfant une orientation professionnelle logique et que, dans ce but, les groupements familiaux : associations de pères et mères de famille, associations de parents d'élèves, fassent le nécessaire pour en diffuser les principes essentiels.

4º Que la propagande soit faite particulièrement auprès maîtresses de l'enseignement public et privé, primaire et secondaire, et de toute personne s'occupant d'œuvres de protection de l'enfance, d'œuvres de jeunesse, et d'œuvres familiales. Ces maîtresses de l'enseignement et ces travailleuses sociales connaissent en effet très bien les enfants, et peuvent, avec une préparation spéciale relativement facile, devenir des guides éclairés des parents en ce qui concerne l'orientation de leurs enfants. En conséquence, il est désirable que la question « Orientation Professionnelle » soit étudiée dans les écoles normales et les écoles sociales.

5⁰ Que des visites médicales scolaires périodiques dès l'école maternelle soient organisées. Le Congrès estime que ces visites devront l'être à assez brève échéance; mais il demande instamment qu'on organise immédiatement l'examen scolaire de la vue des écoliers qui peut se faire partout à très peu de frais.

6⁰ Que dès le jeune âge de l'enfant, les intéressés étudient ses aptitudes et ses faiblesses afin de pouvoir, aussi tôt que possible, connaître les prédispositions qui lui interdiront plus tard, de façon formelle, certaines professions.

7⁰ Que les intéressés, parents et enfants, soient renseignés sur les activités qui s'ouvrent à ces derniers, sur les exigences qu'elles requièrent, sur leur avenir, et sur leurs débouchés; que cette documentation soit donnée à l'école même, ainsi que cela se pratique aux Etats-Unis, au moyen de rédactions, dictées, lectures, conférences, appropriées au niveau intellectuel des enfants, enseignement ménager largement développé, et travaux divers de préapprentissage se rapportant surtout à l'activité locale, afin de n'éloigner l'enfant du domicile paternel que dans les cas exceptionnels.

8⁰ Qu'en ce qui concerne les méthodes d'orientation professionnelle, on sorte de plus en plus du champ doctrinaire et abstrait pour entrer résolument dans des réalisations pratiques, quitte à perfectionner sans cesse les méthodes ayant déjà donné des résultats tangibles et certains.

Vœu sur l'Orientation vers les Carrières agricoles

Considérant d'une part, qu'une agriculture florissante est, dans presque tous les pays, une nécessité vitale, et que la prospérité de cette agriculture est gravement menacée par la désaffection de la femme et de la jeune fille pour la vie rurale;

Considérant d'autre part, qu'à la campagne, l'orientation de l'enfant se fait pour ainsi dire naturellement vers les métiers ruraux et n'a besoin que d'être encouragée et renforcée par l'école et les diverses influences qui agissent sur l'enfant;

Le Congrès International d'Orientation professionnelle féminine demande :

1⁰ Que l'esprit et les méthodes de l'école rurale soient conçus de façon à orienter la jeunesse féminine vers les occupations ménagères et agricoles.

2⁰ Qu'entre 16 et 18 ans, un enseignement ménager post-scolaire soit donné autant que possible à toutes les jeunes filles de la campagne. Cet enseignement sera nettement agricole. Il visera à donner les connaissances théoriques et pratiques qui feront d'elles de bonnes femmes d'agriculteurs. Il s'inspirera des tendances familiales et s'efforcera de lutter contre l'exode vers la ville. Tous les types d'écoles ménagères agricoles post-scolaires sont recommandables ; cependant, partout où cela sera possible, on donnera la préférence aux écoles fixes, à enseignement continu, disposant d'une exploitation agricole.

3° Que soient fondées et développées des associations de fermières qui, par des conférences, des concours d'habileté professionnelle, et autres moyens de vulgarisation et d'émulation à leur portée, contribueront à l'amélioration de l'éducation et aux progrès professionnels des ménagères agricoles.

Vœux concernant les Carrières Ménagères

Ier vœu.

Considérant que les travaux ménagers d'exécution et de direction, demandent des compétences multiples, des connaissances techniques définies, de nombreuses heures d'activité quotidienne ;

Le Congrès International d'Orientation professionnelle féminine demande :

Que ces travaux soient considérés comme faisant l'objet d'une profession nécessitant un apprentissage effectif et un enseignement spécialisé. Il insiste sur la nécessité d'introduire dans le programme des écoles ménagères des cours d'organisation du travail et d'administration.

2e vœu.

Considérant les difficultés actuelles touchant le recrutement du personnel domestique ;

Le Congrès International d'Orientation professionnelle féminine demande :

Que d'une part, un enseignement professionnel soit donné aux jeunes filles se destinant à devenir employées de maison, et que d'autre part, soient réalisées des améliorations dans les conditions de vie, de travail, d'embauchage et de rémunération de ces employées. Par exemple : détermination des tâches à accomplir, limitation du temps de travail, adoption d'un salaire au rendement avec primes à la production et aux économies, application des méthodes facilitant le travail, respect des meilleures conditions de confort et d'hygiène tant dans le logement du personnel que dans les pièces où il doit travailler.

3e vœu.

Considérant qu'une des lois primordiales de la science du travail est celle de la mécanisation ;

Le Congrès International d'Orientation professionnelle féminine demande :

Que se généralise l'emploi d'un outillage ménager moderne, assurant l'exécution parfaite et hâtive des besognes matérielles.

4e vœu.

Considérant qu'il est infiniment désirable pour l'intérêt des jeunes enfants et pour l'intérêt général, que l'emploi de gouvernante éleveuse pour enfants du premier âge, soit considéré comme une véritable profession.

Le Congrès International d'Orientation Professionnelle féminine demande :

Que des écoles d'apprentissage professionnel de la puériculture (soins physiques et formation morale) soient créées et multipliées et qu'une propagande soit faite auprès des œuvres de l'enfance pour qu'elles instituent des stages destinés à la formation des gouvernantes d'enfants.

Vœu relatif aux Métiers Manuels et Commerciaux

Considérant les échecs et les dangers qui guettent l'enfant dans la préparation ou l'exercice d'un métier qui ne lui convient pas;

Considérant que l'ignorance des exigences exactes et des besoins de la profession multiplie le nombre des médiocres et des chômeurs;

Considérant que par suite de l'inorganisation de l'apprentissage, la fillette ne peut faire que bien rarement l'étude rationnelle, progressive et complète du métier entrepris;

Considérant que les métiers à domicile ne paient pas;

Le Congrès International d'Orientation professionnelle féminine demande :

1º Que dans tous les ateliers, ouvroirs, écoles professionnelles, un certificat d'aptitudes et un certificat médical soient exigés pour tous les enfants.

(Cet examen médical ne devra pas porter seulement sur la santé générale, mais sur les organes, y compris ceux des sens, qui sont appelés à fournir un effort ou un travail considérable dans le métier entrepris.)

2º Que les associations professionnelles collaborent à l'orientation professionnelle :

en établissant les monographies de métiers.

en prévenant les centres d'Orientation professionnelle de leur région des changements que l'évolution des métiers apporte dans l'utilisation de la main-d'œuvre.

en faisant judicieusement concorder le nombre des apprenties avec les besoins actuels et prévus des métiers.

3° Que le contrat d'apprentissage soit rendu obligatoire après un temps d'essai et qu'il comporte, outre les garanties des droits du patron et de l'apprentie, et les certificats d'aptitudes et médical :

a) la monographie du métier.

b) un programme minimum d'apprentissage établi par les associations professionnelles et déterminant, année par année, ce que l'apprentie devra apprendre à l'atelier et aux cours professionnels. Ce programme sera imposé aux patrons et son application devra être contrôlée par des examens obligatoires.

c) l'engagement du patron et des parents de faire suivre à l'apprentie les cours professionnels chaque fois qu'il en existe à proximité.

4° Que des lois viennent protéger l'ouvrière à domicile, et qu'en France, soient votées rapidement les améliorations de la loi de 1915 sur le salaire minimum; enfin, que les syndicats d'ouvrières fassent tous leurs efforts pour organiser des coopératives de production.

Vœux relatifs aux Carrières de l'Enseignement

Ier vœu.

Considérant que chaque métier demande un apprentissage particulier;

Considérant que la bonne éducation des enfants est une œuvre à la fois difficile et importante;

Considérant, enfin que si certains postes ne sont accessibles qu'à la suite de concours ou d'examens sévères, d'autres au contraire sont attribués un peu au hasard à des personnes pourvues seulement de grades inégaux;

Le Congrès International d Orientation professionnelle féminine demande :

qu'aucun fonctionnaire ne puisse entrer dans le corps enseignant qu'à la suite d'un concours qui permettra de choisir les meilleurs parmi ceux qui ont les connaissances nécessaires dans la branche choisie.

2e vœu.

Considérant combien il est pénible de déclarer inapte à l'enseignement une jeune fille qui a consacré plusieurs années à s'y préparer;

Le Congrès International d'Orientation professionnelle féminine demande :

qu'avant toute préparation à ces concours, un examen sévère permette d'écarter les candidates n'ayant pas les qualités nécessaires et que, de très bonne heure, elles soient averties de leur inaptitude.

Vœux relatifs aux Carrières dérivées du Droit

Ier vœu.

Considérant que les carrières que le Droit ouvre aux femmes sont rares et exigent presque toutes leur présence dans une grande ville; qu'il convient, en conséquence, de leur en ouvrir d'autres leur permettant de gagner honorablement leur vie, sans quitter leur province et leur famille;

Considérant que le Notariat répond à ces exigences;

Le Congrès International d'Orientation professionnelle féminine demande :

que la proposition de loi déposée par M. Louis Proust, député d'Indre-et-Loire, le 9 décembre 1920, soit promptement mise à l'étude par le Parlement et que, en France comme en d'autres pays, l'accès du Notariat soit ouvert aux femmes.

2e vœu.

Considérant que nombre de pays ont permis aux femmes d'être magistrats et qu'ils n'ont eu qu'à s'en louer;

Considérant que la présence des femmes serait en particulier bienfaisante dans les tribunaux pour enfants;

Le Congrès International d'Orientation professionnelle féminine demande :

qu'en France, l'accès aux fonctions de magistrats soit permis aux femmes, dans les mêmes conditions qu'aux hommes.

Vœux concernant les Carrières de l'Hygiène, de la Médecine et les Carrières Sociales

Le Congrès International d'Orientation professionnelle féminine demande :

1º Que les éducatrices s'intéressent davantage à toutes les formes d'activité sociale et se préoccupent de préparer des éléments pour les carrières sociales.

2º Qu'une propagande active soit faite autour des carrières sociales féminines par tracts, causeries, cinéma, visites des institutions sociales; et qu'en vue de susciter des vocations sociales et en dehors de l'intérêt familial que cette étude présente pour les élèves, l'enseignement de la puériculture (soins physiques et formation morale) soit institué dans toutes les écoles primaires et du second degré.

3º Que dans la mesure du possible, l'orientation vers les carrières sociales soit réservée de préférence aux jeunes filles qui, au cours de leurs études, se sont distinguées par leur caractère, leurs qualités d'initiative et de dévouement.

4º Que pour les carrières sociales, on effectue l'orientation professionnelle non seulement d'après les aptitudes physiques et intellectuelles des candidates, mais aussi et surtout en tenant compte de la valeur spirituelle, morale et culturale des intéressées.

5º Que seules les jeunes filles ayant une vocation sociale, soient orientées vers les carrières de médecin praticien, sage-femme, infirmière, travailleuse sociale, qui demandent une abnégation totale et le célibat, et que les recrues indésirables sans vocation ferme soient écartées de ces carrières.

6º Que des mesures soient rapidement prises pour l'utilisation et l'orientation des jeunes filles entre l'âge de sortie des écoles d'enseignement général et celui d'admission dans les écoles sociales spécialisées.

7º Que des situations morales, sociales et matérielles, en équivalence avec les services rendus à la société, soient faites à toutes celles qui donnent le meilleur d'elles-mêmes pour la guérison des malades, la prévention des misères physiques et sociales, la conservation de la paix, de la sécurité, du bien-être des familles des travailleurs.

Mme la déléguée de l'Unione Femminile Nazionale et de l'Assistenza Sociale al Lavoratore, de Milan, émet le vœu suivant concernant le travail social en Italie :

Le Congrès International d'Orientation professionnelle féminine demande : qu'en Italie, on reconnaisse et apprécie la fonction sociale de la femme, et que les carrières sociales prennent en Italie l'importance des carrières militaires, des carrières de la magistrature et de l'enseignement; enfin, qu'on institue au plus tôt en Italie des écoles de service social pour l'instruction technique et pratique des travailleuses sociales et que les idées d'improvisation et d'empirisme qui déforment la conception sociale du travail féminin, soient abandonnées au plus tôt.

Vœu concernant l'attribution aux Offices d'Orientation Professionnelle publics et privés d'une partie importante des sommes produites par la taxe d'apprentissage.

Le Congrès International d'Orientation professionnelle féminine demande :

Que les subventions accordées aux œuvres d'Orientation professionnelle, par les assujettis à la taxe d'apprentissage, obtiennent exonération pour la totalité des sommes versées, que ces œuvres soient existantes ou en voie de formation.

———

Le Secrétariat avait proposé au vote des Congressistes divers autres vœux, présentés au cours des séances de travail, mais ces vœux, malgré l'intérêt réel qu'ils pouvaient présenter, ont été rejetés par l'assemblée parce qu'ils n'étaient pas liés directement à l'Orientation professionnelle féminine.

Mme Paule Gaudefroy, directrice honoraire d'Ecole Normale, demande la parole et fait la communication suivante :

« On ne saurait laisser clore ce Congrès sans se féliciter de tout l'appoint qu'il apporte aux revendications féministes bien comprises, car devant ce défilé de femmes jeunes, fines, distinguées, instruites et combien documentées ! on reste confondu, émerveillé, devant les progrès réalisés, les œuvres créées, les résultats obtenus, et la façon magistrale dont cela est exposé en des rapports qui sont des modèles d'ordre et de clarté.

« Ce Congrès n'a été organisé que par des femmes et pour des femmes; son succès est une réponse décisive à toutes les attaques antiféministes : « les femmes sont bien au-dessous de leurs prétentions, le droit de vote obtenu sur leur demande serait une erreur sociale et politique, leur immixtion dans les affaires publiques une cause de désordre, etc., etc... »

« Méditons sur quelques rapports et voyons par exemple ce que les visiteuses sociales, discrètes et dévouées, peuvent faire de bien dans la société, obtenir du soulagement dans les misères, de bien-être dans la famille, et même de meilleure tenue dans un ménage, le ménage, seul souci des maris, souci auquel aucune femme ne reste indifférente.

« Donc, le progrès est en marche, il avance, et aucune résistance ou susceptibilité masculine ne l'arrêtera. Il vaut mieux marcher la main dans la main à la conquête du plus grand bien.

« Que toutes ces jeunes femmes apôtres qui y auront travaillé reçoivent ici le témoignage et le tribut de notre admiration et vivent tous les Congressistes hommes et femmes ! »

———

M. P. de Vuyst est l'interprète des Congressistes étrangers pour féliciter les organisatrices du Congrès.

———

Visite d'Œuvres et Excursions

Le samedi après-midi, les Congressistes ont visité :

la Pouponnière-Asile de Cholet, chemin de la Vieille-Tour, à Talence;

l'Œuvre du Repos Maternel (Fondation Raba Deutsch de la Meurthe) à Gradignan.

le Dispensaire d'Hygiène Sociale de Bagatelle, l'hôpital de la Maison de Santé protestante, l'Ecole d'Infirmières Florence-Nightingale (American Nurses Memorial).

A l'issue de ces visites, un thé d'honneur fut offert aux Congressistes dans le parc de Bagatelle, par les dames organisatrices du Congrès.

Quelques Congressistes français et la plupart des Congressistes étrangers ont fait le dimanche après-midi une excursion dans le Médoc (visite de quelques crus), et le lundi une excursion à Arcachon.

1926. — Imp. J. Bière, 18, rue du Peugue, Bordeaux.

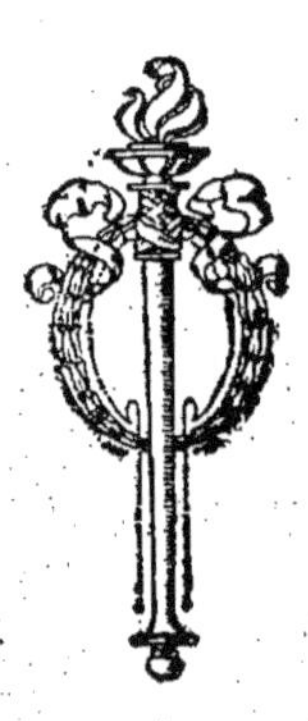

Imprimerie J. Bière
BORDEAUX